RALF BREUER

Probleme der Risikosteuerung im Rahmen der Marktzinsmethode

Untersuchungen über das Spar-, Giro- und Kreditwesen
Abteilung A: Wirtschaftswissenschaft

Herausgegeben von

G. Ashauer, W. Ehrlicher, H.-J. Krümmel, F. Voigt

Band 150

Probleme der Risikosteuerung im Rahmen der Marktzinsmethode

Von

Dr. Ralf Breuer

Duncker & Humblot · Berlin

Die Deutsche Bibliothek – CIP-Einheitsaufnahme

Breuer, Ralf:
Probleme der Risikosteuerung im Rahmen der Marktzinsmethode / von Ralf Breuer. – Berlin : Duncker und Humblot, 1994
(Untersuchungen über das Spar-, Giro- und Kreditwesen : Abt. A, Wirtschaftswissenschaft ; Bd. 150)
Zugl.: Bonn, Univ., Diss., 1992
ISBN 3-428-07680-X
NE: Untersuchungen über das Spar-, Giro- und Kreditwesen / A

Fremddatenübernahme und Druck:
Berliner Buchdruckerei Union GmbH, Berlin
Printed in Germany

ISSN 0720-7336
ISBN 3-428-07680-X

Geleitwort

Mit dieser Schrift leistet Ralf Breuer einen wichtigen Beitrag zur theoretischen Fundierung des Marktzinsansatzes als einer Methode zur Erfolgssteuerung von Banken und zur Lösung risikopolitischer Probleme, die bisher nicht bewältigt wurden.

In der Marktzinsmethode denken Kundenberater wie Controller in Marktalternativen. Sie vergleichen die Leistungen der Bank im Wertgeschäft mit Leistungen an Finanzmärkten, die dem Kunden den gleichen Leistungsumfang über die Vertragslaufzeit bieten. Dem Kundenberater erleichtert diese Sichtweise die Verhandlung: Kunde und Kundenberater sprechen die gleiche Sprache. Dem Kunden werden Konditionen nicht mit Kostenargumenten begründet. Nicht das „Verständnis" des Kunden für „kostenrechnerische Zwänge der Bank", sondern der dem Kunden gebotene Produktnutzen rechtfertigt die Konditionen. Dem Controller erlaubt die Marktzinsmethode, abgeschlossene Geschäfte zu bewerten und damit den verantwortlichen Kundenberatern einen konsensfähigen Erfolg zuzurechnen.

Die vorfindlichen Ansätze der Marktzinsmethode gehen nur ausnahmsweise jene Fragen an, die sich aus unsicheren Zinserwartungen im Bankgeschäft ergeben. Die Integration der Steuerung von Zinsänderungsrisiken in die Marktzinsmethode ist vor dem Hintergrund dieses Defizits Hauptgegenstand der vorliegenden Arbeit. In der Sprache der Marktzinsmethode ausgedrückt, haben Zinsrisiken und -chancen drei Erscheinungsformen: Sie schlagen sich als Veränderung des Transformationsbeitrags nieder. Sie können als zinsbedingte Schwankungen der Konditionenbeiträge auftreten. Schließlich gibt es die im Marktzinsmodell nicht erfaßte, das außerordentliche Ergebnis tangierende Wirkung von Marktzinsänderungen auf den Wert von Zinstiteln.

Ralf Breuer legt für alle drei Erscheinungsformen der Erfolgswirkung von Zinsänderungen Lösungen vor. Dabei zeigt sich insbesondere:

— Zinsänderungen und die aus ihnen folgenden Ergebnisänderungen vollziehen sich im Zeitablauf. Die bisherigen statischen Ansätze, die die Transformationsbeiträge zu einem bestimmten Zeitpunkt erfassen, sind für die Zinsrisikosteuerung nicht leistungsfähig. Ralf Breuer isoliert aus dem Transformationsbeitrag als widerspruchsfreie und anreizverträgliche Meßgröße einen dispositiven Beitrag, der die bei Geschäftsabschluß gültigen und die geänderten Bewertungssätze gegenüberstellt und so die durch die Zentraldisposition erzielten Ergebnisbeiträge mißt.

Ralf Breuer fordert, bei den zinsbedingten Schwankungen der Konditionenbeiträge stärker als bisher den Zusammenhang zwischen der Konditionenpolitik der Bank und dem Erfolgsbeitrag der Kundenberater zu berücksichtigen. Eine absatzfördernde Konditionenpolitik des Hauses wird üblicherweise durch eine „autonome“ Erfolgszuweisung zugunsten (Bonus) oder zu Lasten (Malus) der Kundenberater gestützt. Breuer zeigt einen methodisch konsistenten Weg, eine in der Zinspolitik des Hauses zum Ausdruck kommende Zinsänderungserwartung über die Korrektur der Marge oder des Bewertungszinssatzes zu berücksichtigen.

Im Schrifttum werden zinsänderungsbedingte Wertschwankungen von Zinstiteln fast stets beiseite gesetzt. Alle Aufmerksamkeit richtet sich auf den Zinsüberschuß. Ralf Breuer zeigt einen Weg, Veränderungen des Zinsergebnisses und zinsbedingte Wertänderungen simultan über den Jahresüberschu zu erfassen. Dieser Ansatz hat eine über die Marktzinsmethode hinausgehende Bedeutung, er ist auch mit anderen Steuerungsmethoden kompatibel. Die wesentliche Idee liegt in der Berücksichtigung des Zeitfaktors: Wie aus der Anlageberatung bekannt, ist der Zinsrisikogehalt von Zinstiteln eine Funktion der Anlageperiode. Langlaufende Kupontitel bergen kurzfristige Kursrisiken, Titel mit kurzer Zinsbindung führen auch bei nur geringen Kursschwankungen hohe Verlustrisiken bei der Wiederanlage mit sich. Hier wie im Falle der Steuerung des Zinsrisikos von Banken hat der Bewertungszeitpunkt, für den das Risiko gemessen werden soll, ausschlaggebende Bedeutung.

Ich wünsche der Arbeit von Herrn Breuer die verdiente Aufmerksamkeit und die Resonanz aller, die sich in Wissenschaft und Praxis mit der Erfolgs- und Risikosteuerung der Banken beschäftigen.

Hans J. Krümmel

Inhaltsverzeichnis

Symbolverzeichnis

A_n	= Volumen der Aktivposition n
a_n	= relativer Anteil von A_n am Gesamtvolumen
AZ	= Aktivzins
β	= Steigungsparameter
BOZ	= Bewertungsrelevanter Satz
$BZSP$	= Bruttozinsspanne
c	= Kupon(satz)
cov	= Kovarianz
D	= Duration
ε	= Schätzfehler
e	= Elastizität
e^A, e^P	= Zinselastizitäten einzelner Aktiv- bzw. Passivpositionen
E^A, E^A	= durchschnittliche Zinselastizität der Aktiv- bzw. Passivseite
e^{BZSP}	= Elastizität der Bruttozinsspanne
$E(\Delta i)$	= Erwartete Veränderung des Marktzinsniveaus
$E(\Delta r)$	= Erwartete Veränderung der realisierten Rendite
EK	= Eigenkapital
EOZ	= Entscheidungsrelevanter Satz
EW	= Endwert
F	= Festzins
GE	= Geldeinheiten
GKM	= Vergleichs- bzw. Bewertungszins eines Portefeuille aus Geld- und Kapitalmarkttiteln
$Hypo$	= Hypothekendarlehen
i	= (einheitlicher) Marktzinssatz
i'	= durchschnittlicher Wiederanlagesatz
Δi	= Marktzinsänderung
i_{jg}	= Jahresgeldzinssatz
i_{GKM}	= Vergleichs- bzw. Bewertungszins eines Portefeuille aus Geld- und Kapitalmarkttiteln
i_{T-t}	= In t für die Restlaufzeit $T-t$ erzielbare Marktrendite
i_{tg}	= Tagesgeldzinssatz
KB_0	= Konditionenbeitrag (z. B. im Zeitpunkt t_0)
kee_n^A, kee_m^P	= Konditionenerfolgselastizität der Aktivposition n bzw. Passivposition m
KKK	= Kontokorrentkredite
lim	= Grenzwert

MW	= Marktwert
MW^A	= Marktwert der Aktiva
ΔMW	= Marktwertänderung
MW^{EK}	= Marktwert des Eigenkapital
MW^P	= Marktwert der Passiva
MW_t	= Marktwert im Kalkulationszeitpunkt t
N	= Nennwert
P_n	= Passivposition
p_n	= relativer Anteil von P_n am Gesamtvolumen
PZ	= Passivzins
RBF_{T-t}	= Rentenbarwertfaktor für eine im Zeitraum $[t,T]$ zahlbare Rente in Höhe von i_{T-t}
RSA	= Aktivgeschäfte mit im Planungszeitraum veränderlichen Konditionen
RSL	= Passivgeschäfte mit im Planungszeitraum veränderlichen Konditionen
σ_i	= Standardabweichung (Volatilität) des Marktzinssatzes
σ_m^P	= Standardabweichung (Volatilität) der Kondition der m'ten Passivposition
σ_n^A	= Standardabweichung (Volatilität) der Kondition der n'ten Aktivposition
SB	= Strukturbeitrag
see_n^A, see_m^P	= Strukturerfolgselastizität der n'ten Aktiv- bzw. m'ten Passivposition
$[t,T]$	= Planungszeitraum
T	= Planungshorizont
$T-t$	= Restlaufzeit
Terming.	= Termingelder
TGZ	= Tagesgeldsatz
V	= Variable Kondition
z	= Positionszins
zee_n^A, zee_m^P	= Elastizität des Gesamterfolges des n'ten Aktiv- bzw. m'ten Passivgeschäftes
ZEE^A, ZEE^P	= durchschnittliche Zinserfolgselastizität der Aktiv- bzw. Passivseite
$z(i)$	= Zinszahlung in Abhängigkeit vom Marktzins
Z_t	= Zahlung in t
$Z\ddot{U}$	= Zinsüberschuß

1. Einleitung

Gegenüber anderen Verfahren der Teilzinsspannenrechnung ermöglicht die im Rahmen der Marktzinsmethode vorgenommene Ergebnisaufspaltung eine willkürfreie und deshalb akzeptanzversprechende Lösung der bankbetrieblichen Ergebniszurechnung.[1] Gleichwohl besteht kein Anlaß, diesen Ansatz in seinem jetzigen Stadium euphorisch als in allen praxisrelevanten Bereichen ausformuliert zu feiern, da nur ein Teil des im Bereich der Investitions- und Finanzmarkttheorie verfügbaren Wissens für die Bewertung von Bankgeschäften adaptiert wurde. Während in der vorliegenden Literatur methodisch nur ausnahmsweise über das Instrumentarium der Investitionsrechnung bei Sicherheit hinausgegangen wird, sieht sich der Anwender unsicheren Erwartungen, insbesondere über die zukünftigen Geschäftsmöglichkeiten und den hierfür geltenden Bedingungen gegenüber.[2] Da Unsicherheiten über die Zinsentwicklung auch die Bewertung der schon ausgeschöpften Geschäftsmöglichkeiten (sprich: des Bestandes) beeinflussen, soll das Konzept hinsichtlich seiner Eignung für die Erfassung und Steuerung von Zinsänderungsrisiken einer kritischen Prüfung unterzogen werden.

In einem ersten Schritt wird anhand des Grundschemas der Marktzinsmethode der Zusammenhang zwischen den aus der Realisierung einer bestimmten Geschäftsstruktur resultierenden Erfolgsgrößen und deren zinsbedingter Änderung gesucht. Dabei beschränkt sich die Analyse bewußt auf das erfolgsrechnerische Grundgerüst und die unmittelbar aus ihm ableitbaren Erwägungen zur vermeintlich „optimalen“ Gestaltung der Geschäftsstruktur. Aus diesem — aus Sicht des Spezialisten naiven — Blickwinkel lassen sich die konstruktiven Probleme in einer nachvollziehbaren Art und Weise erkennen. Für den Bereich der Transfor-

---

1 Grundlegend zur Marktzinsmethode vgl. Rolf Flechsig / Hans-Rudolf Flesch (1982), Die Wertsteuerung — ein Ansatz des operativen Controlling im Wertbereich, in: Die Bank, o. J. (1982).10, S. 454-465, Klaus D. Droste / Heino Faßbender / Burkhardt Pauluhn / Peter F. Schlenzka / Eberhard von Löhneysen (1983), Falsche Ergebnisinformation — Häufige Ursache für Fehlentwicklungen in Banken, in: Die Bank, o. J. (1983).7, S. 313-323 und Henner Schierenbeck (1987), Ertragsorientiertes Bankmanagement, 2. Aufl., Wiesbaden 1987, S. 102 ff. sowie die dort angegebene Literatur. Zu den Vorzügen dieses Ansatzes vgl. Joachim Süchting (1987), Bankmanagement, 2. Aufl., Wiesbaden 1987, S. 112. Zum Vorschlag der Kalkulation von Wertpreisen mit Marktzinssätzen als Ausfluß des Opportunitätskostenprinzips vgl. bereits Joachim Süchting (1967), Zur Kontroverse um die Bankkalkulation, in: Zeitschrift für das gesamte Kreditwesen, 20.(1967).9, S. 15-20, S. 18.

2 Zu dieser Einschätzung vgl. Bernd Rudolph (1988), Grundlagen einer kapitalmarktbezogenen Ermittlung bankgeschäftlicher Perioden- und Spartenergebnisse, in: Bankpolitik, finanzielle Unternehmensführung und die Theorie der Finanzmärkte, hrsgg. von Bernd Rudolph und Jochen Wilhelm, Berlin 1988, S. 177-196, S. 195 f.

mationsentscheidungen werden sie durch die Entwicklung des dispositiven Beitrags als widerspruchsfreier Maßgröße einer (zunächst rein heuristisch formulierten) Lösung zugeführt.

Im nächsten Schritt wird die Verbindung dieser Erwägungen mit dem theoretischen Erkenntnisstand der Literatur zur Messung und Steuerung von Zinsänderungsrisiken gesucht. Die große Zahl einschlägiger Veröffentlichungen erweckt den Anschein, als handele es sich um ein längst vollständig erschlossenes Gebiet. Daß dies nicht der Fall ist, wird anhand eines Überblicks über die strukturellen Eigenschaften verschiedenartiger Vorschläge zur Messung (und daran anknüpfend zur Steuerung) von Zinsänderungsrisiken verdeutlicht. Dabei zeigt sich insbesondere, daß in der Literatur nicht hinreichend der Frage nachgegangen wurde, welche Modellkonstruktion für welche Problemstellung eigentlich sachgerecht ist. Dies wird anhand eines integrierenden Ansatzes zur Erfassung des Zinsänderungsrisikos in seinen beiden Erscheinungsformen als Änderung des Zinsüberschusses und des außerordentlichen Ergebnisses untermauert.

Als eine die verschiedenen Methodenvorschläge umfassende Klammer wirkt ein methodischer Rahmen, dem sich die abweichenden und trennenden Charakteristika verschiedener Verfahrensvorschläge ohne verfahrenstechnische Spitzfindigkeit leicht erkennen lassen. Auf dieser Grundlage läßt sich zeigen, wie bei der Ermittlung der Erfolgsgrößen der Marktzinsmethode durch eine Anwendung der Kapitalmarkttheorie der Unsicherheit über die Zinsentwicklung Rechnung getragen werden kann. Dabei erweist sich, daß theoretische Erwägungen genau zu den Komponenten der Kalkulation leiten, die bei der in den ersten Abschnitten vorgenommenen Analyse des Standes zur Anwendung von Marktzinskalkülen auf nicht-statische Zinskonstellationen vermißt werden.

2. Theoretische Grundlagen der Marktzinsmethode

2.1. Das Opportunitätskostenprinzip als Standarderklärung

Als Ausgangspunkt zur theoretischen Fundierung der Marktzinsmethode wird die Überlegung angeführt, für die Bewertung der Aktiv- und Passivgeschäfte sei das „Opportunitäts(kosten)prinzip" anzuwenden.[1] Die in einem Kreditgeschäft gebundenen Mittel könnten alternativ am Geld- bzw. Kapitalmarkt angelegt werden und zwar ungeachtet der zu plazierenden Volumina. Die Refinanzierung könnte statt durch den Abschluß einzelner Passivgeschäfte alternativ auch in größeren Tranchen über den Markt erfolgen, wie dies ja z. B. im Hypothekenbankgeschäft tatsächlich der Fall ist.

Die Entscheidungssituation im Kundengeschäft der Kreditinstitute läßt sich also folgendermaßen charakterisieren:

— Im Aktivgeschäft wird die Vorteilhaftigkeit einer Anlage nicht durch die Refinanzierungskosten, sondern vielmehr durch die Erträge bestimmt, auf die die Bank verzichten muß, weil die zu bewertende Anlagemöglichkeit im Kreditgeschäft andere Alternativen, insbesondere eine Anlage am Geld- und Kapitalmarkt, durch einen Geschäftsabschluß verdrängt.

— Im Passivgeschäft führt das Einwerben von Kundengeldern zur (hypothetischen) Ersparnis alternativ notwendiger Refinanzierungsmaßnahmen am Geld- bzw. Kapitalmarkt.

---

1 Vgl. Schierenbeck (1987), S. 102 und Schierenbeck / Rolfes (1988), S. 20 f. Bereits frühzeitig schlug Schmalenbach als entscheidungsorientierten Verrechnungspreis den Betriebswert (die Optimale Geltungszahl) vor. Dieser entspricht in engpaßfreien Situationen den Grenzkosten, in Engpaßfällen dagegen dem Grenznutzen der jeweiligen Verwendung. Der zu fordernde Minimalnutzen bestimmt sich dabei aus dem Wert, „... der dem höchsten der ausscheidenden, nicht mehr tatsächlich werdenden Verwendungszwecke entspricht... Dieser entgehende Nutzen ist es, den jede tatsächliche Verwendung als Minimum aufbringen muß..." (Eugen Schmalenbach (1919), Selbstkostenrechnung I, in: Zeitschrift für handelswissenschaftliche Forschung, 13.(1919).IX / X, S. 257-S. 299, S. 277. Zur Identität von Betriebswerten und dem Opportunitätskostenprinzip vgl. Horst Albach (1974), Innerbetriebliche Verrechnungspreise als Instrument dezentraler Unternehmensführung, in: Zeitschrift für betriebswirtschaftliche Forschung, 26.(1974), S. 216-242, S. 220). Für eine ausführliche Diskussion der auf diesen Grundlagen beruhenden pretialen Lenkung dezentraler Organisationseinheiten vgl. Robert Banken (1987), Die Marktzinsmethode als Instrument der pretialen Lenkung in Kreditinstituten, Frankfurt / M. 1987.

Der spezifische Geschäftsnutzen eines zu bewertenden Geschäftes ist nach verbreiteter Meinung am Nutzengewinn gegenüber einer vergleichbaren Marktalternative zu messen.[2]

2.2. Kritische Würdigung der Diskussion um die Marktzinsmethode

Die Diskussion um die „Marktzinsmethode" ist seit den ersten Veröffentlichungen zu diesem Ansatz von einer bemerkenswerten Spannweite der unterschiedlichen Standpunkte zwischen Ablehnung und Zustimmung geprägt. So finden sich beispielsweise folgende Aussagen:

— „Die Marktzinsmethode gilt heute unumstritten als die modernste und umfassenste Bewertungstheorie für Bankgeschäfte."[3]

— „Seit geraumer Zeit wird die Marktzinsmethode ... als alternativer Ansatz für die Steuerung des Bankergebnisses diskutiert. Dabei ist festzustellen, daß dieses Konzept auch in seiner heutigen, weiter entwickelten Form in Teilbereichen noch offene Probleme besitzt, die einer allgemein zufriedenstellenden Lösung zugeführt werden müssen."[4]

— „Der Trend in Richtung von Verfahren auf der Basis von Marktzinsen ist richtig."[5]

— „Das Grundprinzip der Marktzinsmethode ist zwar beeindruckend klar; aber die Vorschläge für die praktische Anwendung sind unbefriedigend, da unabdingbare, theoretisch als notwendig bewiesene Voraussetzungen nun für die konkrete Betriebslenkung durch Marktzinsverrechnungspreise oft nicht eingehalten werden."[6]

— „Wider die falschen Opportunitätszinsen"[7]

---

[2] In Anbetracht der hinsichtlich der eigentlichen Problemstellung gebotenen Kürze wird auf eingehendere Beleuchtung der theoretischen Grundlagen der Marktzinsmethode, insbesondere hinsichtlich der stringenten Begründung einer Anwendbarkeit des Opportunitätskostenprinzips auf Kreditinstitute verzichtet. Diese werden in der Literatur durchaus in Zweifel gezogen, wie z. B. in den Ausführungen von Ulf G. Baxmann (1987), Opportunitätskosten zur Erfolgsspaltung im Bankbetrieb, in: WiSt — Wirtschaftswissenschaftliches Studium, 16.(1987).4, S. 209-212. Wie in den nachfolgenden Abschnitten noch zu zeigen sein wird, ist der Rekurs auf die vermeintliche Evidenz eines Engpasses für die Anwendbarkeit der Marktzinsmethode nicht essentiell, weshalb an diesem Punkte ansetzende Kritik nicht unmittelbar dazu führt, den gesamten Ansatz verwerfen zu müssen.

[3] Henner Schierenbeck (1990), Geleitwort zu: Alfred W. Marusev (1990), Das Marktzinsmodell in der bankbetrieblichen Einzelgeschäftskalkulation, Frankfurt 1990, S. V.

[4] Walter Herzog (1989), Elastizitätsbilanz und Marktzinsmethode, in: Die Bank, o. J. (1989). 12, S. 684-688, S. 684.

[5] Jan F. Djebbar (1990), Zur Kritik an der Marktzinsmethode, in: ÖBA, 38.(1990). 11, S. 920-931, S. 930.

[6] Jörg Blattmann (1987), Stand der Theoriediskussion zur „Marktzinsmethode", in: Die Bank, o. J.(1987). 11, S. 621-627, S. 624.

Die Grundlagen einer bei verschiedenen Autoren kritischen bis ablehnenden Haltung gegenüber der Marktzinsmethode sind durchaus vielfältig: Kritik wird u. a. aus einer Verletzung des Opportunitäts(kosten)konzeptes[8], einer aus der Theorie der Verrechnungspreise abgeleiteten „Qualitätentheorie des monetären Faktors“[9] oder schlicht aus Nebenbedingungen der bankbetrieblichen Planung[10] hergeleitet. Wesentlich einhelliger sind dagegen die getroffenen Schlußfolgerungen. Sie bestehen im wesentlichen in der Forderung einer expliziten Einbeziehung bankaufsichtlicher Restriktionen in die Kalkulation.[11] Diese verletzt allerdings eine der wichtigsten Grundlagen betriebswirtschaftlicher Theorie: Nebenbedingungen werden in betriebswirtschaftlichen Kalkülen erst dann entscheidungsrelevant, wenn sie den Charakter eines Engpasses haben und die Menge der realisierbaren Handlungsalternativen (z. B. die Menge der Produktion eines bestimmten Gutes) begrenzen.

Tritt ein Engpaß auf, sind nicht proportionalisierte Fixkosten, sondern vielmehr Deckungsbeiträge pro Engpaßeinheit als Maß für die Opportunitätskosten einer Kapazitätsbelegung zur Entscheidung heranzuziehen. Weiterhin gilt: „Gewinnbestandteile haben nichts unter den entscheidungsrelevanten Kosten zu suchen.“[12] Dagegen werden als „Kosten“ regelmäßig Komponenten wie aus dem Grundsatz I BAKred abgeleitete Eigenkapitalkosten angeführt. Dies hat seine Ursache in der Vermischung verschiedener Kalkulationszwecke. Solche Kalküle sind erst dann zu rechtfertigen, wenn unter Bemühung einer dem „Tragfähigkeitsprinzip“[13] folgenden Strategie der Transformation von mutmaßlich erforderlichen Soll-Deckungsbeiträgen in „Kostenäquivalente“[14] versucht wird, eine bestimmte Preisstellung zu rechtfertigen und argumentativ „... Gewinnbestandteile als entstandene Kosten zu deklarieren.“[15] „In dieser Verwendung wird man für sie ein gewisses Verständnis aufbringen.“[16] Ein solches Vorgehen hat trotz seiner sachlogischen Unzulässigkeit Tradition.[17] Dennoch finden sich Versuche zur

---

7 Horst Slevogt (1988), Wider die falschen Opportunitätszinsen, in: Zeitschrift für das gesamte Kreditwesen, 41.(1988).3, S. 104-106.

8 Vgl. Horst Slevogt (1987), Entscheidungsorientierte Kundenkalkulation auf der Grundlage von Strukturnormen, Opportunitätszinsen und Standardkosten, Manuskripte aus dem Institut für Betriebswirtschaftslehre der Universität Kiel Nr. 192, Kiel, Mai 1987, S. 10 ff. und ders. (1988).

9 Vgl. Blattmann (1987), passim.

10 Besonders krass jüngst Djebbar (1990).

11 Vgl. Djebbar (1990), S. 930.

12 Dieter Schneider (1987a), Allgemeine Betriebswirtschaftslehre, 3. Aufl., München / Wien 1987, S. 394.

13 Vgl. Schierenbeck (1987), S. 46.

14 Vgl. Hans J. Krümmel (1964a), Bankzinsen, Köln u. a. 1964, S. 267.

15 ebenda, S. 395.

16 Hans J. Krümmel (1989b), Unternehmenspolitische Vorgaben für die Risikosteuerung der Bank, in: Hans J. Krümmel / Bernd Rudolph, Finanzintermediation und Risikomanagement, Frankfurt 1989, S. 32-56, S. 41.

17 Vgl. Krümmel (1964a), S. 267 f.

Herleitung von Argumenten für Preisverhandlungen häufig kaum deutlich abgegrenzt von kostenrechnerischen Fakten.[18]

Erstaunlicherweise beschäftigt sich die Diskussion um die Marktzinsmethode zwar mit der kostenrechnerischen Bewertung von Marktbereichen, berücksichtigt dagegen nicht explizit das Marktgeschehen. Damit wird die Bewertung von Bankgeschäften zu einem Akt, dessen Zweckbezug sich unmittelbar nicht erkennen läßt.[19] Dabei läßt sich die Marktzinsbewertung von Bankgeschäften gerade aus dem Geschehen in den Kundenmärkten rechtfertigen.

2.3. Finanzmarkttheoretische Fundierung der Marktzinsmethode

2.3.1. Duplikationsprinzip

Die Literatur zur theoretischen Begründung der Marktzinsmethode ist geprägt von der Frage der Anwendbarkeit von Marktpreisen als Verrechnungspreise für innerbetriebliche Leistungen im Rahmen einer pretialen Lenkung dezentraler Organisationseinheiten.[20] Die Kritik an einem solchen Vorgehen richtet sich entweder auf die Festlegung des relevanten Engpaßfaktors oder auf die Anwendung des Opportunitätskostenansatzes an sich. Einen weiteren Diskussionspunkt bildet die Frage, welche Marktalternativen als Vergleich für Bankgeschäfte herangezogen werden können. Sind alternative Geld- und Kapitalmarktgeschäfte nicht unmittelbar erkennbar, wird in diesem Umstand regelmäßig ein Indiz dafür vermutet, die Methode sei nur eingeschränkt anwendbar.[21]

Die im Rahmen der Diskussion zur Marktzinsmethode aufgeworfenen Probleme begründen sich in dem einseitigen Rekurs auf solche Geschäfte, die eine deterministische Zahlungscharakteristik aufweisen. Sobald eine Anwendung auf nicht-deterministische Zahlungsströme (d. h. variable Verzinsung, unregelmäßige Verfügung) diskutiert wird, wird hierin eine „Störung" gesehen, der durch pauschale Annahmen über das zukünftige Verfügungsverhalten zu begegnen sei.

---

[18] Vgl. Marusev (1990), S. 176 und Schierenbeck (1990), S. VI.

[19] Dies zeigen besonders deutlich die Ausführungen von Djebbar (1990).

[20] Die Theorie der pretialen Lenkung geht zurück auf Schmalenbach (1919). Vgl. auch Eugen Schmalenbach (1948), Pretiale Wirtschaftslenkung, Bd. 1: Die optimale Geltungszahl, Bd. 2: Pretiale Lenkung des Betriebes, Bremen-Horn 1948. Zur Theorie der Verrechnungspreise vgl. insbesondere Albach (1974); Erwin Grochla (1973), Der Beitrag Schmalenbachs zur betriebswirtschaftlichen Organisationslehre, in: Zeitschrift für betriebswirtschaftliche Forschung, 25.(1973), S. 555-578; Dieter Schneider (1967), Die Theorie der Verrechnungspreise heute, in: Liiketaloudellinnen Aikakauskirja, 16.(1967), S. 106-124. Zum Stand der Literatur vgl. Erich Frese (1988), Grundlagen der Organisation, 4. Aufl., Wiesbaden 1988, S. 283. Zur Diskussion der Anwendbarkeit der pretialen Lenkung auf den Bankbetrieb vgl. ausführlich Banken (1987), insbes. S. 115 ff.

[21] Vgl. z. B. jüngst Djebbar (1990), S. 926 et passim.

Damit wird das Problem der Unsicherheit über die zukünftige Entwicklung nicht gelöst, sondern lediglich beiseite geschoben.[22]

Aus dem Blickwinkel der Finanzierungstheorie hieße es weiterhin, daß alle Geschäfte, zu denen sich kein Marktäquivalent finden läßt, originäre Finanztitel repräsentieren müssten, die nicht durch geeignete Kombinationen anderer Finanzierungstitel duplizierbar sind.[23] Schon ein flüchtiger Blick auf die jüngere Literatur zur Bewertung von Finanztiteln zeigt, daß dies wohl kaum der Fall ist.[24] Dagegen werden im Schrifttum zur Marktzinsmethode ausdrücklich Duplizierungserwägungen für die Konstruktion eines vergleichbaren zahlungsstrukturkongruenten Marktportefeuilles angeführt.[25] Dieser Weg wird allerdings nicht konsequent weiterverfolgt.

Neben der Überlassung von Zahlungsmitteln weisen Bankgeschäfte regelmäßig weitere Leistungselemente auf, die von Bankkunden als Teil des auf sie übertragenen Produktnutzens angesehen werden (können). Diese bestehen z. B. in Optionen auf vorfristige Verfügung, Vertragsänderungen und der Transformation von Risiken.[26] In Bankgeschäfte eingebettete Optionen sind aus Kundensicht nutzenstif-

---

22 Schierenbeck / Rolfes (1988), S. 156, bezeichnen die Möglichkeit der Kündigung eines Hypothekendarlehens als „Geschäftsstörung". So auch Marusev (1990), S. 17 und S. 135.

23 Duplizierungs- bzw. Duplizierbarkeitsprobleme bilden den Kernpunkt der modernen Finanzierungstheorie. Ist es möglich, die Zahlungscharakteristik eines Finanztitels durch geeignete Bündelung anderer Titel nachzubilden, so folgt daraus einerseits, daß es sich um einen derivativen Finanzierungstitel handelt. Unter der Bedingung der Arbitragefreiheit müssen alle Titel und Bündel von Titeln, die in allen Zuständen der Welt gleiche Zahlungen gewährleisten, auch den gleichen Marktpreis haben. Vgl. Hal A. Varian (1987), The Arbitrage Principle in Financial Economics, in: Economic Perspectives, 1.(1987).2, S. 55-72 und Herbert Hax / Thomas Hartmann-Wendels / Peter von Hinten (1988), Moderne Entwicklungen der Finanzierungstheorie, in: F. Wilhelm Christians (Hrsg.), Finanzierungshandbuch, 2., völlig überarbeitete und erweiterte Auflage, Wiesbaden 1988, S. 689-713, 699 ff.

24 Zur nutzbringenden Anwendbarkeit einer arbitragetheoretisch begründeten Bewertung von Finanztiteln mit komplexen Zahlungscharakteriska vgl. z. B. Thomas Ebertz (1989), Optionspreistheoretische Bewertung von Aktienindexanleihen, Mitteilungen aus dem Institut für das Spar-, Giro- und Kreditwesen, Nr. 33, Bonn 1989; Ludwig Jurgeit (1989), Bewertung von Optionen und bonitätsrisikobehafteten Finanztiteln, Wiesbaden 1989; Georg Kanders (1991), Bewertung von Genußscheinen, Berlin 1991. Zur Anwendung von Arbitrageargumenten in der Finanzierungstheorie vgl. auch Dieter Bender (1977), Arbitrage, in: Handwörterbuch der Wirtschaftswissenschaften, Bd. 1, Stuttgart 1977, S. 325-333; Hans J. Krümmel (1964b), Kursdisparitäten im Bezugsrechtshandel, in: Betriebswirtschaftliche Forschung und Praxis, 16.(1964), S. 485-498; Klaus Spremann (1986), The simple Analytics of Arbitrage, in: Günter Bamberg / Klaus Spremann (Hrsg.), Capital Market Equilibria, Berlin 1986, S. 193.

25 Vgl. Schierenbeck (1987), S. 149 ff., Schierenbeck / Rolfes (1988), S. 109 ff. sowie Holger Benke (1991), Effektivzins und Marge im Passivgeschäft, in: Die Bank, o. J. (1991).2, S. 98-104. Zur kritischen Diskussion des Konzeptes der Zahlungsstrukturkongruenz vgl. Schierenbeck / Rolfes (1988), S. 120 ff. m. w. N.

26 Zu den Beziehungen zwischen den Anlegerpräferenzen und der Ausgestaltung von Finanztiteln (Parten), von denen die überwiegende Zahl von Bankgeschäften nur eine spezielle Klasse darstellt, vgl. Arnold (1964), S. 52 ff.; Hans J. Krümmel (1966), Finan-

tend und können je nach Verhandlungssituation auch preisfähig sein. Dieser Tatsache wurde in der Literatur zur Marktzinsmethode nicht Rechnung getragen, obwohl die Erkenntnis, daß beispielsweise Kündigungsrechte bei Hypothekendarlehen „eingebettete Optionen" (embedded options) sind, keineswegs neu ist.[27] Insofern kann nicht davon gesprochen werden, die Marktzinsmethode sei eine umfassende Bewertungstheorie für Bankgeschäfte.[28] Zur Formulierung einer solchen müßte der Erkenntnisstand der Theorie der Finanzmärkte zunächst einmal konsequent auf Bankgeschäfte übertragen werden. Bankgeschäfte sind ein Teilsegment des Gesamtmarktes. Dies folgt unmittelbar aus der Überlegung, daß die Behandlung von Finanzierungsfragen als Marktproblem den ökonomisch logischen Weg darstellt.[29]

2.3.2. Begründung der marktzinsbezogenen Kalkulation aus der Verhandlungssituation im Kundengeschäft

Eine konkrete Rechtfertigung für die Anwendung von Marktzinskalkülen ergibt sich unmittelbar aus der Verhandlungssituation im Kundengeschäft. Eine auf Marktzinssätzen aufbauende Steuerungsvorgabe folgt konsequent den bestehenden theoretischen Vorstellungen über die Preispolitik von Kreditinstituten.[30]

Verhandlungen über Kundengeschäfte werden als bilateral monopolistische Spiele aufgefaßt.[31] Ein Verhandlungsgleichgewicht kann sich nur im Bereich zwischen der Preisobergrenze des Kunden und der Preisuntergrenze der Bank ergeben. Während Kunden ohne Verhandlungsmacht Leistungen zu Standardkon-

---

zierungsrisiken und Kreditspielraum, in: Zeitschrift für Betriebswirtschaft, 36.(1966), Ergänzungsheft 1, S. 134-157, S. 142 ff.; ders. (1976), Finanzierungsrisiken und Kreditspielraum, in: Handwörterbuch der Finanzierung, hrsgg. von Hans E. Büschgen, Stuttgart 1976, Sp. 491-503; Jochen Drukarczyk (1980), Finanzierungstheorie, München 1980.

27 Zusammenhänge zwischen der Vertragsgestaltung und der Bewertung von Bankgeschäften ergeben sich z. B. unmittelbar aus der Diskussion einer absatzpolitischen Beeinflussung des Zinsänderungsrisikos bei Michael Bangert (1987), Zinsrisiko-Management in Banken, Wiesbaden 1987, S. 302 ff. Zu den Optionsmerkmalen in Hypothekendarlehen vgl. z. B. Robert I. Gerber / Andrew S. Carron (1990), The Option Feature in Mortgages, in: S. Figlewski / W. Silber / M. G. Subrahmanyam, Financial Options: From Theory to Practice, Homewood III. 1990, S. 415-453. Zu Absicherungsstrategien bei unbestimmtem Zahlungsverlauf vgl. z. B. Alden L. Toevs (1986b), Hedging Interest Rate Risk of Fixed-Income Securities with uncertain Lives, in: Robert B. Platt (ed.), Controlling Interest Rate Risk, New York u. a. 1986, S. 176-221.

28 So Schierenbeck (1990), S. V.

29 So schon das von Jochen Wilhelm (1983), Finanztitelmärkte und Unternehmensfinanzierung, Berlin u. a. 1983, S. 1, angeführte Zitat von J. G. Gurley / E. S. Shaw (1964), Money in a Theory of Finance, 3. Aufl., Connecticut 1964, S. 3.

30 Vgl. Süchting (1987), S. 383 ff., Hans E. Büschgen (1989), Bankbetriebslehre, 2. Aufl. 1989, S. 468 ff., sowie ausführlich Krümmel (1964a) und Werner Gladen (1985), Gebührenpolitik der Kreditinstitute, Berlin 1985.

31 Vgl. Peter Dolff (1974), Die Konditionenverhandlungen im Kreditgeschäft der Banken, Wiesbaden 1974, S. 11 f.

ditionen (Listenpreisen) angeboten werden, steigt die Bereitschaft der Bank, von diesen Listenpreisen nach unten abzuweichen mit der Verhandlungsmacht des Kunden. Diese wird wesentlich durch die zu erwartende Gesamtabnahme von Bankleistungen in der Zukunft bestimmt.[32] Als Kunden mit „überragender" Verhandlungsmacht sind solche anzusehen, die ein Standing haben, das jenes von Kreditinstituten erreicht[33] oder aber wie in nicht wenigen us-amerikanischen Fällen sogar übertrifft.

Standardkonditionen bzw. Listenpreise müssen nicht zwingend die Preisobergrenze bilden. Bei einigen Kundengruppen mit sehr schwacher Verhandlungsposition lassen sich sogar noch über Standardkonditionen hinausgehende Erlöse erzielen.[34]

Die Grenzpreisvorstellungen der Kunden leiten sich aus den ihnen zugänglichen Informationen über die herrschenden Preise an den institutionalisierten Finanzmärkten ab. Von dort bezogene Informationen (z. B. in Form der Umlaufsrendite öffentlicher Anleihen) üben eine erhebliche vorprägende Wirkung auf den Verlauf von Verhandlungen mit Kreditinstituten aus. Abweichungen der Bankpreise von den „reinen" Marktsätzen erklären sich aus räumlichen Präferenzen (z. B. Einkaufswirtschaftlichkeit), Transaktionskosten und über die Ausstattung von Marktgeschäften hinausgehenden Leistungselementen.

Die Vorgabe eines Marktzinssatzes zuzüglich eines Aufschlages — der „Mindestmarge" — als Preisuntergrenze trägt den denkbaren Verhandlungsmachtkonstellationen unmittelbar Rechnung. Kaum ein Kunde wird rational begründbar eine gegenüber den Marktverhältnissen günstigere Preisgrenze zugrunde legen können. Mit der Vorgabe einer Maximierung der Konditionenbeiträge durch die Kundenbereiche sollen die Bedingungen für Geschäftsabschlüsse möglichst den jeweiligen Preisgrenzen angenähert werden. Anzustreben ist eine kundenindividuelle Erlösmaximierung.[35] Dies entspricht der theoretischen Vorstellung, ein möglichst hohes Maß an „Preisdiskriminierung" zu betreiben, d. h. die Konsumentenrente so weit wie möglich abzuschöpfen.[36]

---

32 Vgl. Krümmel (1964a), S. 230.

33 Vgl. ebenda, S. 238.

34 Zur Verdeutlichung dieses Umstandes muß nicht einmal auf die typische Klientel von Teilzahlungsbanken zurückgegriffen werden. Beispiele finden sich bei Abschluß einer Restschuldversicherung oder aus Überziehungsprovisionen, wenn kein (oder nur ein unbedeutend hoher) Dispositionskredit eingeräumt wird und dennoch eine Kreditierung erfolgt. Wurde nicht auf eine zumindest zeitweise Ausdehnung des Kreditrahmens gedrängt, blieb der Versuch der Ausübung von Verhandlungsmacht aus.

35 Vgl. Krümmel (1964a), S. 265 ff.

36 Unter Preisdiskriminierung bzw. -differenzierung wird der Verkauf identischer Produkte zu abweichenden Preisen verstanden. Vgl. Joan Robinson (1964), The Economics of Imperfect Competition, London 1964, S. 179 ff. und Jean Tirole (1988), The Theory of Industrial Organization, Cambridge Mass. 1988, S. 133 ff. Je nach Umfang der Abschöpfung der Konsumentenrente wird unterschieden: Diskriminierung ersten Grades mit voller Abschöpfung durch Verkauf aller Produkte zu individuellen Grenzprei-

Sowohl die Überlegungen aus finanzmarkttheoretischer Sicht als auch die Verhandlungssituation im Kundengeschäft haben gezeigt, daß eine an den Finanzmärkten ausgerichtete Bewertung von Bankgeschäften nicht mit der Anwendbarkeit von Opportunitätskostenkalkülen gerechtfertigt werden muß. Auch ohne Rekurs auf eine besondere Engpaßsituation erweist sich die Marktzinsmethode als logischer Weg zur Gewinnung von Bewertungskriterien für das Kundengeschäft von Kreditinstituten.

---

sen, zweiten Grades durch Bildung vieler Gruppen mit Verkauf innerhalb von Grenzpreisintervallen und dritten Grades mit grober Gruppenbildung. Ein Beispiel für letztere ist das Angebot von Sondertarifen für bestimmte Gruppen, z. B. Studenten, Pensionäre etc. Zu Strategien der Preisdifferenzierung im Zahlungsverkehr vgl. Peter Harwalik (1988), Preispolitik und Nachfragerverhalten im standardisierten Geschäft der Banken mit den privaten Kunden, Diss. Nürnberg 1988, S. 139 ff. Den Nachweis einer u. U. positiven wohlfahrtstheoretischen Beurteilung von Diskriminierungsstrategien führt Hal A. Varian (1985), Price Discrimination and Social Welfare, in: The American Economic Review, 75.(1985), S. 870-875.

3. Analyse des Status quo der Marktzinsmethode

3.1. Ergebnisspaltung als Grundkonzept

3.1.1. Konditionenbeiträge als Kriterium der Vorteilhaftigkeit von Kundengeschäften

Ausdruck für den im Kundengeschäft erzielten Nutzen ist der gegenüber einem Alternativgeschäft erzielte Renditevorteil. Dieser wird als „Konditionenbeitrag" bezeichnet.[1] Aus der Summe der Konditionenbeiträge sind alle produkt- und geschäftsspezifischen Risiken und Kosten zu decken. Die entsprechenden Bedarfe werden als im Durchschnitt über alle Geschäfte zu erzielender Deckungsbeitrag in Prozentgrößen als „Mindestmargen" vorgegeben. Die Konditionen im Aktivgeschäft sollen den Bewertungszins mindestens um diese Vorgabegröße übersteigen. Im Passivgeschäft sind dagegen Abschlüsse zu erzielen, für die höchstens ein Satz in Höhe des Bewertungszinses abzüglich Mindestmarge zu vergüten ist.[2]

Zur Bewertung des Erfolges im Geschäft mit Kunden muß für jedes einzelne Aktiv- und Passivgeschäft festgelegt werden, welches Portefeuille aus Geld- und Kapitalmarktgeschäften — dies kann auch ein einzelnes Geschäft sein — die relevante Alternative darstellt. Hierauf aufbauend ist festzulegen, ab welcher Marge gegenüber diesem Alternativ- bzw. Bewertungszinssatz der Abschluß von Kundengeschäften statt eines Portefeuilles aus Geld- und Kapitalmarktgeschäften die vorteilhaftere Möglichkeit darstellt.

3.1.2. Transformationsbeiträge als Maß für die Vorteilhaftigkeit von Fristentransformation

Sofern nicht für jedes neue Geschäft unmittelbar bei seinem Abschluß eine kongruente Gegenposition zu seiner Schließung aufgebaut wird, ergeben sich Inkongruenzen in den Laufzeiten und Zinsbindungsfristen von Aktiv- und Passivseite. Die aus der inkongruenten Refinanzierungsstruktur resultierenden „Transformationsbeiträge" sind von den Markterfolgen der Kundenbereiche — den Konditionenbeiträgen — abzugrenzen.[3]

---

1 Als Synonyme werden auch die Begriffe „Konditionenmarge" und „Marge" verwendet.

2 Die Kosten von Anlagen bzw. Mittelaufnahmen am Geld- und Kapitalmarkt liegen im allgemeinen in einer Höhe, daß sie vernachlässigbar erscheinen, weshalb als Bewertungssätze reine Marktsätze ohne Berücksichtigung spezifischer Kostendeckungsbedarfe Verwendung finden.

Der aus der Realisierung einer bestimmten Geschäftsstruktur resultierende Transformationsbeitrag eines Kreditinstitutes kann auf verschiedenen Wegen ermittelt werden, die zum gleichen Ergebnis führen:[4]

— Als Differenz zwischen den durchschnittlichen aktivischen und passivischen Bewertungszinssätzen,

— aus der Summe geschäftsspezifischer Transformationsbeiträge, die aus der Differenz des jeweiligen Bewertungssatzes und eines für alle Geschäfte einheitlichen Referenzsatzes ermittelt werden oder

— als Residualgröße aus der Differenz zwischen der gesamten Zinsspanne und dem als Prozentgröße gemessenen Konditionenbeitrag als Summe der geschäftsspezifischen Konditionenbeiträge.

Zur besseren Unterscheidbarkeit zwischen den Betrachtungsebenen „Gesamtgeschäft" und „Einzelgeschäft", wird für einzelne Geschäfte der Begriff „Strukturbeitrag" verwendet, der sich aus der Differenz zwischen dem jeweils relevanten Vergleichszinssatz am Geld- bzw. Kapitalmarkt und einem (beliebigen) Referenzsatz ableitet.[5]

Der aus einer gegebenen Geschäftsstruktur resultierende Transformationsbeitrag wird durch die im Kalkulationszeitpunkt herrschende Zinsstruktur bestimmt. Dies wird unter der vereinfachenden Annahme, daß ausschließlich Neugeschäfte in die Kalkulation eingehen, unmittelbar deutlich: So ergibt sich z. B. dann ein positiver Transformationsbeitrag, wenn bei einer normalen, d. h. ansteigenden Zinsstrukturkurve die durchschnittliche Bindungsdauer auf der Aktivseite über der durchschnittlichen Passivbindung liegt.[6] Dieser Erfolg ist allerdings nur dann in der kalkulierten Höhe auch tatsächlich vereinnahmbar, wenn die Zinsstruktur im Zeitverlauf unverändert bleibt.[7]

---

[3] Vgl. Schierenbeck (1987), S. 103 ff. Die Begriffe „Transformationsbeitrag", „Fristentransformationsbeitrag" und „Strukturbeitrag" finden synonym Verwendung.

[4] Vgl. Schierenbeck (1987), S. 103 ff.

[5] Als Referenzsatz kann grundsätzlich ein beliebiger Marktzinssatz Verwendung finden, da diese Größe aufgrund der gegenläufigen Vorzeichen in Aktiv- und Passivgeschäft bei der Ermittlung des Gesamtergebnisses wieder entfällt. Im Rahmen der Untersuchung der Aussagefähigkeit von Strukturerfolgen als Steuerungsgröße wird dies noch ausdrücklich gezeigt. Vgl. hierzu Abschnitt 3.3.4.
Die Frage der Zurechnung von Strukturbeiträgen zu einzelnen Geschäften wird in der Literatur nicht eindeutig beantwortet. Während eine Erfolgszurechnung als nicht verursachungsgerecht abgelehnt wird (vgl. Schierenbeck (1987), S. 108), wird die Zuordnung von Strukturbeiträgen für Zwecke des Risikocontrolling befürwortet. Zur Argumentation vgl. Bernd Rolfes (1985a), Die Steuerung von Zinsänderungsrisiken in Kreditinstituten, Frankfurt 1985, S. 164.

[6] Es wird hier davon abgesehen, zwischen Fristen- und Zinsbindungstransformation zu differenzieren. Die Kontokorrentkredite werden zur Vereinfachung als endfällig angesehen. Weiterhin wird unterstellt, die Zinsstrukturkurve sei in ihrem Verlauf streng monoton.

[7] Vgl. Droste et al. (1983), S. 314.

Sofern als Referenzzins der Tagesgeldsatz gewählt wird, handelt es sich bei dem Strukturbeitrag eines Geschäftes um die am Markt gegenwärtig übliche „Laufzeitprämie“ für über den Tag hinausgehende Zinsbindungsfristen. Ökonomisch ist diese Differenz ein Preis für die jeweilige Bindungsdauer und beinhaltet eine Risikoprämie für die Auswirkungen zukünftiger Zinsänderungen.[8] Insofern sind Laufzeitprämien auch Preise für die Umverteilung von Zinsrisiken zwischen Gläubigern und Schuldnern. Ihre Höhe bestimmt sich maßgeblich aus den von Marktteilnehmern erwarteten Zinsänderungen.[9]

Eine Gesamtschau für die am Markt herrschenden Erwartungen bietet die Zinsstrukturkurve (Laufzeitprämienstruktur, Fristigkeitsstruktur der Zinssätze): Je höhere Differenzen zwischen kurz- und langfristigen Zinssätzen bestehen, desto größere Zinsänderungen werden (im Durchschnitt) von den Marktteilnehmern antizipiert.

3.1.3. Das Grundschema der marktzinsbezogenen Erfolgsermittlung

Anhand eines einfachen Beispiels soll verdeutlicht werden, daß für das Zinsgeschäft der Banken durch die Ermittlung von Konditionen- und Strukturbeiträgen eine Erfolgszurechnung erreicht wird, die gegenüber den früher vorherrschenden Kalkulationsverfahren, insbesondere der Schichtenbilanz und dem Poolverfahren[10], durch die Anknüpfung an Marktzinssätze jedem einzelnen Geschäft Erträge nach objektivierten — weil nicht aus dem eigenen Rechnungswesen bezogenen — Kriterien zurechnet:

[8] Vgl. Wolfgang Bessler (1989), Zinsrisikomanagement in Kreditinstituten. S. 50 ff und Joachim Süchting (1989), Finanzmanagement, 5. Aufl., Wiesbaden 1989, S. 348 ff.

[9] Vgl. Heino Faßbender (1973), Zur Theorie und Empirie der Fristigkeitsstruktur der Zinssätze, Berlin 1973.

[10] Vgl. ausführlich Stephan Paul (1987), Lenkungssysteme in Filialbanken: Steuerung durch Komponenten oder Verrechnungszinsen?, Wiesbaden 1987, S. 22 ff. sowie Schierenbeck (1987), S. 81 ff.

Beispiel 1: Grundschema der Marktzinsmethode

GE	Aktiva	AZ	KB	GKM	SB	TGZ	SB	GKM	KB	PZ	Passiva	GE
400	KKK	9,0	5,0	4,0	1,0	3,0	-1,0	4,0	1,0	3,0	Terming.	700
600	Hypo	7,0	1,0	6,0	3,0	3,0	-2,5	5,5	0,5	5,0	Sparbriefe	300
1000					2,20		-1,45					1000
				5,20		Transformationsbeitrag 0,75 %		4,45				
			2,60			Konditionenbeitrag 3,45 %			0,85			
		7,80				Bruttozinsspanne 4,20 %				3,60		

mit

GE:	Geldeinheiten
AZ:	Aktivzins
KB:	Konditionenbeitrag
GKM:	Vergleichszinssatz eines zur Bewertung herangezogenen Portefeuilles aus Geld- und Kapitalmarktgeschäften
SB:	Strukturbeitrag
TGZ:	Tagesgeldsatz
PZ:	Passivzins
KKK:	Kontokorrentkredite
Hypo:	Hypothekendarlehen
Terming.:	Termingelder

Die Konditionenbeiträge werden bei gegebenen Marktverhältnissen vor Ort vom Verhandlungsgeschick der Kundenbereiche beeinflußt und können ihnen deshalb auch zugerechnet werden. Dagegen kann der Transformationsbeitrag dezentral nicht verantwortet werden. Er wird deshalb der Gesamtbank, in der Regel einer „Zentraldisposition", zugerechnet, der das Bilanzstrukturmanagement, und hier insbesondere die Steuerung der Zinsbindungs- bzw. Fristentransformation, obliegt.[11]

Es stellt sich die Frage, ob der in der beschriebenen Art und Weise ermittelte Transformationsbeitrag eine geeignete Basis für die Erfolgsermittlung der Zentraldisposition und die Steuerung der Zinsbindungstransformation bildet. Ist es möglich, den „. . . Ergebnisbeitrag aus Fristentransformation sowie das in der

[11] Zur Abgrenzung bankbetrieblicher Ergebnisbereiche vgl. ausführlich Henner Schierenbeck / Christian von Villiez (1989), Zur Systematisierung bankbetrieblicher Ergebnisbereiche, in: Die Bank o. J. (1989).6, S. 310-313.

Bilanzstruktur steckende Zinsänderungsrisiko unmittelbar abzulesen"[12]? Oder gilt, „... daß das Transformationsergebnis einer Periode ... zwar im Sinne eines Soll-Ist-Vergleichs eine Maßgröße für das im Geschäftsjahr Erreichte der Zentraldisposition dargestellt, aber für die Steuerung des Erfolgs bei weitem nicht ausreicht"[13]?

3.2. Steuerung der Fristentransformation auf der Basis von Strukturbeiträgen

3.2.1. Konsequenzen einer Maximierung des Strukturbeitrags

Auf der Grundlage der von ihr erwarteten zukünftigen Zinsentwicklung soll die Zentraldisposition mit ihren Dispositionen einen möglichst hohen Ergebnisbeitrag erzielen. Hierzu stehen ihr insbesondere Operationen zur Verfügung, die am Interbankenmarkt sowie am Kapitalmarkt im Namen und für Rechnung der Bank durchgeführt werden können. Es handelt sich also um den Bereich, der im allgemeinen unter dem Begriff des Eigengeschäftes zusammengefaßt wird.

Anhand des erfolgsrechnerischen Grundgerüstes ist zu untersuchen, wie sich die Zentraldisposition verhalten wird, wenn ihr Erfolg an dem Transformationsbeitrag gemessen wird. Ausgangspunkt der Analyse ist das Beispiel 1. Die Konditionen und Margen im Kundengeschäft können vernachlässigt werden.

Beispiel 2: Grundschema zur Ermittlung des Transformationsbeitrages[14]

GE	Aktiva	GKM	SB	TGZ	SB	GKM	Passiva	GE
400	KKK	4,0	1,0	3,0	-1,0	4,0	Terming.	700
600	Hypo	6,0	3,0	3,0	-2,5	5,5	Sparbriefe	300
1000			2,20		-1,45			1000
		5,20	Transformationsbeitrag 0,75 %			4,45		

[12] Droste et al. (1983), S. 317. Diese Aussage wird von den Autoren zwar etwas abgeschwächt, jedoch halten sie den Transformationserfolg offenbar für eine geeignete Steuerungsgröße (vgl. ebenda, S. 322).

[13] Holger Benke / Hans-Rudolf Flesch / Friedrich Piaskowski (1989), Steuerung des Zinsänderungsrisikos, in: Die Bank, o. J. (1989), S. 431-438, S. 432.

[14] Aus Gründen der Kontinuität sollen im folgenden die Positionsbezeichnungen beibehalten werden, obwohl sich die Analyse allein auf die den Kundengeschäften gegenübergestellten Vergleichsportefeuilles am Geld- bzw. Kapitalmarkt bezieht.

Eine Erhöhung des Transformationsbeitrags wird stets dann erzielt, wenn aktivisch möglichst hohe Laufzeitprämien empfangen werden und passivisch ihre Zahlung nach Möglichkeit vermieden wird. Also entspricht die Maximierung des Transformationsbeitrags einer Maximierung des Saldos empfangener und gezahlter Laufzeitprämien. Dieses Ziel wird bei Unterstellung einer normalen Zinsstruktur dann erreicht, wenn ausschließlich Anlagen mit der höchsten Laufzeitprämie getätigt werden und deren Refinanzierung ausschließlich durch Tagesgeld erfolgt. Die Zentraldisposition wird also stets das größtmögliche Maß an Fristentransformation und damit auch ein maximales Zinsänderungsrisiko anstreben.[15]

Wegen des direkten Zusammenhangs zwischen der Höhe des Transformationsbeitrags und dem Risikogehalt der Geschäftsstruktur wird deutlich, daß Vorschriften zur Risikobegrenzung unerläßlich sind. Dies bestätigt sich auch für den Fall einer inversen Zinsstruktur: Liegen die Zinssätze langfristiger Anlagen unter denen mit kurzen Laufzeiten, kehrt sich das aus Sicht der Zentraldisposition vorteilhafte Verhalten gerade um. Sie wird in einer solchen Situation aktivisch nach einer Verkürzung und passivisch nach einer Verlängerung der Zinsbindungsfristen streben, um so wiederum den Saldo aus den nunmehr negativen Laufzeitprämien im Neugeschäft zu maximieren.

Nach herrschender Meinung lassen Vorzeichen und Betrag der Steigung der Zinsstrukturkurve bzw. Laufzeitprämienstruktur auf die Richtung und das Ausmaß zu erwartender Zinsänderungen schließen. Aus diesem Grunde ist zu erwarten, daß sich gerade dann die höchsten Transformationsbeiträge erzielen lassen, wenn die Wahrscheinlichkeit von zukünftig veränderten Marktzinssätzen besonders hoch ist.

Die Konsequenzen einer Ausrichtung von Entscheidungen an der Größe Transformationsbeitrag verdeutlichen die beiden folgenden Beispiele. In t_0 wird Fristentransformation mit einem positiven Transformationsbeitrag betrieben. Diese führt bei steigenden Marktzinssätzen zu einem Verlust. Dagegen ergeben sich für eine fristenkongruente Refinanzierung in beiden Zeitpunkten kein Transformationsbeiträge.

In Beispiel 3 werden die beiden Extrema gegenübergestellt. Fall A zeigt eine Refinanzierung langfristiger Ausleihungen mit Tagesgeld, Fall B eine fristenkongruente Refinanzierung. In beiden Fällen sei unterstellt, der Tagesgeldsatz TGZ steige von 3 % in t_0 auf 7 % in t_1:

[15] Vgl. Banken (1987), S. 193.

Beispiel 3: Fristentransformation und Zinsveränderung

Fall A: Maximale Transformation

Situation in t_0:

GE	Aktiva	GKM	SB	TGZ	SB	GKM	Passiva	GE
1000	Hypo	6,0	3,0	3,0	0,0	3,0	Tagesgeld	1000
1000			3,00		0,00			1000
		6,00	Transformations-beitrag 3,00 %			3,00		

Situation in t_1:

GE	Aktiva	GKM	SB	TGZ	SB	GKM	Passiva	GE
1000	Hypo	6,0	-1,0	7,0	0,0	7,0	Tagesgeld	1000
1000			-1,00		0,00			1000
		6,00	Transformations-beitrag -1,00 %			7,00		

Fall B: Fristenkongruenz

Situation in t_0:

GE	Aktiva	GKM	SB	TGZ	SB	GKM	Passiva	GE
1000	Hypo	6,0	3,0	3,0	-3,0	6,0	Sparbriefe	1000
1000			3,00		-3,00			1000
		6,00	Transformations-beitrag 0,00 %			6,00		

Situation in t_1:

GE	Aktiva	GKM	SB	TGZ	SB	GKM	Passiva	GE
1000	Hypo	6,0	-1,0	7,0	1,0	6,0	Sparbriefe	1000
1000			-1,00		1,00			1000
		6,00	Transformations-beitrag 0,00 %			6,00		

Das Beispiel zeigt, daß der Transformationsbeitrag in t_0 ex ante keine Aussage über die Vorteilhaftigkeit der gewählten Transformationsstrategie zuläßt. Was sich im Zeitpunkt t_1 als ex post vorteilhafter erweisen wird, läßt sich nur bei bekannten Eintrittszeitpunkten und Ausmaßen von Zinsänderungen bestimmen. Deutlich wird allerdings, daß der Transformationsbeitrag in t_0 das Risiko späterer Verluste aus der Fristentransformation vollständig vernachlässigt. Genauso wenig wird erkennbar, ob und inwieweit zunächst negative Transformationsbeiträge später realisierbare Chancen eröffnen.

Darüber hinaus zeigt sich in Fall A, daß der Kalkulationsansatz die tatsächlich in der Gewinn- und Verlustrechnung stattfindende Ergebnisveränderung lediglich indirekt wiedergibt: Nicht der Refinanzierung durch Tagesgeld, aus der die höheren Refinanzierungskosten resultieren, sondern vielmehr dem langfristigen Festzinsgeschäft der Aktivseite wird ein Strukturbeitrag zugerechnet. Aus Gründen der Verursachungsgerechtigkeit ist eine Zuordnung geschäftsspezifischer Strukturbeiträge also nicht zu rechtfertigen.

Bereits diese sehr einfach konstruierten Beispiele zeigen somit, daß der im Rahmen der Marktzinsmethode ermittelte Transformationsbeitrag keine geeignete Basis sein kann, die Qualität von Fristentransformationsentscheidungen zu beurteilen. Dies ist erst rückschauend für die Dauer eines gesamten Dispositionszeitraums möglich. Eine solche Rechnung kann sich allerdings nicht auf zeitpunktbezogene Daten stützen. Vielmehr muß die tatsächliche Zinsentwicklung im gesamten Beobachtungszeitraum berücksichtigt werden.

3.2.2. Zum Zusammenhang von Transformationsbeitrag und realisierter Fristentransformation

Weiterhin läßt sich zeigen, daß weder das Vorzeichen noch die absolute Höhe des Transformationsbeitrags Aussagen über die realisierte Zinsbindungstransformation und somit auch die übernommenen Zinsänderungsrisiken erlauben. Insbesondere ist es nicht zulässig, einen ausgeglichenen Transformationsbeitrag mit einer vollständigen Vermeidung von Zinsänderungsrisiken zu identifizieren. Bereits einfache Beispiele zeigen, daß auch in diesem Fall Fristentransformation in erheblichem Maße betrieben werden kann.

Beispiel 4 unterstellt den Abschluß von drei endfälligen Neugeschäften, die mit Sätzen von 5 % für einjährige, 6 % für zweijährige und 7 % für dreijährige Laufzeit zu bewerten sind. Es ergibt sich ein ausgeglichener Transformationsbeitrag, obwohl aus der nach einem Jahr erforderlichen Wiederanlage und dem Refinanzierungsbedarf nach zwei Jahren Zinsänderungsrisiken resultieren:

Beispiel 4: Ausgeglichener Transformationsbeitrag bei Inkongruenzen

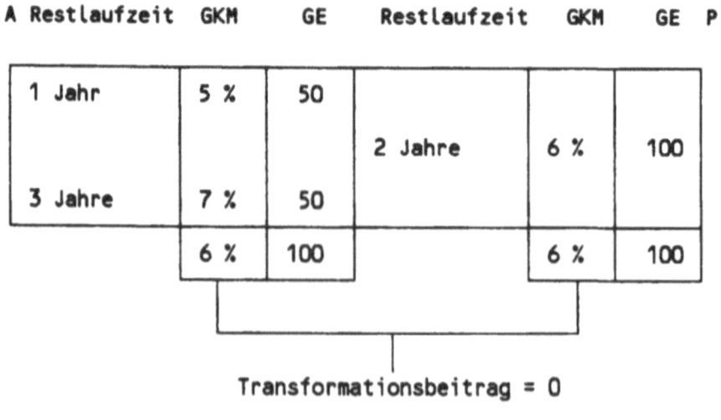

Werden in der Kalkulation sowohl Neugeschäfte als auch Geschäfte vorausgegangener Perioden zusammengefaßt, so zeigt sich weiterhin, daß es schon bei konstanten Marktzinssätzen nicht zulässig erscheint, von Vorzeichen und Betrag des Transformationsbeitrags auf Richtung und Ausmaß der realisierten Fristentransformation zu schließen. In Beispiel 5 wird unterstellt, daß sich die Geschäftsstruktur aus einer neuen zweijährigen und einer vor einem Jahr hereingenommenen, ursprünglich ebenfalls zweijährigen Position zusammensetzt. Bei statischen Marktbedingungen entsprach der Marktzinssatz der Position mit nunmehr einjähriger Restlaufzeit dem nunmehr (immer noch) geltenden Satz für Neuanlagen mit einer Laufzeit von zwei Jahren.[16] Das Beispiel zeigt, daß schon bei Unterstellung eines solch restriktiven Zinsszenarios aus dem Transformationsbeitrag nicht auf das realisierte Ausmaß an Transformation geschlossen werden kann:

Beispiel 5a: Positive Transformation bei ausgeglichenem Transformationsbeitrag

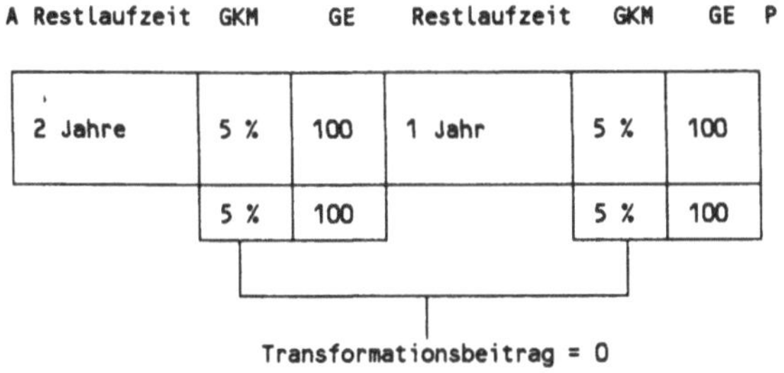

Beispiel 5b: Negative Transformation bei ausgeglichenem Transformationsbeitrag

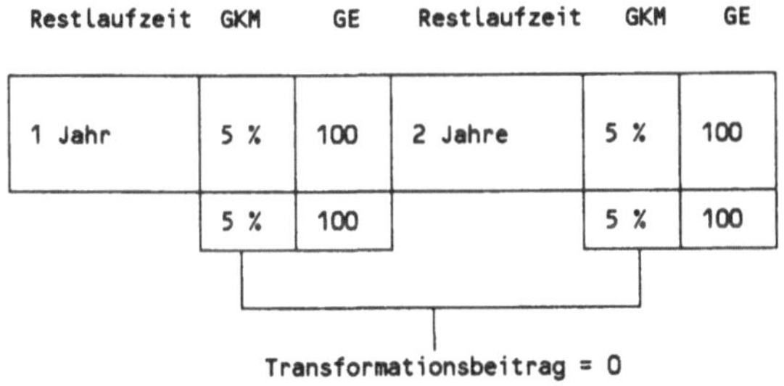

Sofern ein Altgeschäft einen Bewertungssatz von unter 5% aufweist, ergeben sich zudem Fälle, in denen Fristentransformation und Transformationsbeitrag abweichende Vorzeichen aufweisen. Dies zeigt das folgende Beispiel, in dem ein mit 4,5% bewertetes Altgeschäft mit zweijähriger Restlaufzeit einem Neugeschäft mit einer Laufzeit von einem Jahr gegenübergestellt wird:

---

16 Für Festzinspositionen ist der zuzurechnende Bewertungssatz über die Laufzeit konstant. Vgl. Schierenbeck (1987), S. 146.

Beispiel 5c: Positive Transformation mit negativem Beitrag

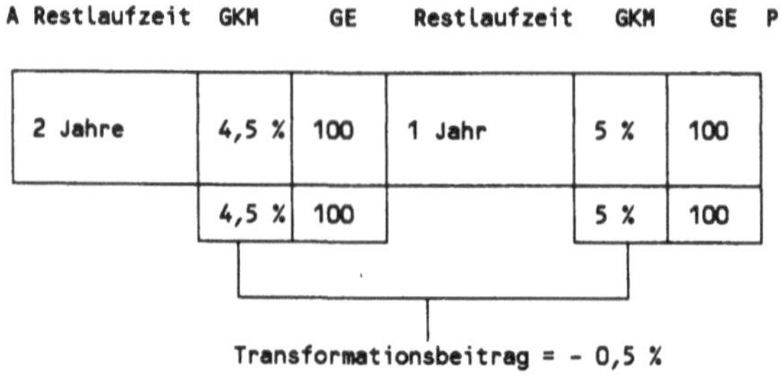

Beispiel 5d: Negative Transformation mit positivem Beitrag

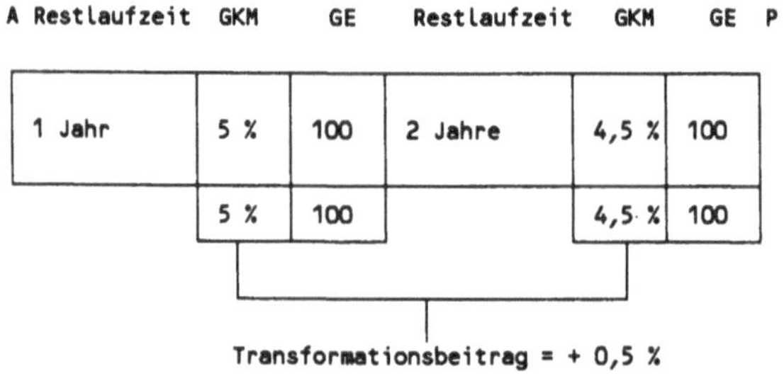

Die Beispiele machen deutlich, daß aus dem Transformationsbeitrag bereits für sehr einfache Bilanzstrukturen keinerlei Schlüsse auf Richtung und Ausmaß der realisierten Fristentransformation gezogen werden können. In realistischen Fällen mit mehr als zwei Bilanzpositionen kann selbst bei bekannten Bewertungssätzen (bzw. Strukturbeiträgen) nicht aus dem durchschnittlichen Bewertungssatz auf die Schichtung der jeweiligen Bilanzseite geschlossen werden: Sowohl der Transformationsbeitrag als auch die Größen, aus denen er ermittelt wird, sind strukturlos hinsichtlich der ihnen unterliegenden Geschäftsstruktur.

In Anbetracht der fehlenden eindeutigen Zusammenhänge zwischen dem Transformationsbeitrag, wie er in der Marktzinsmethode Verwendung findet, und den Dispositionsentscheidungen der für das Bilanzstrukturmanagement Verantwortlichen muß bereits an dieser Stelle gefolgert werden, daß eine „Statische Laufzeitprämienbilanz“ weder zur Beurteilung des Erfolges der Zentraldisposition noch zur Beurteilung des Risikogehaltes der Bilanzstruktur herangezogen werden kann.[17] Dennoch soll im folgenden erläutert werden, welche Fehlschlüsse aus diesem Konzept gezogen werden können.

---

[17] Dagegen stellen Droste et al. fest, es sei möglich, aus der statischen Analyse den „... Ergebnisbeitrag aus Fristentransformation sowie das in der Bilanzstruktur steckende Zinsänderungsrisiko unmittelbar abzulesen.“ Droste et al. (1983), S. 317.

3.2.3. Strukturbeiträge als Auslöser von Fehlsteuerungen der Zinsbindungstransformation

Der entscheidende Fehler einer Ausrichtung der Zinsbindungstransformation an Transformationsbeiträgen ist darin zu sehen, daß die so ermittelten „Erfolge“ nur dann tatsächlich auch realisiert werden können, wenn die zur Zeit der Entscheidung vorherrschende Zinsstrukturkurve in der Zukunft in ihrer *Steigung und Lage* völlig unverändert bliebe.[18] Erst in einer solchen Konstellation könnten die Erfolge auch tatsächlich realisiert werden. Der im Planungszeitpunkt ausgewiesene Transformationsbeitrag wird also nur dann vereinnahmbar, wenn die Entwicklung gerade nicht eintritt, auf die die gegenwärtig beobachtbare Zinsstruktur eigentlich hinweist![19]

Die Proportionalität zwischen Zinsänderungsrisiko und Transformationsbeitrag sowie die lediglich indirekte Wiedergabe der Aufwands- und Ertragswirkungen verdeutlichten, wieso sich eine Verwendung von Strukturbeiträgen als Vorteilhaftigkeitskriterium für einzelne Geschäfte verbietet.[20] Der in der dargestellten Art und Weise ermittelte Transformationsbeitrag kann isoliert weder als Ziel- noch als Kontrollgröße für Transformationsentscheidungen herangezogen werden. Im Rahmen einer dynamisierten Analyse von Transformationsbeiträgen wird sich zeigen, daß es sich erübrigt, die Strukturbeiträge einzelner Geschäfte zu untersuchen, wenn die Interdependenzen zwischen realisierter Fristentransformation und der Veränderung des Zinsergebnisses bei schwankenden Marktzinssätzen offengelegt werden sollen.

3.3. Die Aussagefähigkeit von Strukturbeiträgen einzelner Geschäfte

3.3.1. Dynamisierte Strukturbeitragsanalyse

Die Aussagefähigkeit von Strukturbeiträgen einzelner Geschäfte im Zeitverlauf wird anhand des Vorschlages einer dynamischen Analyse bei Rolfes / v. Villiez untersucht.[21] Für eine variable Refinanzierung mit Einjahresgeld über einen Zeitraum von zwei Perioden stellen sie folgenden Kalkül vor:

---

18 Vgl. Schierenbeck / Rolfes (1988), S. 268.

19 Vgl. Bernd Rolfes / Christian von Villiez (1989), Steuerung des Transformationsergebnisses, in: Die Bank o. J. (1989) 9, S. 502-506, S. 505.

20 Den Nachweis, daß die dezentrale Zurechnung von Strukturerfolgen Fehlsteuerungen im Bereich des Wertpapiergeschäftes auslösen könnte, führt Schierenbeck (1987), S. 184 ff.

21 Vgl. Rolfes / v. Villiez (1989), S. 504.

Ausgangssituation in t_0:

— Jahresgeld (variabel!): $i_{jg} = 4{,}5\ \%$

— Tagesgeld: $i_{tg} = 3\ \%$

— Strukturerfolgselastizität (*see*) = $(\Delta i_{tg} - \Delta i_{jg}) / \Delta i_{tg} = 0{,}6$. Dies bedeutet, daß sich der Refinanzierungssatz um das 0,4-fache der auftretenden Veränderung des Tagesgeldsatzes Δi_{tg} ändert. M. a. W. soll für den zukünftigen Refinanzierungssatz in allen Zeitpunkten gelten:[22] $i_{jg} = 4{,}5 + 0{,}4\ \Delta i_{tg}$. (Die Strukturerfolgselastizität dient in diesem Zusammenhang als Annahme einer bestimmten Zinsentwicklung im Zeitverlauf. Sie könnte durch jede beliebig anders „gegriffene" Zinsprognose ersetzt werden).

Treten keinerlei Zinsänderungen ein, so weist das zu bewertende Passivgeschäft innerhalb des Zeitraums $[t_0, t_1]$ einen konstanten Strukturbeitrag in Höhe der ursprünglichen Differenz von $-1{,}5\ \%$ zwischen den in t_0 zugrundeliegenden Werten für Tagesgeld- und Einjahreszinssatz auf.

Wird dagegen davon ausgegangen, es trete bis zum Periodenende eine Veränderung des Tagesgeldsatzes um $+2\ \%$ ein, beträgt i_{tg} in t_1 5 %. Der in Anlehnung an Rolfes / v. Villiez (1989) unterstellte zeitlineare Zinsprozeß (vgl. Abb. 1, Seite 35) führt zu einem durchschnittlichen Tagesgeldzins von $\emptyset i_{tg} = (5\ \% + 3\ \%) / 2 = 4\ \%$. Da angenommen wurde, die Veränderung des Satzes für Jahresgeld betrage das 0,4-fache jener für Tagesgeld, beträgt i_{jg} in t_1 5,3 % und es ergibt sich ein Periodendurchschnitt von $\emptyset i_{jg} = (5{,}3\ \% + 4{,}5\ \%) / 2 = 4{,}9\ \%$. Bei einer Erhöhung des Tagesgeldsatzes um 2 % ergibt sich somit im Zeitraum $[t_0, t_1]$ ein durchschnittlicher Strukturbeitrag von $\emptyset i_{tg} - \emptyset i_{jg} = 4{,}0\ \% - 4{,}9\ \% = -0{,}9\ \%$. (Siehe Abb. 1, Seite 35.)

Für eine insgesamt vierprozentige Erhöhung des Tagesgeldsatzes ergeben sich dagegen Durchschnittswerte von $\emptyset i_{tg} = 5\ \%$ sowie $\emptyset i_{jg} = 5{,}3\ \%$, woraus sich für die Periode ein durchschnittlicher Strukturbeitrag von $-0{,}3\ \%$ ermittelt. Die zeitpunkt- und periodenbezogenen Zinssätze sowie die hieraus abzuleitenden Strukturbeiträge sind in der folgenden Tabelle zusammengestellt. (Siehe Seite 36.)

---

[22] Die beispielhafte Analyse einer „variablen 1-Jahresgeld-Refinanzierung" mit jederzeitiger Zinsanpassung mag etwas befremden, zumal sie über einen Zeitraum von zwei Jahren durchgeführt wird und die Laufzeitprämie in t_0 in Anbetracht einer im später folgenden Beispiel der Bewertung eines festverzinslichen Wertpapiers unterstellten Rendite von 7 % für vierjährige Restlaufzeiten etwas hoch erscheint. Sie soll jedoch beibehalten werden, damit die Ergebnisse unmittelbar mit jenen von Rolfes / v. Villiez (1989) vergleichbar sind. Aus der Tatsache, daß sich die Strukturerfolge aus einer Gegenüberstellung der periodischen Durchschnittswerte von i_{jg} und i_{tg} ergeben, folgt unmittelbar, daß die Autoren eine Konstruktion für die Kondition der Refinanzierung gewählt haben, die eine jederzeitige, ohne zeitliche Verzögerung wirkende Anpassung an Veränderungen des Tagesgeldsatzes vorsieht. Dies ergibt sich auch unmittelbar aus einem ähnlichen Beispiel bei Christian v. Villiez (1989), Budgetkontrolle und Abweichungsanalyse in Kreditinstituten, Frankfurt / M. 1989, S. 182.

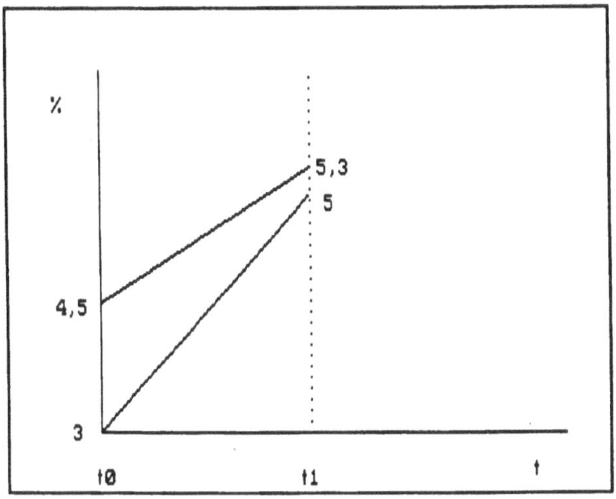

Abb. 1: Unterstellter zeitlinearer Zinsprozeß

Bevor die Ergebnisse eingehender interpretiert werden, soll das Beispiel noch für eine weitere Periode $[t_1, t_2]$ fortgeführt werden. Wiederum können bis zum Periodenende Steigerungen des Tagesgeldsatzes von 0, 2 oder 4 Prozentpunkten eintreten, womit sich für den gesamten Zeitraum $[t_0, t_2]$ insgesamt 9 Szenarien ergeben können. Die auf dieser Grundlage resultierenden zeitpunkt- und zeitraumbezogenen Werte der Zinssätze i_{tg} und i_{jg} sowie die hieraus abzuleitenden Strukturerfolge sind in der nachfolgenden Tabelle zusammengestellt. (Siehe Seite 37.)

Für die in den beiden Perioden insgesamt entstehenden Erfolge ergibt sich verdichtet folgendes Bild (siehe Seite 38).

Die beispielhaft ausgeführte Szenario-Analyse zeigt ein gegenüber der tatsächlichen Entwicklung verzerrtes Bild. Während sich die Refinanzierungskosten von Szenario 1 bis hin zu Szenario 9 um jeweils 0,2 % verändern, weist der Strukturerfolg eine Veränderung von jeweilig 0,3 % auf. Dies resultiert aus dem Konstruktionsprinzip einer auf die zeitliche Entwicklung des Tagesgeldsatzes relativierten Messung. Dies zeigt unmittelbar die Entsprechung von Strukturerfolg und Differenz der Durchschnitte der beiden Zinssätze i_{tg} und i_{jg}.

3.3.2. Strukturerfolge bei variierender Datenkonstellation

Durch die Anknüpfung an den jeweiligen Tagesgeldsatz ändert sich die Skalierung der Strukturerfolge mit der jeweiligen Ausgangssituation. Bei gleichbleibenden Strukturerfolgselastizitäten bleiben die Differenzen von jeweils 0,3 % zwischen den Szenarien gleich, die absoluten Strukturerfolge verändern sich je nach dem ursprünglichen Abstand zwischen Tagesgeld und den übrigen Fristigkeiten.

Szenariobedingte Entwicklung einer Refinanzierung in Jahresgeld in $[t_0, t_1]$

Ausgangssituation	$i_{lg} = 4{,}5$ % $i_{tg} = 3$ % Strukturerfolgselastizität = 0,6 (d.h. $\Delta i_{lg} = 0{,}4\ \Delta i_{tg}$)		
Zinsänderung Δi_{tg}	0,0 %	2,0 %	4,0 %
Zinssätze i_{lg}	4,5 %	5,3 %	6,1 %
in t_1 i_{tg}	3,0 %	5,0 %	7,0 %
ø i_{lg} in $[t_0,t_1]$	4,5 %	4,9 %	5,3 %
ø i_{tg} in $[t_0,t_1]$	3,0 %	4,0 %	5,0 %
Strukturerfolg	-1,5 %	-0,9 %	-0,3 %

Szenariobedingte Entwicklung einer Refinanzierung in Jahresgeld in $[t_1, t_2]$

Ausgangssituation	i_{lg} = 4,5 %	i_{tg} = 3 %	Strukturerfolgselastizität = 0,6 (d.h. Δi_{lg} = 0,4 Δi_{tg})						
Zinsänderung Δi_{tg} in $[t_0,t_1]$	0,0 %			2,0 %			4,0 %		
Δi_{tg} in $[t_1,t_2]$	0 %	2 %	4 %	0 %	2 %	4 %	0 %	2 %	4 %
Zinssätze in t_2 i_{lg}	4,5 %	5,3 %	6,1 %	5,3 %	6,1 %	6,9 %	6,1 %	6,9 %	7,7 %
i_{tg}	3,0 %	5,0 %	7,0 %	5,0 %	7,0 %	9,0 %	7,0 %	9,0 %	11,0 %
ø i_{lg} in $[t_1,t_2]$	4,5 %	4,9 %	5,3 %	5,3 %	5,7 %	6,1 %	6,1 %	6,5 %	6,9 %
ø i_{tg} in $[t_1,t_2]$	3 %	4 %	5 %	5 %	6 %	7 %	7 %	8 %	9 %
Strukturerfolg in $[t_1,t_2]$	-1,5 %	-0,9 %	-0,3 %	-0,3 %	0,3 %	0,9 %	0,9 %	1,5 %	2,1 %
Strukturerfolg in $[t_0,t_2]$	-3 %	-2,4 %	-1,8 %	-1,2 %	-0,6 %	0,0 %	0,6 %	1,2 %	1,8 %
Szenario	1	2	3	4	5	6	7	8	9

Zusammengefaßte Entwicklung der Refinanzierungskosten und Strukturbeiträge in $[t_0, t_2]$

Szenario	1	2	3	4	5	6	7	8	9
Durchschnittssätze i_{lg}	4,5 %	4,7 %	4,9 %	5,1 %	5,3 %	5,5 %	5,7 %	5,9 %	6,1 %
in $[t_0,t_2]$ i_{tg}	3,0 %	3,5 %	4,0 %	4,5 %	5,0 %	5,5 %	6,0 %	6,5 %	7,0 %
Strukturerfolg/Periode	-1,5 %	-1,2 %	-0,9 %	-0,6 %	-0,3 %	0,0 %	0,3 %	0,6 %	0,9 %

Dies führt dazu, daß gleiche hypothetische Verläufe der Refinanzierungskosten mit abweichenden absoluten Erfolgsbeiträgen identifiziert werden. Dies zeigt das Ergebnis einer Durchführung der Szenarioanalyse mit einem Tagesgeldsatz von 4 % als Ausgangspunkt (siehe Seite 40 oben).

Im nächsten Schritt werden die Auswirkungen einer reduzierten Steigung der Zinsstrukturkurve untersucht. Es wird unterstellt, daß sich der Jahresgeldsatz nur noch um das 0,2fache des Tagesgeldsatzes verändere. Nunmehr führt eine zwischen den Szenarien bestehende Abweichung des jeweiligen durchschnittlichen Jahresgeldsatzes von 0,1 % zu einer Veränderung des Strukturerfolges um jeweils 0,4 %. D. h., daß die gegenüber dem Ausgangsbeispiel halbierte Reagibilität des Refinanzierungssatzes zu einem um 33 % erhöhten Erfolgsbeitrag für die nicht volle Nachzeichnung von Schwankungen des Tagesgeldsatzes führt. Es ergibt sich folgendes Bild (siehe Seite 40 unten).

Die bei dieser Anwendung der dynamisierten Strukturerfolgsrechnung auftretenden Verzerrungen belegen die konstruktive Problematik. Dies erweist sich auch für die von Rolfes / v. Villiez vorgeschlagene Ausweitung des Anwendungsbereiches auf Wertpapieranlagen.

3.3.3. Anwendung der Analyse auf festverzinsliche Wertpapiere

Dem Vorschlag von Rolfes / v. Villiez folgend wird im folgenden der Strukturerfolg eines festverzinslichen Wertpapiers untersucht. Gegenüber anderen Geschäften ist zu berücksichtigen, daß sich für solche Titel der Wertansatz zinsbedingt ändern kann. Die Analyse der szenariobedingt auftretenden Erfolge ist somit um die Kursentwicklung zu erweitern. Im folgenden wird ein festverzinsliches Wertpapier mit einem Kupon von 7 % und einer Laufzeit von 4 Jahren untersucht. Es wird unterstellt, daß der relevante Bewertungszins in der Ausgangssituation dem Kuponsatz entspricht, was zu einem Kurswert von 100 % in t_0 führt. Der für die Kursermittlung relevante Kapitalmarktsatz entwickle sich so, daß er die Veränderungen des Tagesgeldsatzes zur Hälfte nachzeichne. Für im Zeitpunkt t_4 fällige Titel ergibt sich der für die Ermittlung des Kurswertes relevante Marktsatz aus $i_{4-t} = 7\ \% + 0{,}5\,\Delta i_{tg}$. Eine analog zum vorausgegangenen Beispiel vorgenommene Erfolgsberechnung beinhaltet im ersten Schritt die Ermittlung der (durchschnittlichen) Strukturerfolge als Differenz zwischen Kupon- und Tagesgeldsatz. Im nächsten Schritt sind zusätzlich die bis zum Periodenende eingetretenen Kursveränderungen zu berücksichtigen. Können wiederum in beiden Zeitabschnitten Veränderungen des Tagesgeldsatzes von 0, 2 und 4 Prozent auftreten, ergibt sich für die unterstellten Beispielswerte das Bild der Seiten 42/43.

Ohne die für die verschiedenen Perioden und Szenarien auftretenden Werte im einzelnen zu interpretieren, soll hier das sich zum Ende des Betrachtungszeitraums in t_2 ergebende Bild betrachtet werden. Zusammengefaßt ergibt sich der Erfolg auf Seite 44 oben.

Strukturerfolge für einen Tagesgeldsatz von 4 % in der Ausgangssituation

Szenario		1	2	3	4	5	6	7	8	9
Durchschnittssätze	i_{lg}	4,5 %	4,7 %	4,9 %	5,1 %	5,3 %	5,5 %	5,7 %	5,9 %	6,1 %
in $[t_0,t_2]$	i_{tg}	4,0 %	4,5 %	5,0 %	5,5 %	6,0 %	6,5 %	7,0 %	7,5 %	8,0 %
Strukturerfolg/Periode		-0,5 %	-0,2 %	0,1 %	0,4 %	0,7 %	1,0 %	1,3 %	1,6 %	1,9 %

Strukturerfolge bei halbierter Reagibilität der Refinanzierungskosten auf Veränderungen des Marktzinsniveaus

Szenario		1	2	3	4	5	6	7	8	9
Durchschnittssätze	i_{lg}	4,5 %	4,6 %	4,7 %	4,8 %	4,9 %	5,0 %	5,1 %	5,2 %	5,3 %
in $[t_0,t_2]$	i_{tg}	3,0 %	3,5 %	4,0 %	4,5 %	5,0 %	5,5 %	6,0 %	6,5 %	7,0 %
Strukturerfolg/Periode		-1,5 %	-1,1 %	-0,7 %	-0,3 %	0,1 %	0,5 %	1,9 %	1,3 %	1,7 %

Ohne die Zahlen noch stärker zu verdichten, lassen sich aus dem Beispiel unmittelbar Folgerungen ziehen: Die Strukturerfolge geben nicht tatsächliche Erfolgsänderungen wieder. Während das Wertpapier konstante Kuponzahlungen aufweist, schwankt der Strukturerfolg je nach eintretender Zinsänderung.

Besonders bemerkenswert an diesem Ergebnis ist, daß in den Szenariopaaren (2, 4), und (6, 8) sowie dem Tripel (3, 5, 7) identische Kurse in t_2 und somit auch gleiche Gesamterfolge der Anlage mit abweichenden Erfolgsbeiträgen identifiziert werden. Während im Beispiel einer variabel verzinslichen Refinanzierung die Verzinsung von der Zinsänderung im Zeitverlauf abhängig war, bestimmt sich der Ertrag einer Wertpapieranlage bei fixiertem Kuponsatz aus dem realisierbaren Kurswert zum Veräußerungszeitpunkt. Die Marktbewertung bestimmt sich ausschließlich aus dem zeitpunktbezogenen Momentansatz und ist unabhängig vom Entwicklungspfad den dieser im Zeitverlauf genommen hat. Dies ist allerdings nur bei einer Heranziehung der Strukturerfolge als durchschnittlicher Differenz des Nominalzinses zum Tagesgeldsatz der Fall. Im Gegensatz zur Auffassung von Rolfes / v. Villiez handelt es sich also nicht um eine „... auf ein Wertpapier beschränkte, integrierte Risiko- und Rentabilitätsanalyse“[23], sondern um die Messung der relativen Ertragsentwicklung im Vergleich zu einer revolvierenden Tagesgeldanlage.

3.3.4. Verzichtbarkeit der Erhebung von Strukturerfolgen

Ein den Auswirkungen einer bestimmten Kombination von Anlage- und Refinanzierungsgeschäften auf die Gewinn- und Verlustrechnung entsprechendes Bild ergibt sich erst dann, wenn die „Strukturerfolge“ bei der Gegenüberstellung von Positionen der Aktiv- und Passivseite saldiert werden. Die Erhebung geschäftsspezifischer Strukturerfolge ist dann allerdings völlig obsolet, da sich die Auswirkungen nicht-kongruenter Refinanzierungsstrategien unmittelbar aus der Entwicklung der jeweiligen Positionszinssätze ableiten lassen. Dies zeigt die in den Tabellen auf den Seiten 44 unten und 45 ausgeführte Gesamtanalyse, die sich ohne die vorherige Erhebung von Strukturerfolgen durchführen läßt.

Auf der Grundlage der Beispielrechnungen zeigt sich, daß es zur Erzielung aussagefähiger Ergebnisse für die Erfolgswirkungen einer bestimmten Geschäftsstruktur der Berechnung positionsspezifischer Strukturerfolge nicht bedarf. Der unmittelbare Rückgriff auf die eigentlichen Determinanten macht den Umweg über die Berechnung von Strukturerfolgen verzichtbar. Alle in der vorausgegangenen Tabelle enthaltenen Informationen müssen auch in die Kalkulation von Strukturerfolgen explizit eingehen. Rechnerische Zwischenschritte entfallen.

---

[23] Rolfes / v. Villiez (1989), S. 505.

Szenariobedingte Erfolgsentwicklung einer Anlage in ein festverzinsliches Wertpapier

Ausgangssituation		$i_{tg} = 3\,\%$, $i_{4\text{-}t} = 7\,\% + 0{,}5\,\Delta i_{tg}2$		
Zinsänderung in $[t_0,t_1]$	Δi_{tg}	0,0 %	2,0 %	4,0 %
Tagesgeld in t_1	i_{tg}	3,0 %	5,0 %	7,0 %
Kapitalmarkt	$i_{4\text{-}t}$	7,0 %	8,0 %	9,0 %
Kuponzahlung	i_{lg}	7,0 %	7,0 %	7,0 %
ø Tagesgeld	i_{tg}	3,0 %	4,0 %	5,0 %
Strukturerfolg		4,0 %	3,0 %	2,0 %
Kursveränderung		0,0 %	-2,58 %	-5,06 %
Nettoerfolg in $[t_0,t_1]$		4,0 %	0,42 %	-3,06 %

Zinsänderung in $[t_1,t_2]$ Δi_{tg}	0 %	2 %	4 %	0 %	2 %	4 %	0 %	2 %	4 %
Tagesgeld in t_2 i_{tg}	3,0 %	5,0 %	7,0 %	5,0 %	7,0 %	9,0 %	7,0 %	9,0 %	11,0 %
Kapitalmarkt in t_2 i_{4-t}	7,0 %	8,0 %	9,0 %	8,0 %	9,0 %	10,0 %	9,0 %	10,0 %	11,0 %
Kuponzahlung in t_2	7,0 %	7,0 %	7,0 %	7,0 %	7,0 %	7,0 %	7,0 %	7,0 %	7,0 %
Durchschnittssatz i_{tg}	3 %	4 %	5 %	5 %	6 %	7 %	7 %	8 %	9 %
Strukturerfolg in $[t_1,t_2]$	4,0 %	3,0 %	2,0 %	2,0 %	1,0 %	0,0 %	0,0 %	-1,0 %	-2,0 %
Kursveränderung	0,0 %	-1,78 %	-3,52 %	0,8 %	-0,94 %	-2,63 %	1,54 %	-0,15 %	-1,79 %
Nettoerfolg in $[t_1,t_2]$	4,0 %	1,22 %	-1,52 %	2,8 %	0,06 %	-2,63 %	1,54 %	-1,15 %	-3,79 %
Strukturerfolg in $[t_0,t_2]$	4 %	7,0 %	6,0 %	5,0 %	4,0 %	3,0 %	2,0 %	1,0 %	0,0 %

Kursentwicklung und Strukturerfolge der Wertpapieranlage bei alternativen Zinsszenarien

Szenario	1	2	3	4	5	6	7	8	9
Kurs in t_2	100,00 %	98,22 %	96,48 %	98,22 %	96,48 %	94,79 %	96,48 %	94,79 %	93,15 %
Strukturerfolg/Periode	2,0 %	3,5 %	3,0 %	2,5 %	2,0 %	1,5 %	1,0 %	0,5 %	0,0 %

Szenariobedingte Erfolge der ersten Periode $[t_0, t_1]$:

Zinsänderung	0 %	2 %	4 %
Kuponzahlungen	7,0 %	7,0 %	7,0 %
Kursveränderung	0,0 %	-2,58 %	-5,06 %
Refinanzierungssatz	4,5 %	4,9 %	5,3 %
Periodenerfolg	2,5 %	-0,48 %	-3,36 %

Szenariobedingte Erfolge der zweiten Periode $[t_1, t_2]$:

Zinsänderung	0 %	2 %	4 %	0 %	2 %	4 %	0 %	2 %	4 %
Kuponzahlung	7,0 %	7,0 %	7,0 %	7,0 %	7,0 %	7,0 %	7,0 %	7,0 %	7,0 %
Kursveränderung	0,0 %	-1,78 %	-3,52 %	0,8 %	-0,94 %	-2,63 %	1,54 %	-0,15 %	-3,79 %
Refinanzierung	4,5 %	4,9 %	5,3 %	5,3 %	5,7 %	6,1 %	6,1 %	6,5 %	6,9 %
Periodenerfolg	2,5 %	0,32 %	-1,82 %	2,5 %	0,36 %	-1,73 %	2,44 %	0,35 %	-1,69 %

Szenariobedingte durchschnittliche Gesamterfolge im Zeitraum $[t_0, t_2]$:

Kuponzahlung	7 %	7 %	7 %	7 %	7 %	7 %	7 %	7 %	7 %
Kursveränderung	0,0 %	-0,89 %	-1,605 %	-0,89 %	-1,76 %	-2,605 %	-1,76 %	-2,505 %	-3,425 %
Refinanzierung	4,5 %	4,7 %	4,9 %	5,1 %	5,3 %	5,5 %	5,7 %	5,9 %	6,1 %
Nettoerfolg	2,5 %	1,41 %	0,34 %	1,01 %	-0,06 %	-1,105 %	-0,46 %	-1,505 %	-2,525 %

3.4. Zwischenergebnis

Der Vorschlag einer stets auf den Tagesgeldsatz bezogenen Kalkulation von Strukturerfolgen läßt außer acht, daß sich Risiken stets nur unter expliziter Berücksichtigung des Zeithorizontes ermitteln lassen. Dies wird im sechsten Abschnitt noch zu zeigen sein. Die Ermittlung von Strukturerfolgen als Spanne gegenüber dem durchschnittlichen Tagesgeldsatz des Beobachtungszeitraums beinhaltet einen Vergleich der Performance zweier Anlagealternativen mit unsicheren Zinssätzen. Es soll aber doch gerade ermittelt werden, welches Risiko übernommen wurde und ob dieses tragbar erscheint. Hierzu bietet der Transformationserfolg der Marktzinsmethode keine geeignete Grundlage.

4. Der dispositive Beitrag als Konzept zur Erfolgsmessung für Transformationsentscheidungen

4.1. Komparative Statik als Minimalanforderung der Ergebnismessung

In den vorausgegangenen Abschnitten wurde deutlich, daß der Strukturerfolg, wie er im Rahmen der Marktzinsmethode Verwendung findet, weder als Entscheidungsgröße noch als Erfolgskennziffer adäquat erscheint. Insbesondere dem Umstand, daß sich Transformationsentscheidungen vor dem Hintergrund erwarteter Zinsänderungen vollziehen, wird nicht Rechnung getragen. Eine vollständige Erfassung der Auswirkungen von Marktzinsschwankungen auf das Bankergebnis müßte auf der Grundlage von Informationen über die zeitliche Verteilung der Veränderungen der relevanten Marktzins-, Konditionen- und Volumensänderungen vollzogen werden. Aufgrund der prognostischen Unsicherheit entstünde in einem solchermaßen detaillierten dynamischen Kalkül nur ein relativ geringer Informationsgewinn.[1] Für bankbetriebliche Steuerungs- und Kontrollzwecke erscheint es jedoch ausreichend, periodenbezogene Durchschnittswerte zugrundezulegen und auf eine Prognose der zeitlichen Verteilung von Änderungen der Ergebnisdeterminanten zu verzichten. Intraperiodische Ergebnisschwankungen bleiben dabei allerdings unberücksichtigt.

Im folgenden wird ein komparativ-statischer Ansatz als Vorschlag zur Erfassung von Zinsänderungseffekten unterbreitet. Dabei sollen die aufgezeigten Defizite des Transformationserfolges als Entscheidungs- und Kontrollgröße behoben werden. Die Transparenz des Ansatzes der Marktzinsmethode in ihrer Grundstruktur bleibt aber weitgehend unverändert. Dies wird dadurch gewährleistet, daß die Wirkungen von Zinsänderungen nicht im im Rahmen einer Sonderrechnung[2] analysiert werden, sondern in das gebräuchliche Bewertungsschema einbezogen werden. Unter relativ geringfügigen Modifikationen läßt sich die Qualität von Transformationsentscheidungen innerhalb des bekannten Grundgerüstes beurteilen.

---

[1] Vgl. Schierenbeck / Rolfes (1988), S. 268.

[2] Die vorliegenden Ansätze zur Analyse von Zinsänderungsrisiken sind dadurch gekennzeichnet, daß sie auf Sonderrechnungen wie z. B. Durationskalkülen (vgl. Bessler (1989), S. 227 ff.), Elastizitätsbilanzen und Szenariorechnungen basieren, die außerhalb des gebräuchlichen Bewertungsschemas der Marktzinsmethode durchzuführen sind. Vgl. z. B. Rolfes (1989) und v. Villiez (1989), S. 176 ff m. w. N. Die von Herzog (1989), S. 684, besonders hervorgehobene grundsätzliche Kompatibilität des Elastizitätskonzeptes mit dem Ansatz soll damit allerdings nicht bestritten werden.

4.2. Der intertemporale Alternativsatzvergleich als Maßstab für die Qualität von Zinsbindungsentscheidungen

Aufgrund der festgestellten Probleme wird auf die Anknüpfung der Strukturbeiträge an den Tagesgeldsatz als Indikator für das Zinsniveau im folgenden verzichtet. Stattdessen wird die Qualität von Zinsbindungsentscheidungen ex post anhand der eingetretenen Veränderungen der Bewertungsszinssätze gemessen. Als Grundlage für die Steuerung von Zinsbindungsentscheidungen sind dagegen entsprechende Erwartungsgrößen heranzuziehen. Der eingetretene bzw. erwartete Gesamteffekt aus allen Veränderungen der Bewertungssätze gibt die Änderung des Transformationsbeitrags wieder, die im Zeitraum zwischen zwei Bewertungszeitpunkten eingetreten ist bzw. erwartet wird.

Strukturbeiträge einzelner Geschäfte können bei einem solchen Vorgehen erst als Resultat von Zinsänderungen entstehen. Und sie entstehen bei jenen Positionen, die aufgrund veränderlicher Konditionen auch tatsächlich Ergebniswirkungen hervorrufen, womit der Anforderung einer verursachungs-gerechten Kalkulation Rechnung getragen wird und eine Zurechnung von Strukturerfolgen zu einzelnen Geschäften ermöglicht. Im Gegensatz dazu führten insbesondere die auf Rolfes (1985a) basierenden Vorschläge zu Strukturerfolgen bei Festzinspositionen, bei denen ex definitione keinerlei Erfolgswirkungen auftreten können.[3]

Der Ansatz zur Bestimmung der Geld- und Kapitalmarktalternativen wird aus der Marktzinsmethode ohne Modifikationen übernommen. Der hier unterbreitete Vorschlag beinhaltet lediglich, die Bewertungsssätze, die in zwei verschiedenen Zeitpunkten (t_0, t_1) beobachtet werden, zu vergleichen.

Es wird im folgenden unterschieden zwischen einem zum Zeitpunkt des Abschlusses von Geschäften entscheidungsrelevanten Satz EOZ sowie einem bewertungsrelevanten Satz BOZ, der für die Bewertung während der Laufzeit anzuwenden ist. Für festverzinsliche Geschäfte entspricht der bewertungsrelevante dem bei Geschäftsabschluß gültigen entscheidungsrelevanten Vergleichszins, da es sich um eine nicht mehr (oder nur unter bestimmten Umständen) reversible Entscheidung handelt.

Dagegen wird für variable Zinsvereinbarungen der in t_1 gültige entscheidungsorientierte Satz zur Bewertung des Altgeschäftes herangezogen, was sachlogisch

[3] Zum Nachweis der Richtigkeit des Vorgehens von Rolfes (1985a) muß unterstellt werden, daß nicht die Ergebniswirkungen und damit das Verursachungsprinzip im Vordergrund stehen, sondern vielmehr die Richtigkeit von Zinsbindungsentscheidungen der Vergangenheit untersucht werden soll. Nur dann wird der unmittelbare Vergleich mit einer revolvierenden Tagesgeldanlage aussagefähig. Diese Sichtweise unterstellt somit die Nicht-Zinsbindung mit der aus ihr resultierenden Unsicherheit über die bis zum Planungshorizont realisierbare Aktiv- und Passivzinssätze als Standardalternative. Dagegen wird in der Theorie regelmäßig eine sichere Alternative als Maß für die Vorteilhaftigkeit unsicherer Strategien herangezogen.

durch die permanent anzustellenden Prolongations- und Umschichtungsüberlegungen bzw. Absicherungserwägungen begründet ist.

Der bewertungsrelevante Satz BOZ für festverzinsliche Aktiva und Passiva entspricht ex definitione stets dem EOZ bei Geschäftsabschluß. Zinsänderungsbedingte Abweichungen in der Bewertung ergeben sich dagegen bei variabel verzinslichen Geschäften. Damit wird in der Ergebnismessung dem Umstand Rechnung getragen, daß auch nur aus den variablen Zinsvereinbarungen Veränderungen des Zinsergebnisses resultieren. Fest vereinbarte Konditionen führen ungeachtet der eintretenden Zinsentwicklung zu unveränderten Aufwendungen und Erträgen, weshalb ihnen konsequenterweise keinerlei Ergebniswirkungen und somit auch kein Zinsrisiko zugerechnet werden darf.

Die ermittelten Ergebniswirkungen entsprechen allerdings nur dann exakt den Aufwendungen und Erträgen zwischen zwei Beobachtungszeitpunkten, wenn die für t_1 gültigen (oder aber ex ante unterstellten) Zinssätze unmittelbar nach dem Zeitpunkt t_0 wirksam werden — also für die gesamte Rechnungsperiode Gültigkeit besitzen — oder aber als Durchschnittswerte zwischen zwei Zeitpunkten aufgefaßt werden können. Weiterhin ist der Begriff „Festsatz“ stets nur relativ zur Länge des betrachteten Zeitraumes definiert. Je länger die Periode, für die eine Erfolgsermittlung erfolgen soll, desto höher wird der Anteil von Positionen, die einen variablen entscheidungsorientierten Bewertungszins aufweisen und somit auch Transformationsbeiträge leisten können.[4]

Die Strukturbeiträge der verschiedenen Bilanzpositionen ergeben sich als Differenz zwischen den entscheidungs- und bewertungsrelevanten Zinssätzen. Und zwar als

$$SB_i^A = EOZ_i^A - BOZ_i^A$$

für die Aktivposition i sowie

$$SB_j^P = BOZ_j^P - EOZ_j^P$$

für die j'te Passivposition.

Der Ansatz soll anhand eines Beispiels verdeutlicht werden, bei dem das bekannte Bewertungsschema der Marktzinsmethode weitestgehend beibehalten werden kann. Ausgangspunkt sei folgendes Beispiel mit den entscheidungsorientierten Zinssätzen 4 %, 5 % und 6 % in t_0:

---

4 Dieser Relativität wird im Rahmen der unten ausgeführten formalen Analyse von Zinsänderungseffekten noch explizit Rechnung getragen. Im einzelnen vgl. Abschnitt 7.5.

Beispiel 6: Einführung des dispositiven Beitrags als zusätzliche Ergebniskomponente

a) Ausgangssituation:

GE	Aktiva	AZ	KB	EOZ	SB	BOZ^A	BOZ^P	SB	EOZ	KB	PZ	Passiva	GE
400	KKK	10,0	6,0	4,0	0,0	4,0	5,0	0,0	5,0	1,0	4,0	Terming.	700
600	Hypo	7,0	1,0	6,0	0,0	6,0	6,0	0,0	6,0	1,0	5,0	Sparbriefe	300
						5,20	5,30						

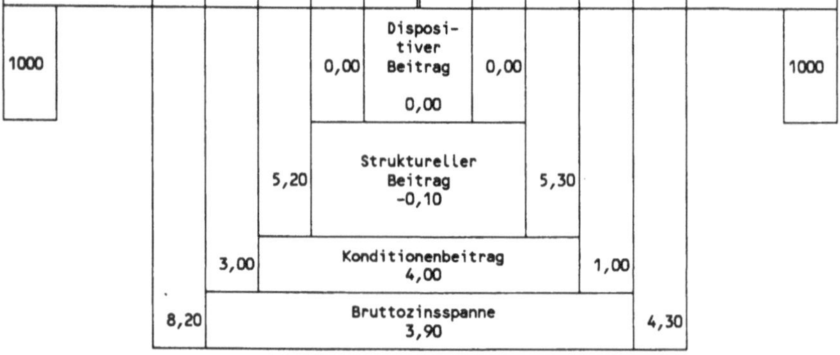

In der Ausgangssituation ergibt sich das bei einer Marktzinsbewertung gewohnte Bild: Der Zinsüberschuß wird durch die Konditionenbeiträge einerseits sowie einen strukturellen Beitrag andererseits erklärt. Da es sich um eine auf eine Ausgangssituation bezogene Betrachtung handelt, beginnt annahmegemäß die Laufzeit aller einbezogenen Positionen zu diesem Zeitpunkt und folglich entsprechen sich die entscheidungs- und bewertungsrelevanten Alternativsätze. Dasselbe würde auch gelten, wenn in dem betrachteten Zeitabschnitt nach t_0 keine Zinsänderungen eintreten.

Im folgenden werden für den Zeitpunkt t_1 die entscheidungsrelevanten Bewertungssätze auf 5,5 %, 6,5 % und 7,5 % unterstellt.[5] Zur Vereinfachung soll weiterhin angenommen werden, daß die Bilanzstruktur und die erzielten Konditionenbeiträge konstant bleiben.[6] In t_1 ergibt sich unter den getroffenen Annahmen folgende Bewertung:

---

[5] Da ein unverändertes Festzinsaltgeschäft unterstellt wird, hat die Veränderung des Zinssatzes für die längste Fristigkeit von 6 % auf 7,5 % für das folgende Beispiel keine Bedeutung.

b) Resultat einer linearen Zinserhöhung um 1,5 % bei konstanten Konditionenbeiträgen:

GE	Aktiva	AZ	KB	EOZ	SB	BOZ^A	BOZ^P	SB	EOZ	KB	PZ	Passiva	GE
400	KKK	11,5	6,0	5,5	+1,5	4,0	5,0	-1,5	6,5	1,0	5,5	Terming.	700
600	Hypo	7,0	1,0	6,0	0,0	6,0	6,0	0,0	6,0	1,0	5,0	Sparbriefe	300
						5,20	5,30						

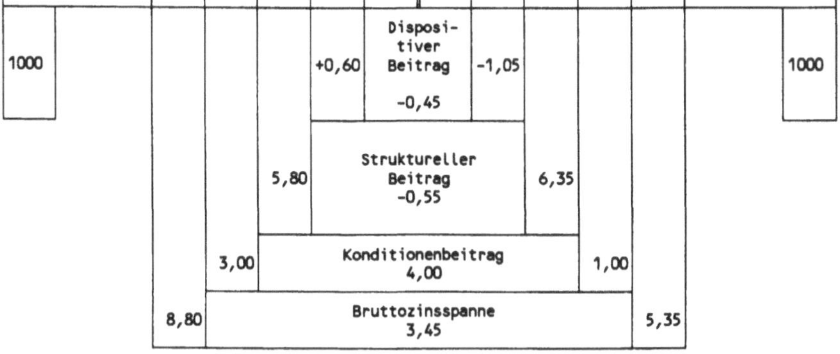

6 Während die Annahme einer konstanten Bilanzstruktur unmittelbar aufgehoben werden kann, muß in einem realistischen Kontext weiterhin auch für den Bereich der Konditionenbeiträge berücksichtigt werden, inwieweit sie von Zinsänderungen beeinflußt werden, d. h. ein „Konditionenbeitragsrisiko" (vgl. Rolfes (1985a), S. 184 ff.) besteht, das isolierbar auf Einflüsse von Kapitalmarktänderungen zurückführbar ist. Zwar sind bei Produkten mit relativ invarianten Konditionen wie bei Spar- und Girokonten erhebliche Risiken offensichtlich (vgl. Herzog (1989), S. 686), jedoch muß ihre dezentrale Zurechenbarkeit mit den gleichen Argumenten in Frage gestellt werden, die für die Kalkulation des Strukturbeitragsrisikos zutreffen: Ein konsequentes Vorgehen führt zwar in der Gesamtschau eines Risikostatus zu richtig interpretierbaren Ergebnissen, widerspricht allerdings dem Postulat einer verursachungsgerechten Kalkulation, da sie die Risiken den Positionen mit den geringsten Ergebniswirkungen zurechnet, wie anhand der Giro- und Sparguthaben leicht deutlich wird. Eine dezentrale Ausrichtung des Verhaltens an Konditionenbeitragsrisiken und -chancen führt zu einem Verhalten, daß aus zentraler Sicht als nachteilig anzusehen ist. So würde in einer Niedrigzinsphase aufgrund bestehender Konditionenbeitragschancen kein Anreiz zur Akquisition von Festzinsanlagen aus Giro- und Sparguthaben bestehen, während dies gerade bei hohem Zinsniveau aufgrund des erheblichen Risikos eines drohenden Verfalls der Konditionenbeiträge aufgrund sinkender Bewertungssätze der Fall wäre. Diese Problematik wird im Verlauf dieser Untersuchung noch aufgegriffen und ein Lösungsansatz vorgestellt.

4*

Die Gegenüberstellung der für die beiden Zeitpunkte angenommenen Bewertungszinssätze im variablen Bereich zeigt, welche Ergebnisänderung dem Bilanzstrukturmanagement zuzurechnen ist, weil keine Absicherung für den Fall steigender Refinanzierungskosten vorgenommen wurde. Das Offenhalten eines passivischen Überhangs an variabel verzinslichen Mitteln erklärt im unterstellten Beispiel die gesamte Veränderung der Bruttozinsspanne von 3,9 % auf 3,45 %. Bei konstanten Konditionenbeiträgen und unveränderter Bilanzstruktur wird damit deutlich, daß nicht der absolute Strukturbeitrag, sondern lediglich seine Veränderung Schlüsse auf den (Miß-)Erfolg der Zentraldisposition im Management der Zinsrisikoposition zuläßt.

Als Modifikation gegenüber dem herkömmlichen Vorgehen der Marktzinsmethode ergibt sich insbesondere die Ermittlung der Strukturbeiträge anhand einer Gegenüberstellung der EOZ und BOZ. Daß der so ermittelte „dispositive Beitrag" für die Messung des Erfolges aus eigengeschäftlichen Aktivitäten der Zentraldisposition günstige Eigenschaften aufweist, soll im folgenden Abschnitt erläutert werden. Der „strukturelle Beitrag" als Strukturbeitrag herkömmlicher Diktion kann lediglich als unsichere Residualspanne interpretiert werden, die nicht durch Konditionenbeiträge erklärbar ist. Nur ausnahmsweise handelt es sich um einen auch tatsächlich realisierbaren Ergebnisanteil. So dann, wenn innerhalb des gesamten Kalkulationszeitraumes

— von einer stationären Zinskonstellation ausgegangen werden kann oder

— keine Zinsbindungsfrist ausläuft oder

— die Geschäftsstruktur gegenüber Zinsänderungen immunisiert wurde.

4.3. Die Abbildung von Sicherungsgeschäften im dispositiven Beitrag

Zur Verdeutlichung der Eigenschaften einer modifizierten Marktzinsbewertung soll wiederum von zwei vereinfachenden Annahmen ausgegangen werden:

— Die Bilanzstruktur hat sich im Betrachtungszeitraum lediglich um von der Zentraldisposition getätigte Eigengeschäfte verändert.

— Die Konditionenbeiträge sind konstant geblieben.

Die Zentraldisposition strebe nunmehr eine konstante Bruttozinsspanne in beiden Perioden an. Hierzu ist der Überhang an variabel verzinslichen Refinanzierungsmitteln zu beseitigen. Dies soll beispielhaft dadurch erzielt werden, daß ein Swap, bei dem die Bank Festzinszahler ist, in der mittleren am Markt verfügbaren Fristigkeit (5 % in t_0) in Höhe von 300 Geldeinheiten getätigt wird. Auf der Aktivseite wird unterstellt, daß das Institut variable Zinszahlungen in Abhängigkeit des Satzes für Tagesgeld (4 % in t_0) empfängt.

Beispiel 7: Auswirkung einer Zinsimmunisierung

a) Ausgangsituation

GE	Aktiva	AZ	KB	EOZ	SB	BOZ^A	BOZP	SB	EOZ	KB	PZ	Passiva	GE
400	KKK	10,0	6,0	4,0	0,0	4,0	5,0	0,0	5,0	1,0	4,0	Terming.	700
600	Hypo	7,0	1,0	6,0	0,0	6,0	6,0	0,0	6,0	1,0	5,0	Sparbriefe	300
300	Eigeng. (var.)	4,0	0,0	4,0	0,0	4,0	5,0	0,0	5,0	0,0	5,0	Eigengesch. (fest)	300
						4,92	5,23						

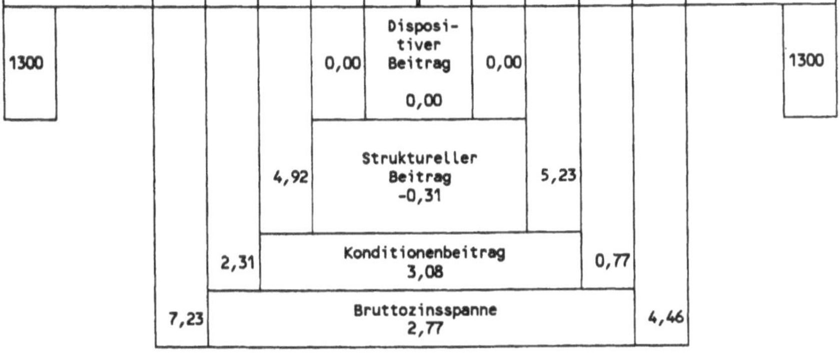

Aus dem Beispiel wird unmittelbar deutlich, daß der als Absicherung intendierte Swap gegenüber dem Ausgangsbeispiel 6 auf S. 34 den strukturellen Beitrag negativ beeinflußt. Aufgrund der normalen Zinsstruktur und einer passivisch längeren Zinsbindung übersteigt der aus dem Swapgeschäft zu zahlende Passivzins den aktivisch vereinnahmten Satz für Tagesgeld.[7] Als struktureller Beitrag ergibt sich nunmehr ein negativer Betrag von 4 GE (0,31 % von 1300 GE)[8] gegenüber 1 GE (0,1 % von 1000 GE) in der Ausgangssituation. Die Differenz resultiert aus den Sicherungskosten, die der Swap dann verursacht, wenn der Aktivzins über die gesamte Laufzeit bei 4 % liegt. Sofern sich für irgendeinen Zeitraum während der Laufzeit des Swapgeschäftes ein anderer Tagesgeldsatz ergibt, zeigt sich, daß es verfehlt wäre, die Veränderung des strukturellen Beitrags

[7] Die große Differenz wurde zum Zwecke einer leichteren Nachvollziehbarkeit der präsentierten Beispiele gewählt.

[8] Gegenüber den Angaben in den Beispielen wurden den Berechnungen nicht gerundete Prozentzahlen zugrundegelegt, weshalb sich ggf. Differenzen ergeben können. So beläuft sich der mit den gerundeten Werten ermittelte strukturelle Beitrag auf 4,03 GE, während er in Wirklichkeit genau 4 GE beträgt.

unmittelbar als Kosten des Strukturmanagement anzusehen, da sie in dieser Höhe nur bis zum Eintreten der ersten Veränderung des Tagesgeldsatzes entstehen.

Wäre der strukturelle Beitrag Grundlage für die Erfolgsmessung der Zentraldisposition, bestünde kein erkennbarer Anreiz zur Schließung der offenen Position. Es wäre vielmehr möglich, durch die Übernahme der Position des Festzinszahlers eine Steigerung des strukturellen Beitrags und der Bruttozinsspanne herbeizuführen, was gleichzeitig zu einer noch stärkeren Sensibilisierung des Ergebnisse bezüglich auftretender Zinsänderungen führt.[9] Ein Anreiz, auf der Basis von Zinserwartungen konsistente Operationen vorzunehmen, muß folglich durch zusätzliche Vorgaben über zulässige und wünschenswerte Entwicklungen des strukturellen Beitrags im Zeitverlauf erst geschaffen werden. Weiterhin entsteht zu jedem Bewertungszeitpunkt ein Erklärungsbedarf für den augenblicklich ermittelten Strukturerfolg, da er sowohl sicher realisierbare als auch bei Zinsänderungen nicht mehr vereinnahmbare Komponenten enthält. Solche Interpretationsprobleme weist der dispositive Beitrag nicht auf, wie das nachfolgende Beispiel zeigt.

7 b): Situation nach linearer Zinsänderung um 1,5 % bei konstanten Konditionenbeiträgen

GE	Aktiva	AZ	KB	EOZ	SB	BOZ^A	BOZ^P	SB	EOZ	KB	PZ	Passiva	GE
400	KKK	11,5	6,0	5,5	1,5	4,0	5,0	-1,5	6,5	1,0	5,5	Terming.	700
600	Hypo	7,0	1,0	6,0	0,0	6,0	6,0	0,0	6,0	1,0	5,0	Sparbriefe	300
300	Eigeng. (var.)	5,5	0,0	5,5	1,5	4,0	5,0	0,0	5,0	0,0	5,0	Eigengesch. (fest)	300
						4,92	5,23						

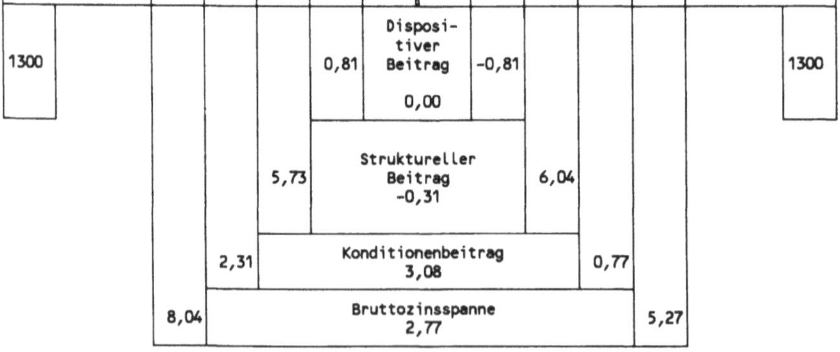

---

[9] Ein Swap, bei dem die Bank die Position des Festzinszahlers einnimmt, führt zu einem strukturellen Beitrag von +0,15% und einer Bruttozinsspanne von 3,23%.

Hätte die Zentraldisposition auf das Swapgeschäft verzichtet, hätte sich im Beispiel die Konstellation des Beispiels 6b) ergeben. Die Bruttozinsspanne wäre also um – 0,45 % des ursprünglichen Geschäftsvolumens von 1000 GE von der zinsrisikolosen Situation abgewichen. Dies rechnet der dispositive Beitrag der Zentraldisposition als Mißerfolg zu. Gleichwertig wäre es, die auf Basis der EOZ bzw. BOZ ermittelten Strukturbeiträge zu vergleichen.

Aus einem Vergleich der Zahlen des Beispiels 7 mit jenen des Beispiels 6, in dem keine Immunisierung vorgenommen wurde, können nunmehr unter der Annahme, daß sich alle Zahlen als Periodendurchschnitte verstehen, die mit der Absicherung verbundenen Kosten sowie der für die Bank resultierende Nutzen bestimmt werden: Der Abschluß des Swap hat den Zinsüberschuß von zunächst 39 GE (3,9 % von 1000 GE in Beispiel 6a)) auf 36 GE (2,77 % von 1300 GE in Beispiel 7a)) reduziert. Diese Einbuße von 3 GE hat aber dazu geführt, daß dieses Ergebnis ungeachtet aller eintretenden Zinsänderungen realisiert werden konnte. Im Vergleich zu Beispiel 6b), in dem auf eine Immunisierung verzichtet wurde, ergibt sich ein um 1,5 GE höherer Zinsüberschuß, da sich ohne Absicherung die Zinsspanne auf 3,45 % reduziert hätte, was einem Zinsüberschuß von 34,5 GE entspricht.

Aus dem Vergleich der beiden alternativen Strategien „Nicht-Immunisierung“ und „Immunisierung“ könnte gefolgert werden, es entstünde schließlich durch die getroffenen Dispositionen ein Nutzen von 1,5 GE, der der Zentraldisposition zuzurechnen wäre. Hiergegen sprechen Gründe der Praktikabilität sowie in höherem Maße solche der Anreizverträglichkeit.

4.4. Der dispositive Beitrag als Ergebnis eines aktiven Managements der Zinsposition

Eine allein durch den Übergang von der Risikoübernahme zur Risikovermeidung hervorgerufene Zurechnung eines positiven Erfolgsbeitrags würde den Nutzen der Immunisierungsmaßnahme bei weitem überzeichnen, da der dispositive Beitrag von – 4,5 GE auf +/– 0 GE stiege. Im Falle sinkender Zinssätze ergäbe sich dagegen ein umgekehrtes Bild. Die Risikoübernahme würde weit über das Wachstum der Bruttozinsspanne hinausgehend belohnt. Eine aus wohlerwogenen Gründen vorgenommene Absicherung dagegen über ihre tatsächliche Ergebniswirkung hinaus sanktioniert.

Zu einer vollständigen Risikoübernahme oder vollständigen Risikovermeidung bedürfte es zudem gar nicht erst der Installation eines disponierenden Bereiches, da diese „passiven“ Strategien auch durch unmittelbare Vorgaben durchführbar wären. Um den tatsächlichen Nutzen der getroffenen Dispositionsentscheidungen zu ermitteln, wäre es zudem erforderlich, analog der Gegenüberstellung der Beispiele 6 und 7 stets eine alternative Rechnung durchzuführen, die von der Fiktion ausgeht, es hätten keinerlei Dispositionen stattgefunden. Dies erscheint jedoch nicht praktikabel, da davon auszugehen ist, daß sich ausschließlich aus Steuerungsgründen abgeschlossene Eigengeschäfte nur schwerlich isolieren lassen.

Der dispositive Beitrag trägt diesen Problemen Rechnung und bewertet die Aktivitäten der Zentraldisposition danach, wie gut die gewählte Strategie auf die tatsächlich eingetretene Zinsentwicklung abgestimmt war. Die Immunisierungsstrategie kann zwar als Teilerfolg gewertet werden, es wäre allerdings noch vorteilhafter gewesen, die Position so zu verändern, das in der Ausgangssituation aus Zinssteigerungen resultierende Risiko in eine Chance umzugestalten. Während bei einer Eliminierung des Zinsänderungsrisikos durch die Absicherungstransaktion lediglich ein negativer Erfolgsbeitrag des Bilanzstrukturmanagement vermieden werden konnte, hätte eine Ausweitung des Swapvolumens dagegen zur Folge, daß bei steigenden Zinssätzen zusätzliche Erträge entstünden, die ebenfalls der Zentraldisposition zuzurechnen wären:

Beispiel 8: Realisierung einer Zinssteigerungschance durch ein erhöhtes Swap-Volumen

GE	Aktiva	AZ	KB	EOZ	SB	BOZ^A	BOZ^P	SB	EOZ	KB	PZ	Passiva	GE
400	KKK	11,5	6,0	5,5	1,5	4,0	5,0	-1,5	6,5	1,0	5,5	Terming.	700
600	Hypo	7,0	1,0	6,0	0,0	6,0	6,0	0,0	6,0	1,0	5,0	Sparbriefe	300
500	Eigeng. (var.)	5,5	0,0	5,5	1,5	4,0	5,0	0,0	5,0	0,0	5,0	Eigengesch. (fest)	500
						4,80	5,20						

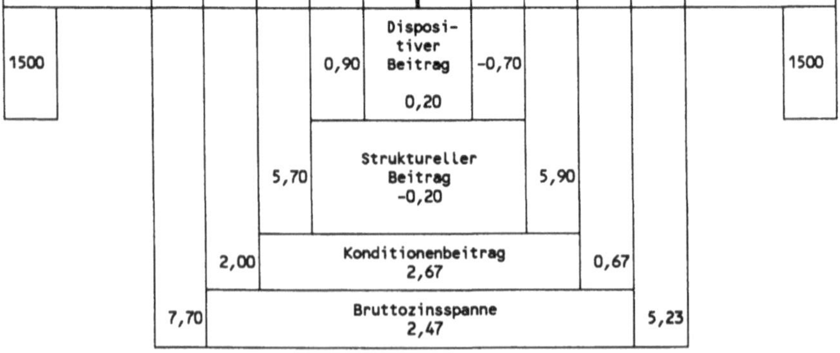

Bei Unterstellung eines Swap-Volumens von 500 und einer Zinssteigerung von wiederum 1,5 % rechnet der dispositive Beitrag der Zentraldisposition nunmehr einen Erfolg in Höhe von 0,20 % der Bilanzsumme zu. Gegen diese Zurechnung von 3 GE als Erfolg der Zentraldisposition könnte eingewandt werden, dies entspreche nicht der Veränderung des Zinsergebnisses gegenüber dem Fall einer immunisierten Bilanzstruktur, da der Zinsüberschuß in Beispiel 8 nunmehr 37 GE (2,47 % von 1500 GE) gegenüber vorher 36 GE (2,77 % von 1300 GE) in Beispiel 7 c) beträgt. Dies beruht wiederum auf der zunächst negativen Marge des zusätzlichen Swapvolumens, die mit 2 GE den strukturellen Beitrag belastet und das Zinsergebnis in der nicht explizit ausgeführten Ausgangssituation auf 34 GE reduziert. Von diesem Wert ausgehend, ordnet der dispositive Beitrag dem Bilanzstrukturmanagement wiederum zutreffend die durch Zinsänderungen hervorgerufenen Ergebnisänderungen zu. An dieser Stelle wirkt sich erneut aus, daß der in der Ausgangssituation ermittelte strukturelle Beitrag nur bei Persistenz der zugrundeliegenden Zinsstruktur realisierbar wird, weshalb die tatsächlich entstehenden Sicherungskosten und auch der realisierte dispositive Beitrag erst unter Kenntnis von Ausmaß und zeitlicher Verteilung auftretender Zinsänderungen ermittelt werden können.

Die in Beispiel 8 unterstellte Veränderung der Position derart, daß Zinssteigerungen nicht ein Risiko, sondern eine Chance beinhalten, zeigt, daß eine Anbindung der Erfolgsmessung an den dispositiven Beitrag zu einem Anreiz führt, die Zinsentwicklung richtig zu antizipieren und entsprechend zu disponieren: Bei relativ geringer Unsicherheit über das Vorzeichen von Zinsänderungen werden „aktive“ Transformationsstrategien gefördert, während bei völliger Unsicherheit über die Richtung der Zinsentwicklung die Immunisierung mit einem Nullergebnis die überlegene Alternative sein wird. Die Qualität struktureller Dispositionen wird somit ex post durch die Validität der ihnen zugrundeliegenden Prognosen bestimmt.

4.5. Dispositionserfolge bei veränderlicher Geschäftsstruktur

4.5.1. Neugeschäft

Während Neugeschäfte unmittelbar den strukturellen Beitrag beeinflussen, wirken sie sich aufgrund der Identität von bewertungs- und entscheidungsorientem Bewertungssatz zunächst neutral auf das dispositive Ergebnis aus. Je nach Zinsvereinbarung und Betrachtungshorizont werden ihnen erst dann Strukturbeiträge zugerechnet, wenn von ihnen Ergebnisänderungen ausgehen. Aufgrund des saldenrechnerischen Zusammenhangs zwischen fest- und variabel verzinslichen Geschäften ist stets sichergestellt, daß der dispositive Beitrag die Nettoveränderung des Zinsüberschusses erfaßt.

Die Wirkungen werden unmittelbar deutlich: Wird z. B. ein Passivgeschäft mit Festzins neu abgeschlossen, ergibt sich der Einfluß dieses Abschlusses auf die Gesamtposition allein aus der Analyse der nunmehr realisierten Geschäftsstruktur. Bestand zuvor ein aktivischer Festzinsüberhang, wird dieser reduziert. Bei Vorliegen einer aktivischen Festzinslücke wird diese vergrößert. Somit werden mittelbar auch die Dispositonserfolge betroffen. Je nach Portefeuille, herrschender und erwarteter Zinssituation kann die disponierende Stelle auf die Hereinnahme der Position durch entsprechende Ausgleichsoperationen reagieren.

4.5.2. Berücksichtigung von Ablaufstrukturen und Prolongationen

Da „fester" und „variabler" Zinssatz lediglich relativ zu einem bestimmten Betrachtungszeitraum definiert sind, nimmt mit dessen Länge auch die Zahl der Geschäfte zu, deren (Nominal-)Verzinsung sich ändern kann. Resultieren Veränderungen lediglich aus Schwankungen der Zinssätze ohne Veränderung der Geschäftsstruktur, könnten diese reinen Preiseffekte leicht berücksichtigt werden. Ein Vergleich zwischen dem ursprünglichen BOZ einer bestimmten Klasse von Geschäften und dem sich aus der Zusammenfassung von Altgeschäft sowie prolongierten und substituierten Geschäften ergebenden EOZ führt zu einer Integration der Ablaufstruktur in die Ergebnismessung. Das erwartbare Auslaufen von Zinsvereinbarungen und deren Prolongation wären damit unmittelbar auch Gegenstand der Dispositionsentscheidungen. Den durch die Prolongation von Festzinsvereinbarungen entstehenden Diskontinuitäten der Ergebnisentwicklung hätte der Dispositionsbereich entgegenzuwirken. Durch das zukünftige (Wieder-)Festhalten des BOZ für die prolongierten Geschäfte ist somit sichergestellt, daß die Zurechnung der Veränderung des Zinsergebnisses in voller zeitlicher und betragsmäßiger Synchronität mit seiner Entstehung vorgenommen wird.

Im Gegensatz zum dispositiven Beitrag verzeichnet die in anderen Vorschlägen — und hier insbesondere jenen auf der Basis von Rolfes (1985a) eingeführten Strukturerfolgselastizitäten — vorgenomme Zurechnung Strukturerfolge gerade dann, wenn die Konditionen und Bewertungssätze festgeschrieben sind. Bei Auslaufen von Zinsvereinbarungen und deren Prolongation führt die Anpassung des Bewertungszinses zu einer diskontinuierlichen Anpassung des ermittelten strukturellen Beitrags um die Differenz zwischen dem ursprünglichen und dem neuen Satz. Diese zu einer Änderung des durchschnittlichen Bewertungssatzes führende Anpassung sollte dagegen zum Zeitpunkt ihres Entstehens in die Ermittlung des dispositiven Beitrags eingehen. Somit wird ein Anreiz geschaffen, die Ablaufstruktur explizit zu berücksichtigen.

Durch die Abspaltung des dispositiven Beitrags gelingt es, ex post realisierte und unrealisierte Komponenten des Strukturbeitrags zu trennen. Ex ante lassen sich die für den Planungszeitraum erwartbaren Ergebniswirkungen angeben.

Durch die Konzentration auf die Positionen, die als verursachend für Ergebnisschwankungen zu identifizieren sind, wird eine anreizverträgliche Grundlage für die Steuerung von Zinsänderungsrisiken und -chancen gewonnen. Von der gedanklichen Konzeption führt dies in die gleiche Richtung, wie sie in Veröffentlichungen aus der Bankpraxis schon mehrfach befürwortet wurde.[10] „Eine Orientierung an den Preisen der Vergangenheit hilft zur Entscheidungsfindung bezüglich der Steuerung des Transformationsergebnisses nicht weiter."[11] Vielmehr bedarf es einer konsequenten Ausrichtung an den Veränderungen des Zinsüberschusses.

Mit dem dispositiven Beitrag ist zwar eine kostenrechnerische Abbildung veränderter Zinssätze, jedoch kein alle praktischen Bedürfnisse befriedigendes risikoanalytisches Instrument gewonnen. Aus diesem Grunde sind die vorliegenden Vorschläge zur Risikomessung und -steuerung hinsichtlich ihrer Eignung als Entscheidungshilfen für die Probleme der Bankpraxis zu sichten. Die Zusammenführung der verschiedenen Ansätze in einen analytischen Rahmen mit expliziter Einbeziehung des Zeithorizontes wird schließlich zu einem Ansatz führen, der als Grundlage für die Ermittlung dispositiver Beiträge so hinreichend komfortable Eigenschaften aufweist, daß die Erwartung gerechtfertigt erscheint, daß die bei einer konkreten Umsetzung entstehenden Kosten mit hoher Wahrscheinlichkeit durch den gestifteten Nutzen aufgewogen werden.

---

[10] Vgl. insbesondere Flesch et al. (1984), Hans-Rudolf Flesch / Friedrich Piaskowski / Jürgen Seegers (1987b), Marktzinsmethode bzw. Wertsteuerung — neue Thesen und Erkenntnisse aus der Realisierung, in: Die Bank, o. J. (1987).9, S. 485-494, Benke et al. (1989)

[11] Benke et al. (1989), S. 433.

5. Konditionenbeiträge bei nicht-statischen Marktbedingungen

In der Literatur zur Marktzinsmethode werden Probleme der Risikoanalyse im Rahmen des „dualen" Steuerungsgedankens in den Budgetierungsprozeß verlagert.[1] Allerdings wurde hierbei übersehen, daß nicht die Vermeidung jedweder einzelgeschäftsbezogener Risikozurechnung, sondern vielmehr deren Herausrechnung aus der Marge dem Ziel einer risikofreien Bewertung dienlich wäre. Dies resultiert aus der Überlegung, daß Zinsänderungserwartungen mitbestimmend für die Konditionenpolitik sind und sein müssen. Die Preispolitik im Kundengeschäft ist als integraler Bestandteil der Risikopolitik zu sehen.[2] Da über die Konditionengestaltung Erwägungen zur zukünftigen Zinsentwicklung letztendlich auch in die Margenberechnung einfließen, muß folgerichtig eine explizite Berücksichtigung marktpolitischer Variablen im Steuerungsprozeß erfolgen.

Da eine erschöpfende Analyse aller denkbaren Problemstellungen den Rahmen bei weitem sprengte, werden einige besonders wichtige und gleichzeitig aufschlußreiche Fälle herausgegriffen. Es sind dies das Realkreditgeschäft und diejenigen Einlagen, die de facto nahezu invariante Konditionen, aber dennoch eine variable Bewertung aufweisen, wie dies für Sicht- und Spareinlagen vorgesehen wird. Besonders für den Bereich des Realkreditgeschäftes drängt sich die Frage nach der richtigen Zuordnung von Bewertungszinssätzen geradezu auf.[3]

---

1 Vgl. Reinhold Hölscher (1987), Risikokosten-Management in Kreditinstituten, Frankfurt / M. 1987, S. 255 ff.; Schierenbeck (1987), S. 250 ff.; Schierenbeck / Rolfes (1988), S. 219 ff.

2 Vgl. Alden L. Toevs / William C. Haney (1986), Measuring and Managing Interest Rate Risk: A Guide to Asset / Liability Models used in Banks and Thrifts, in: Robert B. Platt (ed.), Controlling Interest Rate Risk, New York u. a. 1986, S. 256-350, S. 257. Zur Beeinflussung des Zinsänderungsrisikos mit absatzpolitischen Mitteln vgl. Bangert (1987), S. 302 ff.

3 Zum folgenden vgl. ausführlich Schierenbeck / Rolfes (1988), S. 185 ff.

5.1. Steuerungs- und Bewertungsprobleme am Beispiel des Realkredites

5.1.1. Bewertung nach Maßgabe der vereinbarten Zinsbindung

5.1.1.1. Zahlungsstrukturkongruente Alternative

Realkredite weisen in der Regel Laufzeiten von 15 bis 30 Jahren auf. Im Gegensatz zu den bei Bausparkassen und Hypothekenbanken üblichen Bedingungen sind für die gesamte Finanzierungsdauer gültige Festzinsvereinbarungen im Universalbankbereich weitgehend unüblich. Im allgemeinen wird also die Frist, für die Kapital im Rahmen solcher Geschäfte gebunden wird, über den Zeitraum Festzinsbindung hinausreichen. Insofern stellt sich das Problem, daß Geschäfte unter Unsicherheit über die nach Ablaufen von Festzinsvereinbarungen eintretenden Bedingungen, insbesondere des für die Fortführung der Finanzierungsabsprache gültigen Zinssatzes abgeschlossen werden. Die Vielzahl der im Zusammenhang mit der Prolongation eigentlich zu behandelnden Fragestellungen soll hier auf eine einzige verengt werden: Wie ist ein Darlehen zu bewerten, bei dem Laufzeit und Zinsbindungsfrist nicht identisch sind.

Dies sei anhand eines Beispiels von Schierenbeck / Rolfes (1988, S. 188) illustriert, in dem von vierjähriger Laufzeit bei zweijähriger Festzinsbindung ausgegangen wird. Der Nominalbetrag belaufe sich auf DM 200.000,—, der Nominalzinssatz betrage 4 % bei einem Disagio von 10 %. Gemäß Preisangabenverordnung ist ein Effektivzins von 10,71 % (exakt: 10,7067076 %) auszuweisen, da der Gesetzgeber eine Verrechnung des Disagio auf den Zeitraum der Zinsbindung vorsieht.[4] Getilgt wird in vier Raten à DM 50.000,—, zahlbar jeweils zum Jahresende. Die Darlehensbedingungen mögen weiterhin halbjährliche Zahlung der Nominalzinsen vorsehen. Eine Zinsverrechnung finde jeweils zum Jahresende statt. Die sich aus den Daten des Beispiels ergebenden Zahlungen sind in der Tabelle auf Seite 62 zusammengefaßt.

Es sei angenommen, am Markt herrsche eine steigende Zinsstruktur mit folgenden Sätzen:

6 Monate:5,00 %	18 Monate:6,50 %
12 Monate:6,00 %	24 Monate:7,00 %

Unter der Annahme, daß es sich bei den angegebenen Sätzen um solche für Titel mit jährlich nachschüssigen Kuponzahlungen handelt, hat ein Portefeuille, das in allen Zeitpunkten die gleichen Zahlungen wie das Kreditgeschäft garantiert, folgende Struktur:[5]

---

[4] Vgl. Schierenbeck / Rolfes (1988), S. 183 f.

2-jährige Zinsbindung / 200.000 DM / Nominalzins 4 %; Disagio 10 %

Jahr,Halbjahr	Kapital	EZ	Eff.zinsen	Tilgung	Restkapital	Zahlungssumme
11	180000,00	10,71	9636,04	4000,00	176000,00	4000,00
12	176000,00	10,71	9421,90	34942,06	141057,94	54000,00
21	141057,94	10,71	7551,33	3000,00	138057,94	3000,00
22	138057,94	10,71	7390,73	138057,94	0,00	153000,00
Σ	317557,94	10,71	34000,00	180000,00	-	214000,00

Zahlungsstrukturkongruentes Bewertungsgeschäft für den Zeitraum der Zinsbindung

Jahr	Alternativ-Tranche	GKM-Zins	GKM-Zahlung
1 1	3902,44	5,00	4000,00
1 2	41322,45	6,00	54000,00
2 1	2905,57	6,50	3000,00
2 2	142990,65	7,00	153000,00
Σ	191121,11	-	214000,00
	Effektivzins (PAngV)	10,7067076 %	
	Bewertungsszins	6,85595518 %	
	Konditionenbeitrag	3,85075242 %	

Ein aus Kupontiteln gebildetes Portefeuille, das die gleiche Zahlungsstruktur für alle zukünftigen Zahlungszeitpunkte garantiert, hätte also einen Marktwert von DM 191.121,11. Die Differenz von DM 11.121,11 gegenüber dem Auszahlungsbetrag des Kredites entspricht dem Barwert des Konditionenbeitrags. Bei Vornahme einer entsprechenden Arbitrageoperation ergäbe sich ein sicherer, sofort entnehmbarer Gewinn.

Bis zu diesem Punkte herrscht in der Literatur zur Marktzinsmethode Einmütigkeit. Abweichende Standpunkte werden dagegen hinsichtlich der Entnahme dieses Betrages im Zeitverlauf vertreten.[6] Die mit Argumenten periodischer Abgrenzung begründete Ablehnung des aus einer zahlungsstrukturkongruenten Bewertung gewonnenen Vergleichszinssatzes stützt sich wesentlich auf die Prämissen, die für die Verzinsung des Barwertes des Konditionenbeitrags bis zu seiner Entnahme zugrundegelegt werden.[7] Vor dem Hintergrund der im Rahmen der Investitionstheorie geführten Diskussion um die Eignung des internen Zinsfußes als Vorteilhaftigkeitskriterium sind sie keinesfalls überraschend.[8]

[5] Transparenter und rechentechnisch wesentlich bequemer ist die Verwendung von — aus den Kuponsätzen abgeleiteten — Nullkuponsätzen zur Bewertung, da sich die Barwerte der Zahlungen unmittelbar durch Multiplikation mit dem jeweiligen Diskontierungsfaktor ergeben. Dieses Vorgehen setzt sich auch in der Literatur zur Marktzinsmethode mittlerweile durch. Zur Ableitung und Anwendung vgl. Marusev (1990), S. 25 ff. Eine besonders anschauliche Anwendung auf die Bewertung des Swapgeschäftes findet sich bei Heinz Dieter Gottschalk / Edgar Weissenberger (1988), Management von Swap-Portfolios, in: Die Bank, o. J. (1988).10, S. 542-548.

[6] Vgl. Marusev (1990), S. 51 ff.

[7] Zur Diskussion vgl. ausführlich Schierenbeck / Rolfes (1988), S. 120 ff.

[8] Nahezu jedes einschlägige Werk enthält Beispiele für fehlerhafte Investitionsentscheidungen auf der Basis des internen Zinsfußes. Vgl. z. B. Lutz Kruschwitz (1990), Investitionsrechnung, 4. Aufl., Berlin / New York 1990, S. 85 ff.

Bei der zeitlichen Verteilung der Entnahme des Konditionenbeitrages handelt es sich nicht um eine ökonomische bzw. investitionsrechnerische, sondern ausschließlich um eine buchhalterische Fragestellung. Die Menge der möglichen Lösungen wird hierbei allein durch die Existenz von Finanztiteln mit den gewünschten Fälligkeiten determiniert. Existieren für alle angestrebten Entnahmezeitpunkte Nullkuponanleihen, läßt sich der Barwert des Konditionenbeitrags beliebig „verrenten". [9] Aufgrund der Sicherheit über die Kalkulationssätze im Zeitverlauf ergibt sich das aus der Investitionstheorie bekannte Ergebnis der Äquivalenz von Annuitäten- und Kapitalwertmethode. [10]

Die Zugrundelegung eines bestimmten Entnahmeplans hat dennoch in der Diskussion um die technische Realisierung der Marktzinsmethode einen breiten Raum eingenommen. Strittig behandelt wurde dabei insbesondere die Frage, welchen zeitlichen Bezug die Kalkulation haben sollte. Hier stehen sich insbesondere die Standpunkte von Flesch et al. (1987) sowie Schierenbeck / Rolfes (1988) gegenüber. [11] Während erstere über die Verwendung realer Renditen einen expliziten Abschluß des Zeithorizontes anstreben und einer zahlungsstrukturkongruenten Bewertung den Vorzug geben, präferieren letztere eine kapitalbasisorientierte Kalkulation. Diese richtet sich nicht an dem durch ein Geschäft hervorgerufenen Zahlungsstrom, sondern an dem durch seinen Abschluß im Zeitverlauf gebundenen Kapital aus. Damit wird erreicht, daß für die Bewertung keinerlei Wiederanlageprämissen benötigt werden. Allerdings entfernt sich dieses Vorgehen in bedeutendem Ausmaß von finanzmarkttheoretisch Bekanntem. Zudem verschließt es sich mit dem Postulat der Prämissenfreiheit explizit der Adaption theoretischer Fortschritte bei der Bewertung von Finanztiteln, [12] zu denen Bankgeschäfte lediglich eine Teilmenge bilden: Prämissenfreiheit impliziert logisch den definitorischen Ausschluß von Problemen der Unsicherheit über zukünftige Zinssätze und Zahlungen.

5.1.1.2. Kapitalstrukturkongruente Bewertung

Während im vorausgegangen Abschnitt ein Portefeuille von Kapitalmarkttiteln generiert wurde, das in allen zukünftigen Zeitpunkten die gleichen Zahlungen wie der zu bewertende Kredit aufweist, strebt die kapitalstrukturkongruente Bewertung eine jederzeitige Identität des in einem Geschäft und dem zu seiner Bewertung herangezogenen Marktportefeuille gebundenen Kapitals an. Bei einem ausschließlich an der Fristigkeit der Zinsbindung ausgerichteten Kalkulationszeitraum ergibt sich für den Beispielfall eines Darlehens mit zweijähriger Fest-

---

[9] Zum Nachweis vgl. Marusev (1990), S. 51 ff.

[10] Vgl. Kruschwitz (1990), S. 85.

[11] Vgl. ausführlich Schierenbeck / Rolfes (1988), S. 124 ff.

[12] Im Sinne der von Wilhelm vorgenommenen Klassifizierung sind reine Diskontierungsansätze auf der untersten Stufe der Entwicklung theoretischer Analysen von Preisen für Finanztitel ohne Wahlrechte anzusiedeln. Vgl. Wilhelm (1983), S. 9.

zinsbindung folgendes Portefeuille, das zu jedem Zeitpunt eine Kapitalbindung in Höhe des jeweiligen Saldos des Kreditkontos aufweist:[13]

Alternativportefeuille mit gleicher Kapitalbindung im Zeitraum der Festzinsvereinbarung

Jahr	GKM-Tranche	GKM-Zins	GKM-Zahlung
1 1	3902,44	5,00	4000,00
1 2	35207,57	6,00	47167,80
2 1	2905,57	6,50	3000,00
2 2	137984,42	7,00	147643,33
Σ	180000,00	-	201811,13
Effektivzins (PAngV)	10,7067076%		
Bewertungszins	6,8683929%		
Konditionenbeitrag	3,8383147%		

In der Gewinn- und Verlustrechnung führt die Kreditvergabe gegenüber der Marktalternative bei den gegebenen Differenzen zwischen Effektiv- und Bewertungszins zu den als Konditionenbeitrag ausgewiesenen Mehrerlösen. (Siehe Seite 66.)

Im Gegensatz zur zahlungsstrukturkongruenten Alternative ergeben sich nunmehr also Überschüsse in zukünftigen Zeitpunkten. Dagegen fiel der Konditionenbeitrag vorher als Barwert in t_0 an. Die zeitliche Entnahme dieses Betrages blieb offen bzw. stand zur Disposition. Eine Abdiskontierung des in der Zinsüberschußrechnung ausgewiesenen Konditionenbeitrages mit den GKM-Sätzen der Ausgangssituation (6 % für ein Jahr, 7 % für zwei Jahre) als Nullkupon-Sätze führt zum gleichen Barwert des Konditionenbeitrages wie im Falle der Zahlungsstrukturkongruenz.

5.1.2. Bewertung für den Zeitraum der Kapitalbindung

Für einen Kredit mit zweijähriger Zinsbindung und vierjährigem Tilgungsplan beinhaltet die zinsbindungsorientierte Bewertung die Fiktion, der am Ende der Zinsbindungsfrist bestehende Saldo des Debitorenkontos werde auch tatsächlich zurückfließen. Dies ist allerdings nicht geplant. Vielmehr muß eine an der jeweiligen Kapitalbindung ausgerichtete Betrachtung auch die zweite Hälfte der Laufzeit

[13] Entnommen aus Schierenbeck / Rolfes (1988), S. 188.

Zinsüberschußrechnung

Jahr	Kapital	EZ	Eff.zinsen	GKMZ	GKM-Zinsen	Kond.beitrag
1	178000,00	10,71	19057,94	6,87	12225,74	6832,20
2	139557,94	10,71	14942,06	6,87	9585,39	5356,67
Σ	317557,94	10,71	34000,00	6,87	21811,13	12188,87

in den Kalkül ziehen. Die Berücksichtigung der gesamten Kapitalbindung ergibt bei Fortführung des obigen Beispiels folgendes Bild:[14]

4-jähriges Tilgungsdarlehen; 2-jährige Zinsbindung / 200 000,— DM / Nominalzins 4 %; Disagio 10 %

Jahr	Kapital	EZ	Eff.zinsen	Tilgung	Restkapital	Zahlungssumme
11	180000,00	10,71	9636,04	4000,00	176000,00	4000,00
12	176000,00	10,71	9421,90	3494,07	141057,93	54000,00
21	141057,93	10,71	7551,33	3000,00	138057,93	3000,00
22	138057,93	10,71	7390,73	138057,94	0,00	153000,00
31	100000,00	10,71	5353,35	5213,79	94786,20	5213,79
32	94786,20	10,71	5074,24	44786,20	50000,00	55213,79
41	50000,00	10,71	2676,68	2606,90	47393,10	2606,90
42	47393,10	10,71	2537,12	47393,10	0,00	52606,90
Σ	463647,58	-	49641,38	180000,00	-	229641,38

Die Kapitalbindungs-Alternative

Jahr	GKM-Tranche	GKM-Zins	GKM-Zahlung
1 1	3902,44	5,00	4000,00
1 2	35705,77	6,00	48871,52
2 1	2905,57	6,50	3000,00
2 2	38144,55	7,00	48979,10
3 1	5025,34	7,50	5213,79
3 2	44620,20	8,00	52407,73
4 1	2503,63	8,25	2606,90
4 2	47192,51	8,50	51203,87
Σ	180000,00	-	216282,91

Effektivzins (PAngV)	10,7067047%
Bewertungszins	7,8255365%
Konditionenbeitrag	2,8811682%

Aufgrund der positiven Steigung der Zinsstrukturkurve führt die Einbeziehung des Zeitraumes nach Ende der Zinsbindungsfrist zu einem erhöhten Alternativzins und somit bei gleichbleibendem Effektivzins zu einer verringerten Marge.[15] Gegenüber der besseren Wiedergabe der vertraglichen Vereinbarungen hinsichtlich der Zahlungsstruktur wirken sich Art und Dauer der Zinsbindungsfrist in keiner Weise mehr auf das Kalkulationsergebnis aus: Geschäfte mit gleichen Zahlungsströmen weisen gleiche Bewertungszinssätze auf; gleichgültig, ob und für welchen Zeitraum ein Festzins vereinbart wird. Es handelt sich zwar um einen dynamischen Kalkül, Probleme der Unsicherheit über zukünftige Zahlungen und Zinssätze finden jedoch keinerlei Berücksichtigung.

Auf der Basis des vorausgegangenen Beispiels sollen die aus der Wahl abweichender (kapitalbindungsorientierter) Bewertungskriterien resultierenden Steuerungswirkungen untersucht werden. Dabei ist insbesondere zu prüfen, ob dem Zinsbindungs- oder aber dem Kapitalbindungskriterium der Vorzug zu geben ist.

5.2. Die Behandlung von Zinsänderungen bei abweichenden Kalkulationskriterien

5.2.1. Zinsbindungsorientierte Bewertung und zukünftiger Zinserfolg

Eine Ausrichtung des Bewertungssatzes an der vereinbarten Zinsbindungsfrist führt dazu, daß die zum Zeitpunkt des Geschäftsabschlusses herrschende Zinsstruktur die relative Vorteilhaftigkeit der unterschiedlichen Bindungsfristen stark beeinflußt. Dies resultiert daraus, daß die Kapitalmarktsätze für die jeweiligen Laufzeiten wesentlich stärker differieren als die Konditionen für Festzinsvereinbarungen gleicher Laufzeit. Während sich je nach Restlaufzeit Renditeunterschiede bis zu 3 % ergeben haben, wichen die durchschnittlichen Konditionen für die verschiedenen Zinsbindungsfristen nur ausnahmsweise um mehr als einen Prozentpunkt ab.[16] (Siehe Abb. 2, Seite 70.)

---

14 Das Beispiel ist wiederum Schierenbeck / Rolfes (1988), hier S. 190, entnommen.

15 Vgl. auch Schierenbeck / Rolfes (1988), S. 191.

16 Basis sind die Durchschnitte der jeweiligen Monate. Quellen: Statistisches Bundesamt „STATIS-BUND"; Deutsche Bundesbank, Monatsberichte, Januar 1991, S. 52*; Deutsche Bundesbank, Statistische Beihefte zu den Monatsberichten der Deutschen Bundesbank, Reihe 2, Wertpapierstatistik, Januar 1991, Nr. 1, S. 33; eigene Berechnungen.

Zinsüberschußrechnung

Jahr	Kapital	EZ	Eff.zinsen	GKMZ	GKM-Zinsen	Kond.beitrag
1	178000,00	10,71	19057,94	7,83	13929,46	5128,48
2	139557,93	10,71	14942,06	7,83	10921,16	4020,90
3	97393,10	10,71	10427,59	7,83	7621,53	2806,06
4	48696,55	10,71	5213,80	7,83	3810,77	1403,03
Σ	463647,58	10,71	49641,38		36282,91	13358,47

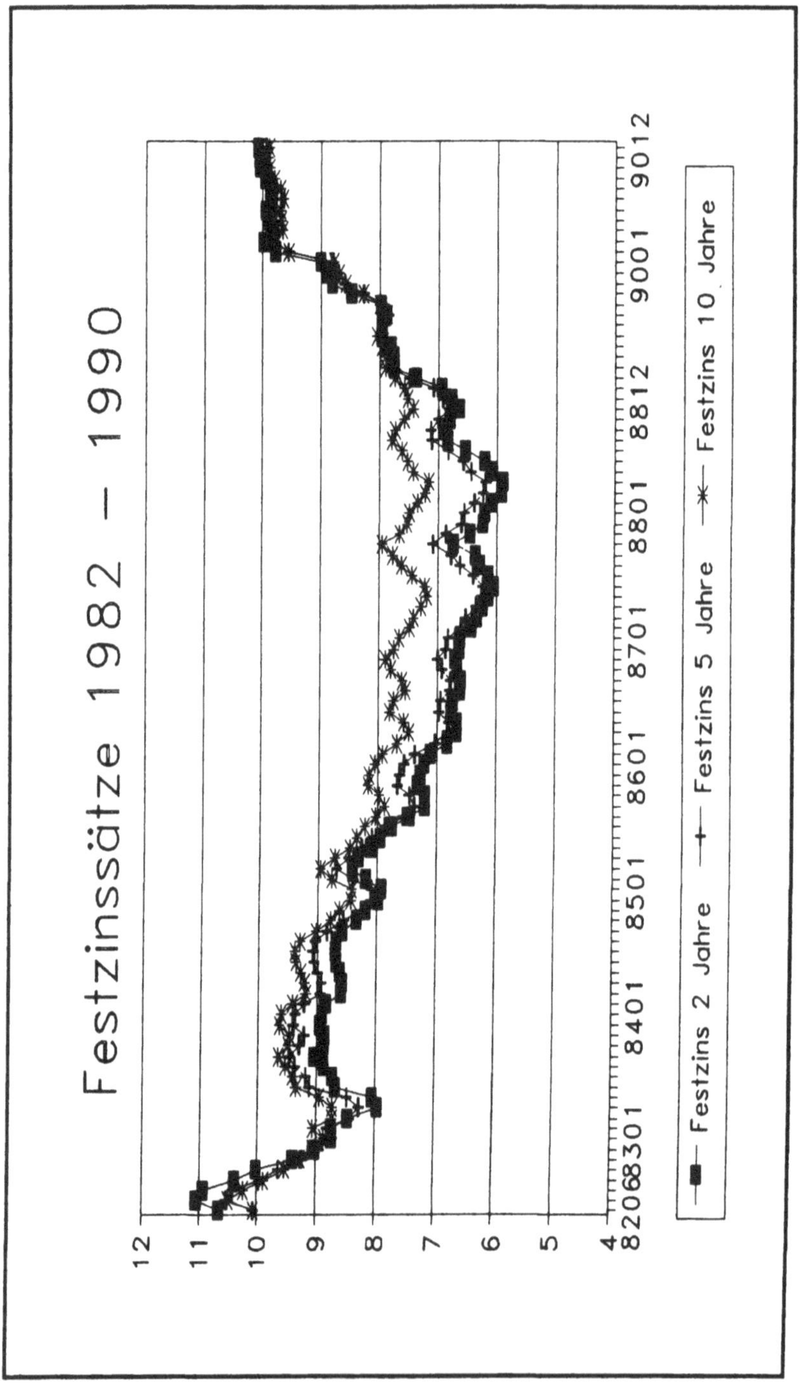

(Quelle: Statistisches Bundesamt „STATIS-BUND“, Monatsberichte der Deutschen Bundesbank)

Abb. 2: Entwicklung der Effektivzinssätze für Realkredite mit Festzinsbindung

Eine als erste Näherung vorgenommene Zuordnung der zur jeweiligen Zinsbindungsfrist korrespondierenden Umlaufsrendite als Bewertungssatz führt zu einer Beeinflussung der relativen Vorteilhaftigkeit der verschiedenen Zinsbindungsfristen in Abhängigkeit von der Steigung der Zinsstrukturkurve. Aufgrund der gegenüber den Marktrenditen geringeren Konditionendifferenzen in den entsprechenden Laufzeiten weisen in Niedrigzinsphasen kurze Fristen der Zinsfestschreibung höhere Konditionenmargen auf als langfristige Vereinbarungen.[17] Dies ist in Anbetracht am Markt herrschender Zinssteigerungserwartungen auch nicht unplausibel, da somit Anreize zu einer Verkürzung der Bindungsdauern vermittelt werden. Eine Zusammenstellung von einigen in den letzten Jahren aufgetretenen Konstellationen zeigt allerdings, daß bei flachen bis leicht inversen Zinskonstellationen nicht die gewünschten relativen Margen auftreten. Vielmehr führt die Gegenüberstellung der Festkonditionen mit den Umlaufsrenditen für die jeweilige Laufzeit zu dem Bild auf Seite 73.

Während die zu Beginn des Jahres 1988 deutlich höhere Marge für die zweijährige Zinsbindung zu einem Steuerungsimpuls in die richtige Richtung einer tendenziell verkürzten Bindungsdauer führt, ergibt sich insbesondere bei den für 1990 aufgeführten Konstellationen sehr wahrscheinlich ein Fehlimpuls: Auch wenn die zu Beginn des Jahres herrschenden und in einer leichten Inversität der Zinsstruktur dokumentierten Erwartungen sich nicht erfüllten, hätten langfristige Festzinsbindungen stärker bevorzugt werden müssen. Insofern reichte aus diesem Blickwinkel die Vorgabe rein zinsbindungsorientierter Marktzinssätze nicht aus.

Die Beispielkonstellationen machen allerdings das Dilemma direkt nachvollziehbar, das sich im Wechselspiel von Konditionenpolitik und Marktzinsentwicklung entwickelt: Eine Veränderung der relativen Konditionen in eine Richtung, die zu einer Steigerung der Attraktivität längerfristiger Zinsbindungen führt, beeinflußt unmittelbar die Konditionenmarge in die Gegenrichtung. Eine zur Abwehr von Nachfrage im kurzfristigen Bereich intendierte Steigerung des Kundenzinssatzes steigert die Marge. Ein günstigeres Angebot langfristiger Zinsvereinbarungen reduziert sie.

Prinzipiell sollte auch die Akquisition von Realkrediten mit Gleitzinsklauseln durch die Wahl eines kurzfristigen Referenzzinssatzes in die aus dem Blickwinkel der Wahrnehmung von Zinsänderungsrisiken und -chancen richtige Richtung gesteuert werden können. In Niedrigzinsphasen ergäbe sich bei einem kurzfristigen Bewertungszinssatz aufgrund der relativ geringen Differenz der Konditionen zu den Bedingungen von Festsatzvereinbarungen automatisch ein Akquisitionsanreiz. In Hochzinsphasen käme es dagegen zu negativen Konditionsmargen, was die Akquisitionsbemühungen zum Erliegen brächte.

---

[17] Vgl. auch Schierenbeck / Rolfes (1988), S. 192 f.

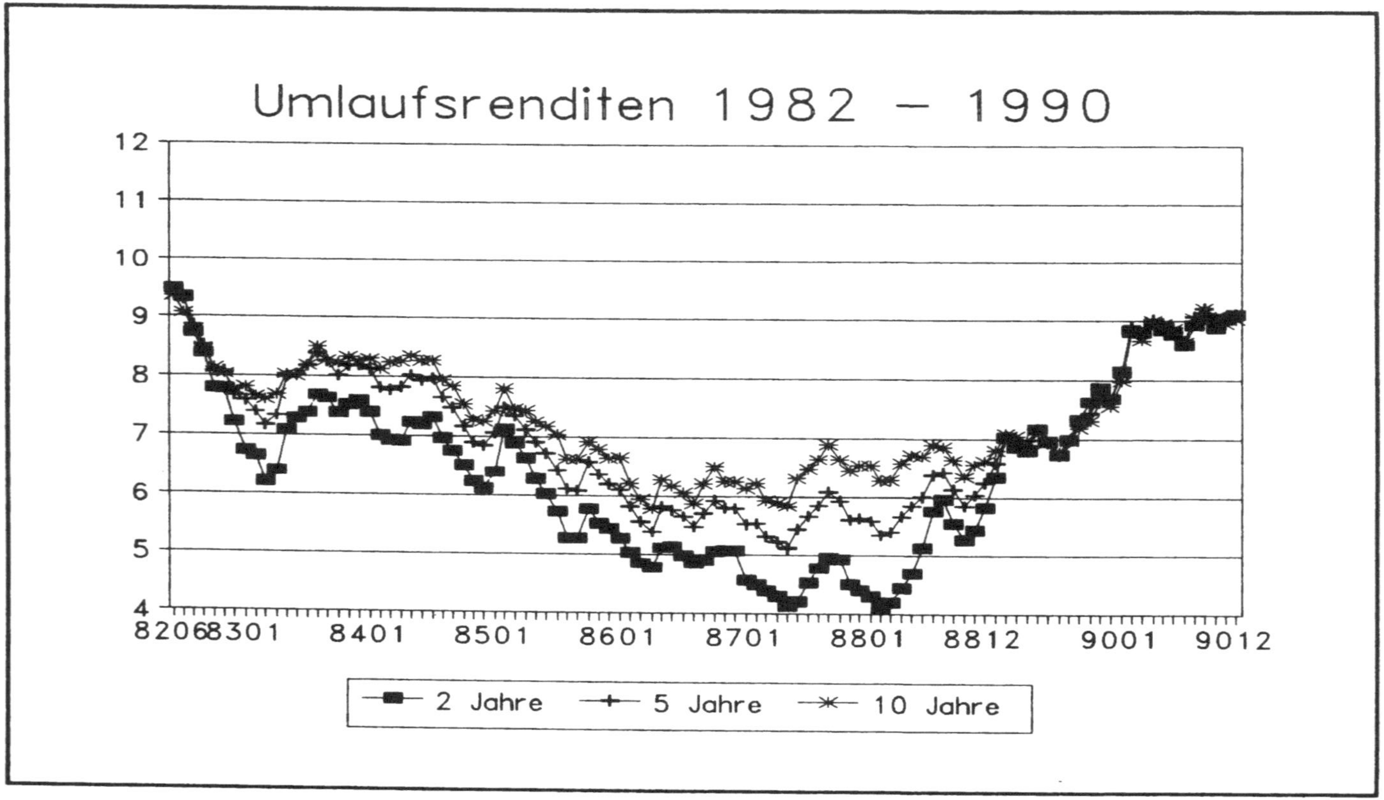

(Quelle: Statistisches Bundesamt „STATIS-BUND", Statistische Beihefte zu den Monatsberichten der Deutschen Bundesbank, Reihe 2, Wertpapierstatistik)

Abb 3: Entwicklung der Umlaufsrenditen (Monatsdurchschnitte)

	2 Jahre			5 Jahre			10 Jahre		
	Festzins	Rendite	Marge	Festzins	Rendite	Marge	Festzins	Rendite	Marge
1/88	6,21	4,29	1,92	6,55	5,59	0,96	7,49	6,53	0,96
1/89	6,93	6,35	0,58	7,07	6,59	0,48	7,58	6,80	0,78
1/90	9,02	8,14	0,88	8,82	8,10	0,72	8,79	7,98	0,81
12/90	10,08	9,12	0,96	9,94	9,13	0,81	9,89	9,04	0,85

Sofern der Geschäftsabschluß an sich außer Frage steht und sich Verhandlungen lediglich auf die Bedingungen der Zinsbindung (Gleitzinsklausel oder Festzinsvereinbarung) erstrecken, entspricht die Veränderung der Konditionenmarge im variablen Geschäft voll und ganz der Interessenlage des Kreditinstitutes. Eine Untersuchung der relativen Vorteilhaftigkeit von Fest- versus Gleitzinsvereinbarungen in der Vergangenheit zeigt, daß ein solches Verhalten der Kundenbereiche in Anbetracht der Konditionenentwicklung der Vergangenheit gerechtfertigt ist. Dies ergibt sich aus einem aus dem Gesichtswinkel der Kreditinstitute vorgenommenen Vergleich der relativen Vorteilhaftigkeit von Festzinssätzen gegenüber variablen Konditionen im Zeitverlauf. Auf der Basis von Monatsdurchschnitten ergibt sich folgendes Bild, daß die zu den jeweiligen Zeitpunkten erhobenen Festzinssätzen für eine zweijährige Zinsbindung den durchschnittlichen variablen Konditionen des Zeitraums ihrer Gültigkeit, also der nächsten 24 Monate gegenüberstellt.[18]

Für eine fünfjährige Zinsbindung ergibt sich ein sehr ähnliches Ergebnis. In beiden Fällen zeigt sich, daß Festzinsvereinbarungen für den Zeitraum sinkender Zinssätze aus Bankensicht wesentlich vorteilhafter waren. Je nach Abschlußzeitpunkt ergeben sich Differenzen bis zu zwei Prozentpunkten. Für den Zeitraum steigender Marktzinssätze war aus Kundensicht dagegen die variable Finanzierung profitabler. Dies muß rückschauend die Richtigkeit der (marktdurchschnittlich beobachtbaren) Konditionengestaltung in Frage stellen. Da zu erwarten ist, daß sich bei Einbeziehung eines Zinsgipfels die Relationen wieder zugunsten der Festzinsvereinbarungen verschieben, muß ein Überdenken der Konditionengestaltung im Hinblick auf die zyklische Konditionenentwicklung angeraten erscheinen. Dies müßte beinhalten, in Niedrigzinsphasen das variable Geschäft durch konditionenpolitische Impulse stärker zu fördern und in Hochzinsphasen den Festzinsbereich zu präferieren. So ergäbe sich eine prozyklische Kompensation der steigenden Refinanzierungssätze. Genau dies ist bei einer zinsbindungsorientierten Bewertung der Fall. Der Effekt mag zwar — ohne Reflektion — ungewollt sein, dennoch ist er nicht von vornherein unerwünscht. Allerdings muß hierzu davon ausgegangen werden können, daß sich das Geschäft in den Festzinsbereich verlagern läßt.

Verfehlt wäre diese Art der Margengestaltung allerdings, wenn in Phasen hoher Zinssätze überhaupt keine Abschlüsse — also auch nicht auf der Basis von Gleitzinsklauseln — mehr zustande kämen. Insofern liefert die Verwendung eines kurzfristigen Marktzinssatzes als Referenzgröße für die Margenermittlung

[18] In Abb. 4 wird z. B. dem im Januar 1983 beobachteten durchschnittlichen Festsatz für eine Zinsbindung von zwei Jahren der sich aus den Werten für die Jahre 1983 und 1984 ergebende Durchschnitt der Konditionen für Gleitzinsklauseln gegenübergestellt. Die Vergleichsrechnungen können naturgemäß nicht als empirischer Nachweis verstanden werden, da sie auf statistischen Durchschnittswerten ohne Berücksichtigung der Anpassungsmodalitäten beruhen.

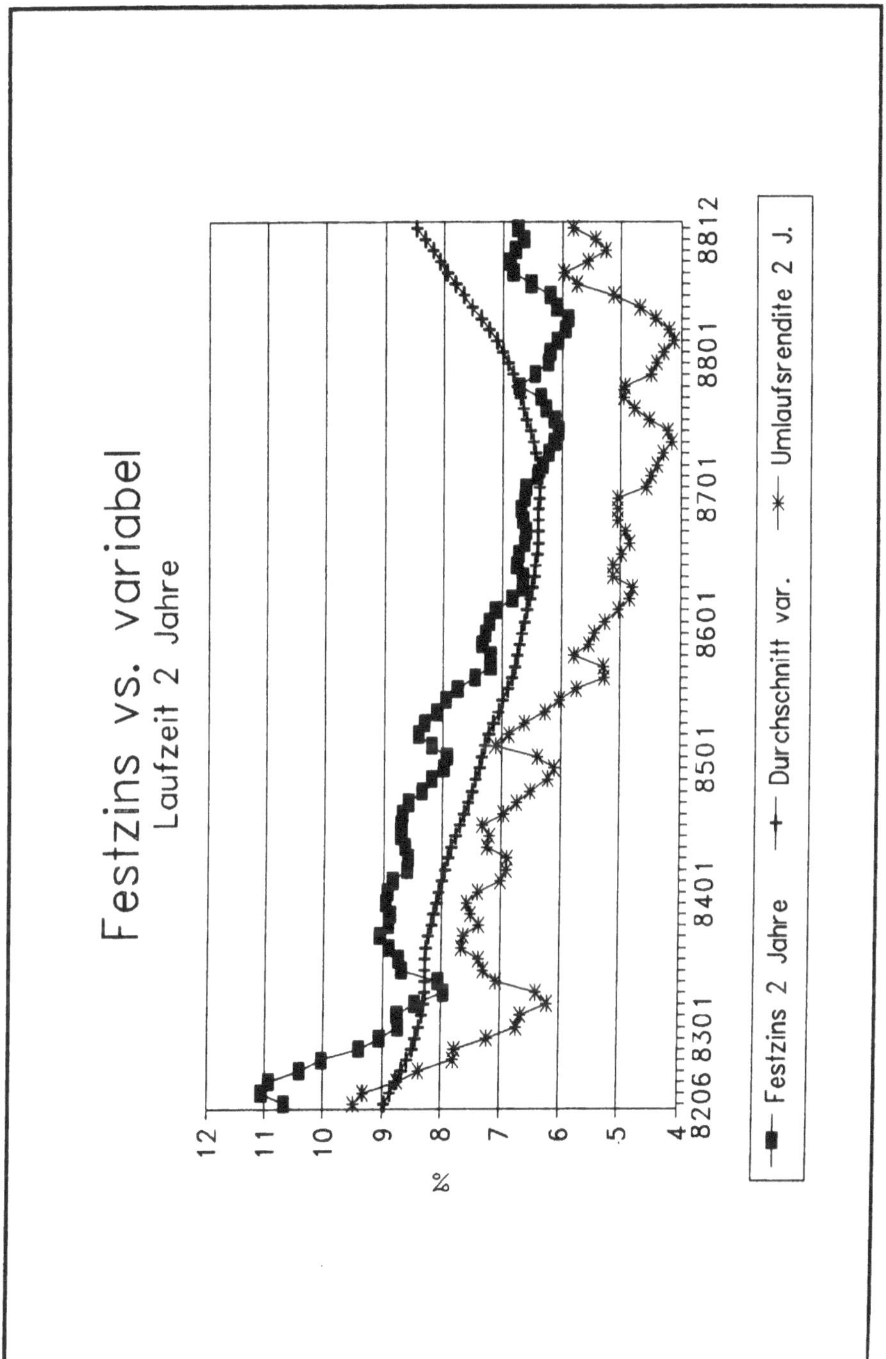

(Quelle: Statistisches Bundesamt „STATIS-BUND“, eigene Berechnungen)

Abb. 4: Zweijährige Festzinsvereinbarung versus Durchschnittsverzinsung variabel verzinslicher Darlehen im gleichen Zeitraum

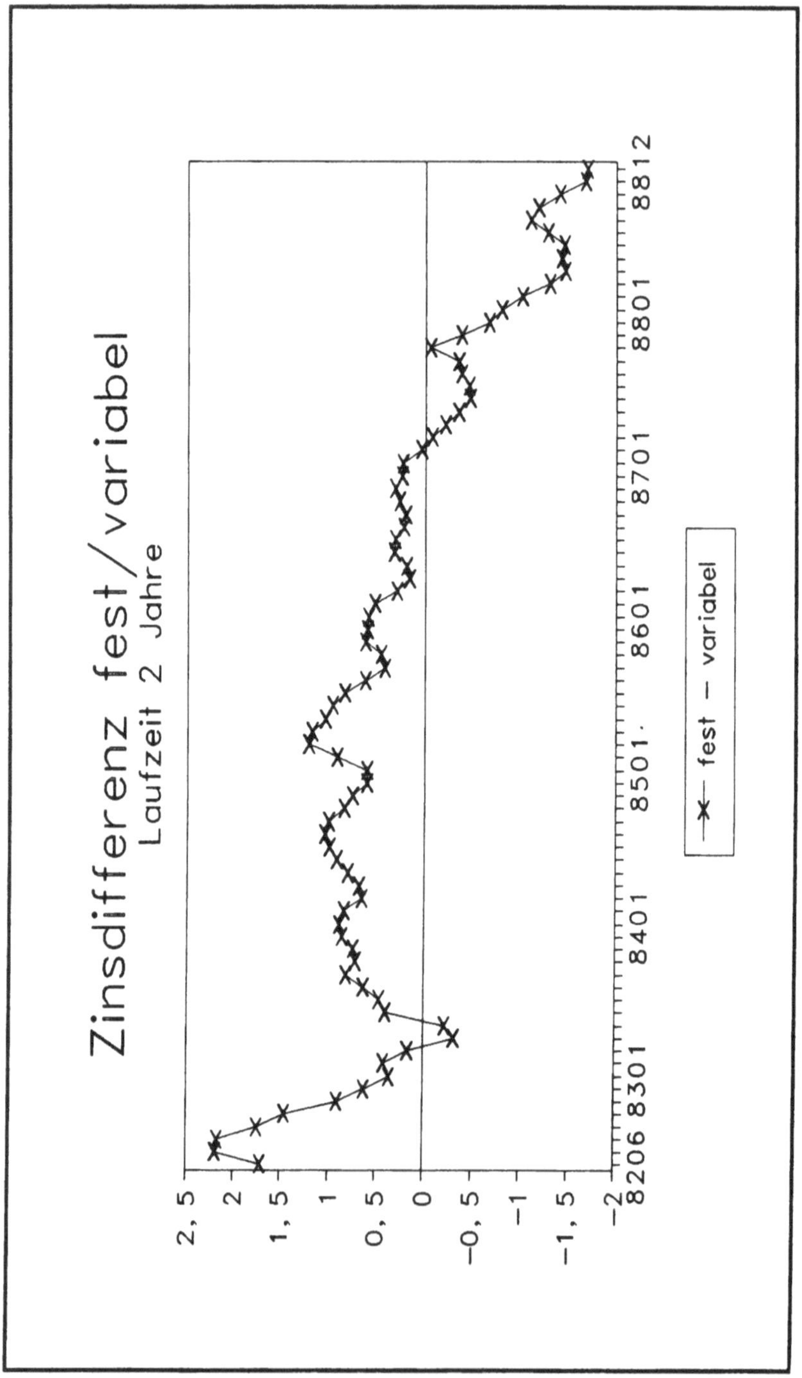

(Quelle: „STATIS-BUND“, eigene Berechnungen)

Abb. 5: Differenz zwischen zweijähriger Festzinsfinanzierung und der Durchschnittsverzinsung einer zum gleichen Zeitpunkt vorgenommenen Refinanzierung zu Gleitzinsen

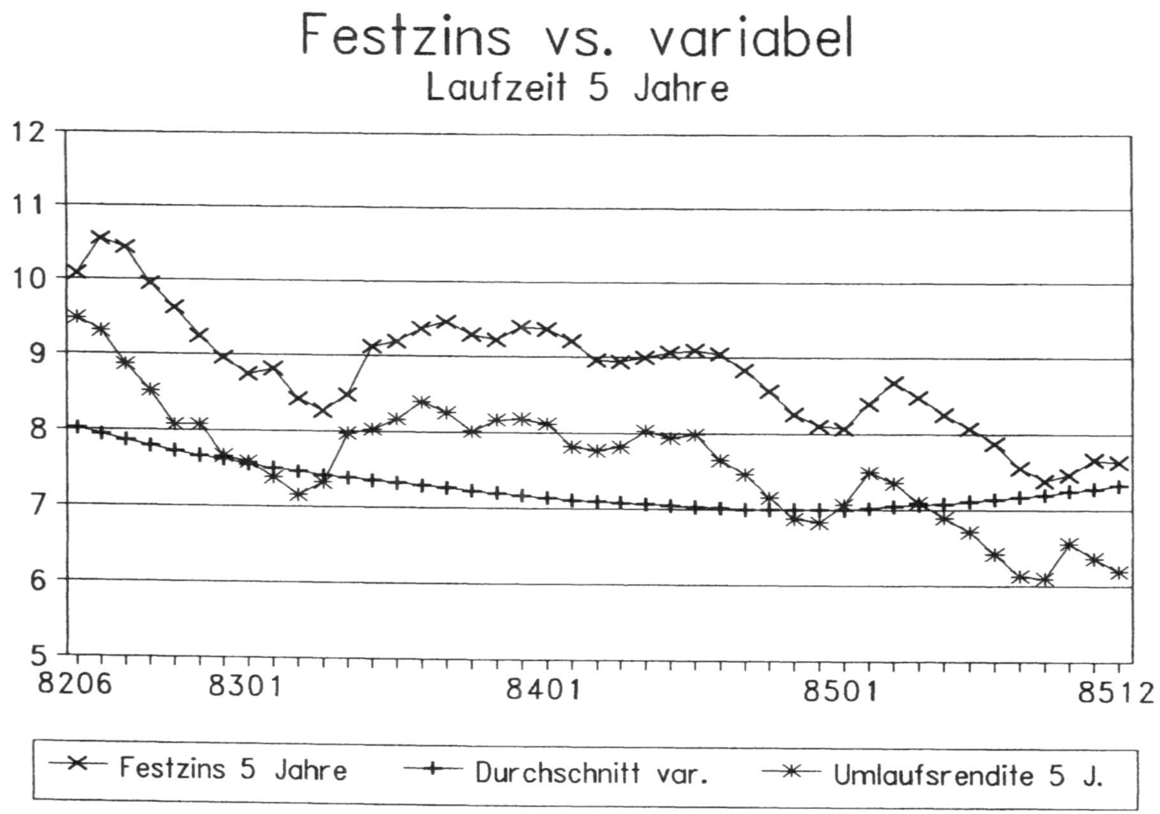

(Quelle: Statistisches Bundesamt „STATIS-BUND", eigene Berechnungen).

Abb. 6: Fünfjähriger Festsatz versus Durchschnittssatz einer zum gleichen Zeitpunkt vorgenommenen Finanzierung mit Gleitzinsklausel

im langfristigen Geschäft tatsächlich den von Schierenbeck / Rolfes[19] konstatierten Fehlimpuls. Um diesen zu vermeiden, ist die Kalkulation auf die Bindungsfrist des Kapitals auszudehnen. Dies ist bei dem Vorschlag einer kapitaleinsatzkongruenten Kalkulationsbasis der Fall.[20]

5.2.2. Vorschläge zur Behandlung von Zinsänderungen im Rahmen einer kapitalbindungsorientierten Bewertung

Eine an der gesamten kontrahierten Zahlungsstruktur ausgerichtete Zuordnung von Bewertungssätzen führt unmittelbar dazu, daß die Art der Zinsbindungsvereinbarung im Zeitpunkt t_0 keinerlei Einfluß auf die gegenübergestellte Alternative und deren Bewertung hat. Gleiche Zahlungsströme weisen gleiche Bewertungssätze auf.[21]

Grundlage ist weiterhin das Beispiel eines vierjährigen Tilgungsdarlehens mit zweijähriger Zinsbindung. Zur Verdeutlichung des Vorgehens soll in Anlehnung an Schierenbeck / Rolfes (1988, S. 198) die auf Seite 79 wiedergegebene Zinsentwicklung zugrundegelegt werden.

Für die Bewertung des Kapitaleinsatzes werden zunächst die in t_0 gültigen Sätze zugrundegelegt. Hierauf aufbauend prüfen Schierenbeck / Rolfes für die Kalkulation des Zeitraumes nach Auslaufen der Zinsbindungsfrist verschiedene Wege.

Für den Fall, daß die in der Tabelle für t_2 angegebene Zinskonstellation eintritt, werden folgende Bewertungsmöglichkeiten geprüft:

1. Variante:

Bei Auslaufen der Zinsvereinbarung wird für die restliche Laufzeit auf Basis der aktuellen Marktdaten neu kalkuliert.[22] In diesem Fall rechtfertigt sich allerdings eine bei Abschluß des Geschäftes für die gesamte Laufzeit vorgenommene Kalkulation nicht mehr.[23] (Siehe Seiten 80-82.)

---

19 Schierenbeck / Rolfes (1988), S. 194 f.

20 Vgl. Schierenbeck / Rolfes (1988), S. 129 ff.

21 Offenbar ist die kapitalbindungsorientierte Bewertung praktisch stark verbreitet. Vgl. Schierenbeck / Rolfes (1988), S. 193.

22 Vgl. Stephan Grabiak / Norbert Kotissek / Hein Küsters / Alfred W. Marusev (1988), Die moderne Marktzinsmethode im Tagesgeschäft der Banken, in: Zeitschrift für das gesamte Kreditwesen, 41.(1988).17, S. 787-790, S. S. 789 f.

23 Vgl. Schierenbeck / Rolfes (1988), S. 200.

Laufzeit	Zinsstrukturen	
	t_0	t_2
6 Monate	5 %	8 %
1 Jahr	6 %	9 %
18 Monate	6,5 %	9,5 %
2 Jahre	7 %	10 %
2,5 Jahre	7,5 %	10,5 %
3 Jahre	8 %	11 %
3,5 Jahre	8,25 %	11,25 %
4 Jahre	8,5 %	11,5 %

4-jähriges Tilgungsdarlehen; 2-jährige Zinsbindung / Restkapital nach 2 Jahren 100.000,— DM

Jahr	Kapital	EZ	Eff.zinsen	Tilgung	Restkapital	Zahlungssumme
11						
12						
21						
22						
31	100000,00	10,71	5353,35	5213,79	94786,20	5213,79
32	94786,20	10,71	5074,24	44786,20	50000,00	55213,79
41	50000,00	10,71	2676,68	2606,90	47393,10	2606,90
42	47393,10	10,71	2537,12	47393,10	0,00	52606,90
Σ	146089,65	10,71	15641,38	100000,00	-	115641,38

Das veränderte Alternativportefeuille

Jahr	GKM-Tranche	GKM-Zins	Zahlung
1 1			
1 2			
2 1			
2 2			
3 1	5013,26	8,00	5213,79
3 2	45144,04	9,00	54178,83
4 1	2488,69	9,50	2606,90
4 2	47354,02	10,00	52089,42
Σ	180000,00	-	114088,93

Effektivzins (PAngV)	10,7067047%
Bewertungszins	9,6440328%
Konditionsmarge	1,0626642%

Zinsüberschußrechnung

Jahr	Kapital	EZ	Eff.zinsen	GKMZ	Alt.zinsen	Kond.beitrag
1	178000,00	10,71	19057,94	7,83	13929,46	5128,48
2	138557,93	10,71	14942,06	7,83	10921,16	4020,90
3	97393,10	10,71	10427,59	9,64	9392,62	1034,97
4	48696,55	10,71	5213,80	9,64	4696,31	517,49
Σ	463647,58		49641,38		38939,55	10701,84

2. Variante:

Für den Zeitraum nach Auslaufen der Festzinsvereinbarung werden die in t_0 zugrundegelegten Daten weitgehend beibehalten. Korrekturen werden lediglich durch Veränderungen des Nominalzinses und eine hieraus resultierende abweichende Kapitalbindung hervorgerufen. Für den Fall eines über die gesamte Laufzeit konstanten Effektivzinssatzes würde sich folglich gegenüber der Ausgangssituation nichts an den Daten ändern, weshalb unter Verweis auf diese eine beispielhafte Ausführung an dieser Stelle verzichtbar ist. Schierenbeck / Rolfes verwerfen diesen Vorschlag mit dem Argument, ein trotz eingetretener Zinsänderung konstanter Bewertungszins könne die Überwälzung von Zinssteigerungen blockieren.[24] Tatsächlich gelingt es den Kundenbereichen, bei Konstanthaltung des Effektivzinssatzes die Konditionenmarge zu halten. Dies wäre aber von vornherein auch durch eine Zinsbindungsvereinbarung und somit eine Festschreibung des Zinsertrages über die gesamte Laufzeit erzielbar. Da die Zinserträge in beiden Fällen identisch sind, stellt sich die Frage, weshalb denn die Notwendigkeit bestehen sollte, abweichende Erfolgsbeiträge zuzurechnen. Entwickeln sich die Kundenkonditionen, als ob eine Zinsvereinbarung getroffen worden wäre, müssen beide Konstellationen auch gleich bewertet werden. Alles andere muß willkürlich erscheinen.

3. Variante:

Der dritte Ansatz basiert schließlich auf der Annahme, es stünden variabel verzinsliche Geschäfte am Kapitalmarkt zur Verfügung. Schierenbeck / Rolfes nehmen an, alle Zahlungen würden langfristig zu variablen Konditionen refinanziert. Dies führt allerdings dazu, daß sie zur Bewertung für die in t_2 noch 0,5 bis 2 Jahre laufenden Tranchen die in der Tabelle aufgeführten Sätze für Laufzeiten von 2,5 bis 4 Jahren zugrunde legen. Dies jedoch erst nach Auslaufen der Zinsbindungsfrist, so daß die Bewertung in direktem Widerspruch zur unterstellten Entwicklung der Verzinsung der Alternativtranchen steht, da sich ihre Verzinsung ja schließlich auch innerhalb des Zeitraums der Festzinsvereinbarung ändern kann. (Siehe Seiten 84 und 85.)

Für diese Konstruktion der Kapitalmarkt„alternative“ ergeben sich erfolgsrechnerisch die Daten auf Seite 86.

Selbst wenn Zweifel an der Realitätsnähe derart hoher Kapitalbindungsprämien beiseitegesetzt werden, stellt sich die Frage nach der dieser Bewertung zugrundeliegenden Logik. Die kalkulatorische Kostensteigerung überzeichnet die Zinsentwicklung in einem drastischen Ausmaß. Schließlich wäre es in t_0 möglich gewesen, durch Abschluß langfristiger Festzinsgeschäfte den größten Teil des Zahlungsstromes darzustellen. Aus diesem Grunde wäre nicht der Kundenbereich, sondern vielmehr die Zentraldisposition für das Offenhalten der Position zur Verantwortung zu ziehen.

[24] Vgl. Schierenbeck / Rolfes (1988), S. 200 f.

4-jährige Tilgungsdarlehen; 2-jährige Zinsbindung / Restkapital nach 2 Jahren 100.000,—DM, unveränderter Effektivzins

Jahr	Kapital	EZ	Eff.zinsen	Tilgung	Restkapital	Zahlungssumme
11						
12						
21						
22						
31	100000,00	10,71	5353,35	5213,79	94786,20	5213,79
32	94786,20	10,71	5074,24	44786,20	50000,00	55213,79
41	50000,00	10,71	2676,68	2606,90	47393,10	2606,90
42	47393,10	10,71	2537,12	47393,10	0,00	52606,90
Σ	146089,65	10,71	15641,38	100000,00	-	115641,38

Das neue Alternativportefeuille

Jahr	GKM-Tranche (alt)	GKM-Zins (neu)	GKM -Tranche (neu)	GKM-Zahlung (vorläufig)	GKM-Zins (neu)	GKM-Zahlung (zusätzlich)	GKM-Zahlung (neu)
3 1	5025,34	10,50	- 72,48	5289,17	8,00	- 75,38	5213,79
3 2	44620,20	11,00	73,04	55237,22	9,00	79,73	55316,95
4 1	2503,62	11,25	- 35,86	2644,46	9,50	- 37,56	2606,90
4 2	47192,51	11,50	35,30	52619,65	10,00	38,83	52658,48
Σ	100000,00 658,32		0,00	115790,50		5,62	115796,12

Effektivzins (PAngV)	10,7067047%
Bewertungszins	10,8126213%
Konditionenbeitrag	- 0,1059242%

Zinsüberschußrechnung

Jahr	Kapital	EZ	Eff.zinsen	GKMZ	GKM-Zinsen	Kond.beitrag
1	178000,00	10,71	19057,94	7,83	13929,46	5128,48
2	138557,93	10,71	14942,06	7,83	10921,16	4020,90
3	97393,10	10,71	10427,59	10,81	10530,75	- 103,16
4	48696,55	10,71	5213,80	10,81	5265,38	- 51,58
Σ	463647,58		49641,38		40646,75	8994,64

Dagegen fallen die in Anbetracht der gestiegenen Marktzinssätze eintretenden Marktwertverluste eines Alternativportefeuille in Zinstiteln nicht ins Gewicht, wenn bei der Duplizierung implizit angenommen wird, daß alle Titel bis zu ihrer Fälligkeit gehalten werden. Somit werden lediglich Kuponzahlungen und Kapitaltilgungen in die Kalkulation einbezogen. Die Zahlungsstruktur des Bewertungskorbes ist folglich deterministisch. Diese deterministische Struktur wird auch nicht durch die Veränderung der Alternativtranchen berührt, da Schierenbeck / Rolfes keine Rückzahlung von Finanzierungsmitteln, sondern vielmehr die auf die Gesamttranche neutral wirkende Zwischenanlage freigewordener Mittel zu den herrschenden Marktkonditionen vorsehen.[25]

Vor dem Hintergrund der realen Marktverhältnisse muten die konstruierten Alternativen äußerst „künstlich" an. Die Anpassung der Kalkulationssätze an die nach Eintritt von Zinsänderungen gültigen Konditionen für ihre Ursprungslaufzeit wird durch die Ausgleichsoperationen zu den für die jeweilige Restlaufzeit gültigen Bedingungen kaum abgemildert. Nur zwei alternative Vorgehensweisen wären wohl vertretbar: 1. Kalkulation für die Zinsbindungsfrist und neue Darstellung für die Restlaufzeit. 2. Kalkulation für die gesamte Kapitalbindungsfrist und Anpassung des Marktportefeuille an Veränderungen der Kapitalbindung. Dagegen belegt die dritte „Alternative" die mangelhafte Berücksichtigung grundsätzlicher (arbitragetheoretisch begründbarer) Erwägungen. Das eigentliche Problem einer (ex ante-) Einbeziehung der Unsicherheit in Form von Überlegungen zur Wirksamkeit zukünftiger Zinsänderungen auf den Zinserfolg bleibt definitorisch ausgegrenzt. Da sich die Kalkulation zudem noch von den Wirkungen auf die Gewinn- und Verlustrechnung völlig löst, zeigt sich erneut, daß dem Verursachungsprinzip nicht ausreichend Rechnung getragen wird. Vielmehr wird es in der dritten Variante geradezu auf den Kopf gestellt: Einem Kredit mit vierjähriger Festzinsbindung und ansonsten exakt gleicher Zahlungsstruktur und gleichem Effektivzinssatz würde nämlich eine an den ursprünglichen Verhältnissen ausgerichtete konstante Marge zugerechnet. Sicherlich beinhaltet die in den Beispielfällen unterstellte Nicht-Anhebung des Effektivzinssatzes in Anbetracht der gestiegenen Marktzinssätze eine verpaßte Chance. Dies trifft bei einem im Zeitverlauf steigenden Zinsniveau allerdings auf jedwede Zinsbindungsvereinbarung zu. Gleichgültig, ob die Zinsbindung de facto oder de jure entsteht, gleiche Sachverhalte in Form identischer Erfolge müßten auch gleichrangig bewertet werden. Schließlich besteht für die Kundenbereiche die Möglichkeit, sich dieser „Bestrafung" durch Vereinbarung möglichst langfristiger Festzinssätze zu entziehen. Bei annahmegemäß gleichen Zinserträgen werden damit alle Zinsänderungschancen eliminiert.

---

25 Vgl. Schierenbeck / Rolfes (1988), S. 210.

5.2.3. Zwischenergebnis

Die Diskussion der von Schierenbeck / Rolfes vorgeschlagenen Lösung belegt die Grenzen der in der Literatur vorgeschlagenen Kalküle zur Marktzinsbewertung. Die vermiedene Wiederanlageprämisse wird durch weit schwerwiegendere, weil im realen Kontext nicht belegbare Annahmen über die zugrundeliegenden Geschäfte ersetzt. Während erstere (durch eine entsprechende Erwartungshaltung) ökonomisch wohl begründet werden kann, ist letztere eine schiere Fiktion zur Erzielung des erwünschten „Bewertungs-"Ergebnisses. Zwar nehmen die Autoren eine „Güterabwägung" vor,[26] jedoch sollten sie im Sinne des von ihnen in der Frage der Effektivzinsgestaltung formulierten Postulats der Prämissenfreiheit eigentlich zum gegenteiligen Ergebnis gelangen.

Die durch Erwartungen über die Zinsentwicklung motivierte Stellung abweichender Konditionen für verschiedenartige Zinsvereinbarungen hat in der Margenberechnung genau den gegenteiligen Effekt. Dieser müßte zur Erzielung der gewünschten absatzfördernden Wirkung kompensiert werden. Hierzu liefern das Kapitalmarktmodell die theoretische und die realisierte Rendite die methodische Basis, woraus sich verbesserte Verfahren entwickeln lassen, die durch Berücksichtigung von Unsicherheit und Zeitmoment einen zweckgerichteteren Kalkül liefern. Bevor dieser explizit entwickelt wird, soll noch ein zweiter Problemfall betrachtet werden, der als weitgehend ungelöstes Kalkulationsproblem anzusehen ist: Die Bewertung von Spareinlagen.

---

26 Schierenbeck / Rolfes (1988), S. 212 f.: „Das im vorangegangenen beschriebene Verfahren der Opportunitätszinsanpassung vermeidet die bei einer totalen Neukalkulation der Opportunität . . . auftretenden Widersprüche zum Kapitalbindungskriterium und zur Effektivzinskalkulation. So werden die ursprünglich kalkulierten Opportunitätsgeschäfte bei der Opportunitätszinsanpassung nicht einfach vernachlässigt, sondern hinsichtlich ihrer Auswirkungen bei veränderter Zinsstruktur fortgeschrieben und lediglich um erforderliche Korrekturgeschäfte ergänzt. Allerdings hat dieses Verfahren den Nachteil, daß die Annahme *variabel verzinslicher Geld- und Kapitalmarktgeschäfte* problematisch ist, denn Geld- und Kapitalmarktgeschäfte sind fast immer Festzinsgeschäfte. Die Folge davon wäre strenggenommen, daß die Bedingung, die Zentraldisposition einer Bank müsse die kalkulierten Opportunitätsgeschäfte tatsächlich auch durchführen können, nicht so ohne weiteres gewährleistet ist. Allerdings erscheint dieser Nachteil aus zwei Gründen akzeptabel: Erstens wird ohnehin nur ein Bruchteil der für alle Kreditgeschäfte kalkulierten Opportunitätsgeschäfte auch tatsächlich abgeschlossen — es handelt sich bei den tatsächlich abgeschlossenen Geld- und Kapitalmarktgeschäften i. d. R. um Saldendispositionen bzw. um die „Korrektur zu großer Transformationsüberhänge aus dem Kundengeschäft — und zum zweiten lassen sich Zinsbindungseffekte bei Bedarf über neuere Finanzierungsinstrumente (Zinsswaps, Financial Futures) „absichern". Der wesentliche Vorteil dieses Verfahrens besteht jedenfalls darin, daß die *Vorteilhaftigkeit* von langfristigen Kundengeschäften gegenüber der jeweils *aktuellen* Geld- und Kapitalmarktsituation kapitalbindungsmäßig zutreffend wiedergegeben wird." [Hervorhebungen im Original]

5.3. Steuerungs- und Bewertungsprobleme des Spareinlagenbereiches

Die in der Vergangenheit zu beobachtende Inelastizität des Zinssatzes für Spareinlagen führt bei einer den Vorschlägen der einschlägigen Literatur folgenden Bewertung mit einem variablen Bewertungssatz zu Schwankungen der Konditionenmarge in erheblichem Ausmaß. Insofern tritt ein zu den Realkrediten spiegelbildlicher Effekt auf: Während sich dort die Notwendigkeit einer zinsänderungsbedingten Korrektur der Marge aus der Schwankung der Kondition bei fixiertem Bewertungssatz ergibt, resultiert sie im Einlagenbereich aus der faktischen Invarianz der Konditionen bei variabler Bewertung. Noch krasser trifft dies auf die Sichteinlagen zu, bei denen am Markt keine nennenswerten Schwankungen in Abhängigkeit der Zinsentwicklung auftreten. Insofern können die auf Spareinlagen gerichteten Argumente sinngemäß übertragen werden.

Die Bewertung von Spareinlagen im Rahmen der Marktzinsmethode wird stets als besonders problematisch angesehen, da diese Einlagen de jure variabel verzinslich sind und keine festgelegte Fälligkeit aufweisen. Als Vorschläge zur Bewertung von Spareinlagen finden sich die[27]

— Gegenüberstellung eines Kapitalmarktsatzes, z. B. der Umlaufsrendite (lt. Deutsche Bundesbank)[28],

— Gegenüberstellung eines Portefeuilles von Festzinstiteln nach Maßgabe des erwarteten Verfügungsverhaltens und der hieraus resultierenden durchschnittlichen Verweildauer,

— Gegenüberstellung eines Portefeuilles von Festzinstiteln auf der Grundlage der Anrechnungsfaktoren gemäß den Grundsätzen II und III BAKred,

— Konstruktion einer Alternative gemäß den kürzesten juristisch durchsetzbaren Fristen (d. h. Verfügung von DM 2000,— monatlich und einer Kündigungsfrist von drei Monaten)[29].

Zur Beurteilung der verschiedenen Vorschläge ist bei der Zweckbestimmung der Kalkulation anzusetzen. Sind unter Tragfähigkeitserwägungen „Kostenargumente" zu gewinnen, werden besonders die beiden letztgenannten Vorschläge verständlich. Sie tragen jedoch der tatsächlichen Refinanzierungsqualität von Spareinlagen keine Rechnung.

Maßgeblich für die isolierte Beurteilung des Nutzens einer Einlage wäre das erwartete Verfügungsverhalten des einzelnen Einlegers. Da Spareinlagen jedoch

---

27 Zum folgenden vgl. Schierenbeck / Rolfes (1988), S. 213 ff.

28 Vgl. Wulf von Schimmelmann / Werner Hille (1984), Banksteuerung über ein System von Verrechnungszinsen, in: Bilanzstrukturmanagement in Kreditinstituten, hrsgg. von Henner Schierenbeck und Hans Wielens, S. 47-65, S. 61.

29 Vgl. Marusev (1990), S 160 f.

auf unbestimmte Zeit überlassen werden (müssen [vgl. § 21 Abs. 2 KWG]), ist eine Abschätzung ex ante unmöglich. Insofern verbleibt eine Schätzung des durchschnittlichen Verfügungsgebahrens aller Einleger. Da die Exaktheit eines solchen Ansatzes erst ex post überprüfbar wird, kann der Nutzen einer differenzierten Vergleichszinsermittlung bezweifelt werden und zum Vergleiche eine Festzinsalternative nach Maßgabe der erwarteten durchschnittlichen Verweildauer gegenübergestellt werden.[30] Die wäre bezüglich einzelner Einlagen aber immer noch willkürlich: Da die erwartete Verweildauer mit dem Zeitraum seit Einzahlung nicht zwingend abnimmt, ergibt sich dennoch ein schwankender Bewertungssatz.

In Anbetracht der in der jüngeren Vergangenheit zu beobachtenden Tendenz, daß der Spareckzins der Marktzinsentwicklung kaum (mehr) folgt, ergibt sich ein prozyklisch schwankender Konditionenbeitrag. Wird diese Entwicklung von den Kundenbereichen antizipiert, bestehen in Phasen niedriger Marktsätze keine Anreize zur Akquisition von Festzinsmitteln, da sich hierdurch kein zusätzlicher Erfolgsbeitrag erzielen läßt. Ein solcher ergibt sich jedoch automatisch bei steigenden Marktzinssätzen aus der zunehmenden Differenz zum Spareckzins. Dieser Effekt wird durch die Zugrundelegung eines an der juristisch durchsetzbaren Fristigkeit orientierten kurzfristigen Zinssatzes noch verstärkt, da die Veränderungen im Bereich kurzer Fristigkeiten stärker als im langfristigen Bereich sind. Dies zeigen die Abbildungen 7 und 8, die den Zinssatz für Spareinlagen mit gesetzlicher Kündigungsfrist dem Zinssatz für Tagesgeld[31] bzw. der Umlaufsrendite für eine Restlaufzeit von 10 Jahren gegenüberstellen.

Die Tatsache, daß die Verzinsung für Spareinlagen in Zeiten hohen Zinsniveaus kaum die in Niedrigzinsphasen beobachtbaren Festzinssätze im Passivgeschäft erreicht, ließe die geschilderte „Spekulation" auf steigende Konditionenmargen noch nicht in einem ungünstigen Licht erscheinen. Unerwünschte Effekte entstehen vielmehr aus dem Umstand, daß die Wahrscheinlichkeit einer Umschichtung in Festzinspassiva mit steigendem Zinsniveau zunimmt.[32] Somit „bezahlt" das

---

30 Vgl. Schierenbeck / Rolfes (1988), S. 214 f.

31 Der Tagesgeldzins wird aus dem Grunde zum Vergleich herangezogen, weil die Erhebung dieses Zinssatzes nicht den methodischen Änderungen unterlag wie dies bei anderen Geldmarktsätzen in der Vergangenheit der Fall war. So weist die Deutsche Bundesbank in ihren Monatsberichten seit Juli 1990 zwei verschiedene Sätze der „Frankfurt Interbank Offered Rate (Fibor) aus. Während der „Fibor alter Art" nach der Zinsmethode 360 / 360 Tage ermittelt wird, findet sich hierneben ein weiterer Fibor-Satz, dem die Methode 365 / 360 Tage zugrunde liegt. Letzterer wird früher und auf breiterer Basis ermittelt. Vgl. z. B. Monatsberichte der Deutschen Bundesbank, 43 (1991) 1, S. 51*.

32 In allen Hochzinsphasen ließen sich rückläufige und negative Wachstumsraten des Spareinlagenbereiches beobachten (für den Zeitraum bis 1984 finden sich sehr detaillierte Zusammenstellungen bei Manuela Heyns (1988), Passiv-Management, Frankfurt / M. u. a. 1988, S. 435 ff.). Daß es sich hierbei letztendlich um ein konditionen- und produktpolitisches Problem handelt ist ebenfalls nicht neu. So bemerkte Stubbe (1984) zur Konditionenpolitik im variabel verzinslichen Geschäft der Sparkassen, es gäbe Angebote, „. . . die auch der beste Kundenberater dem Kunden nicht plausibel erklären kann." (Karl-

kalkulierende Institut die temporäre Ausweitung der Konditionenmargen mit hohen und für die Folgezeit festgeschriebenen Refinanzierungskosten. Zur Eindämmung massiver Umschichtungen und Einlagenabflüsse verbleibt dann lediglich die z. B. im Jahr 1981 vielfach genutzte Möglichkeit einer zeitweisen Bonifizierung.

Vor dem Hintergrund der vorausgegangenen Überlegungen erweist sich die (Pauschal-)Bewertung des Spareinlagenbestandes als ein zu den Problemen im Realkreditgeschäft spiegelbildliches Problem, da nunmehr kaum variierenden Konditionen ein variabler Bewertungssatz gegenübergestellt wird. Zur Lösung beider Probleme wird aufbauend auf einer vergleichenden Analyse verschiedener Verfahren zur Messung und Steuerung von Zinsänderungsrisiken ein Ansatz zu entwickeln sein, der diese im geschäftspolitischen Sinne kontraproduktiven Steuerungswirkungen beseitigt.

Heinz Stubbe (1984), Konditionenpolitik als Instrument im Wettbewerb mit den Genossenschaften, in: Betriebswirtschaftliche Blätter, 33.(1984).?, S. 382-384, S. 384). Vgl. auch die Überlegungen zur Begegnung des Abzugs von Spareinlagen in Wertpapieranlagen bei Werner Stratmann (1984), Strukturveränderungen auf der Passivseite — Gegensteuern durch s-Vermögenssparen, in: Betriebswirtschaftliche Blätter, 33.(1984).?, S. 385-388, S. 386 ff. Mittlerweile zeichnet sich allerdings die Tendenz ab, das Provisionsgeschäft gewissermaßen als substitutive Ertrags- und Alimentationsquelle für den Einlagenbereich zu forcieren. Vgl. z. B. o. V., Stadtsparkasse Köln als Wertpapiermittler, in: Börsenzeitung vom 1.2.1991, S. 4.

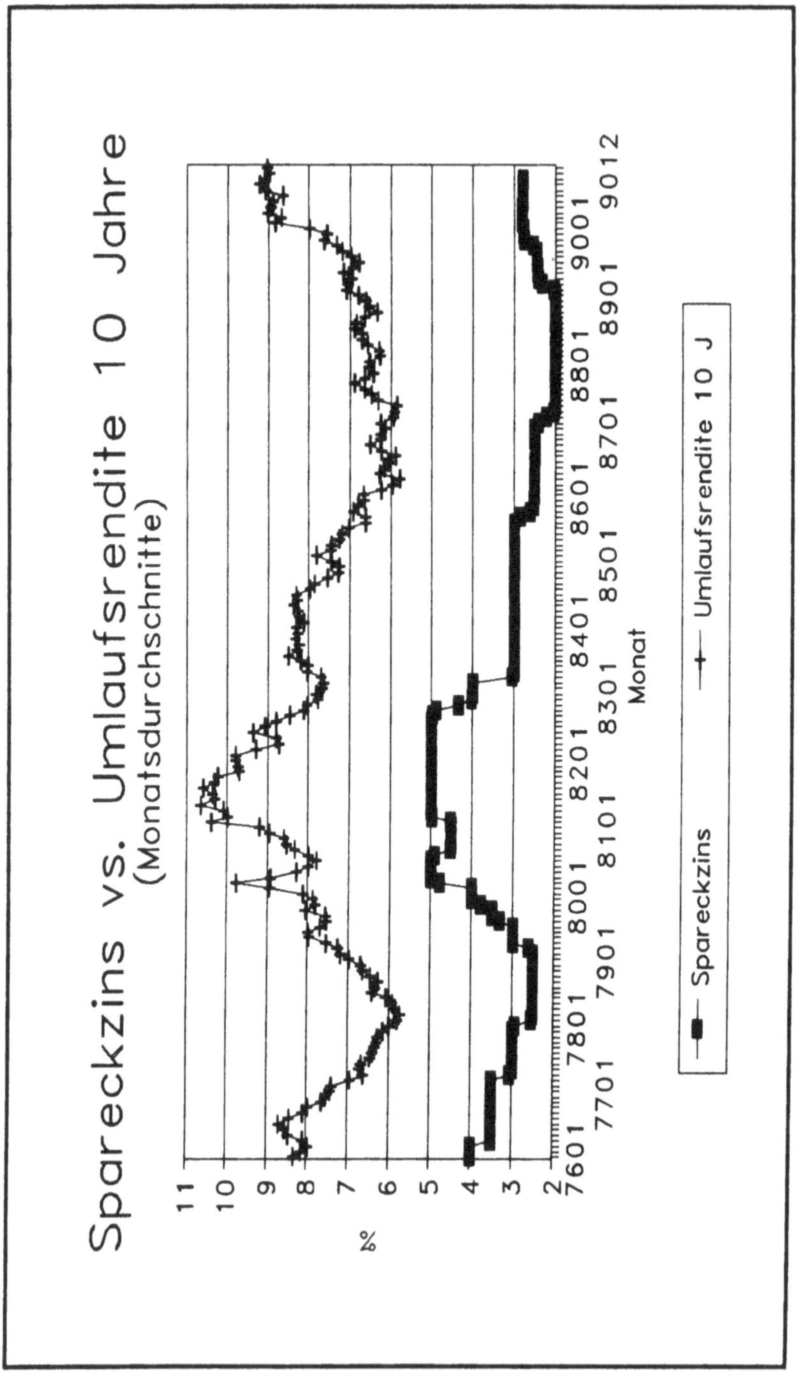

Abb. 7: Entwicklung von Spareckzins und Umlaufsrendite für eine Restlaufzeit von 10 Jahren

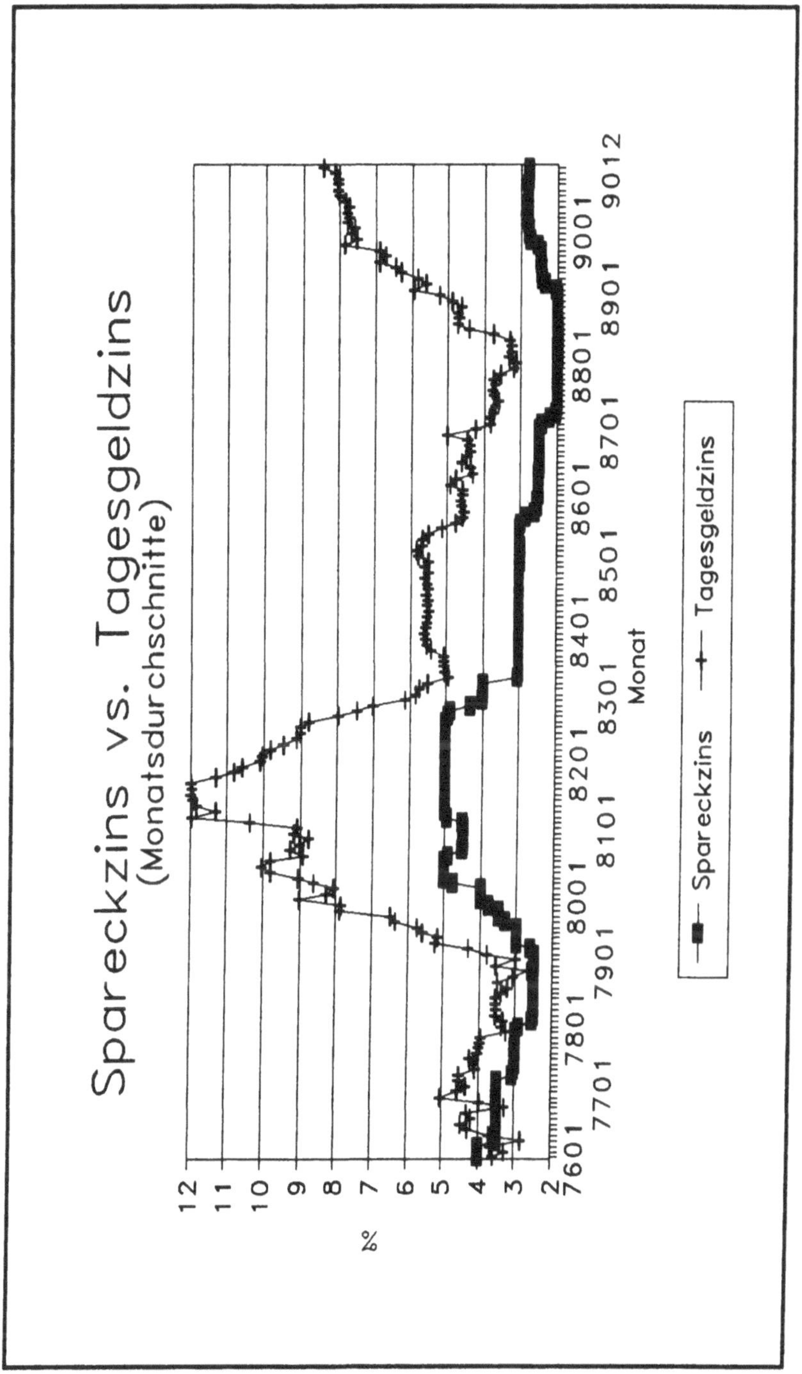

Abb. 8: Spareckzins versus Tagesgeldzins

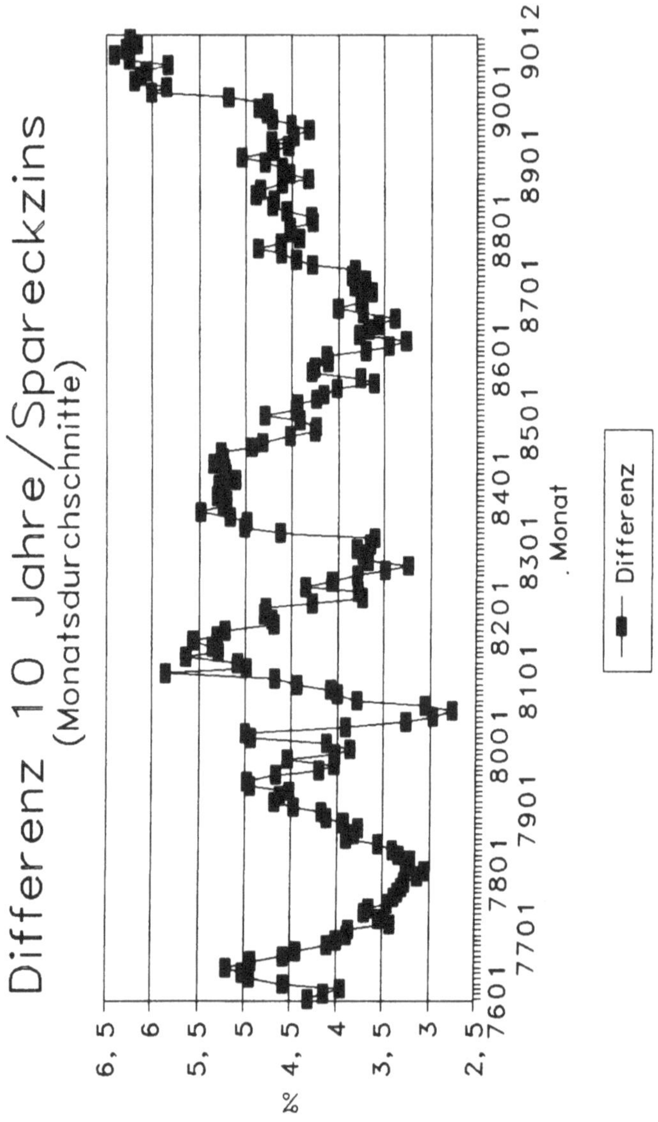

Abb. 9: Differenz von Spareckzins und Umlaufrendite für eine Restlaufzeit von 10 Jahren

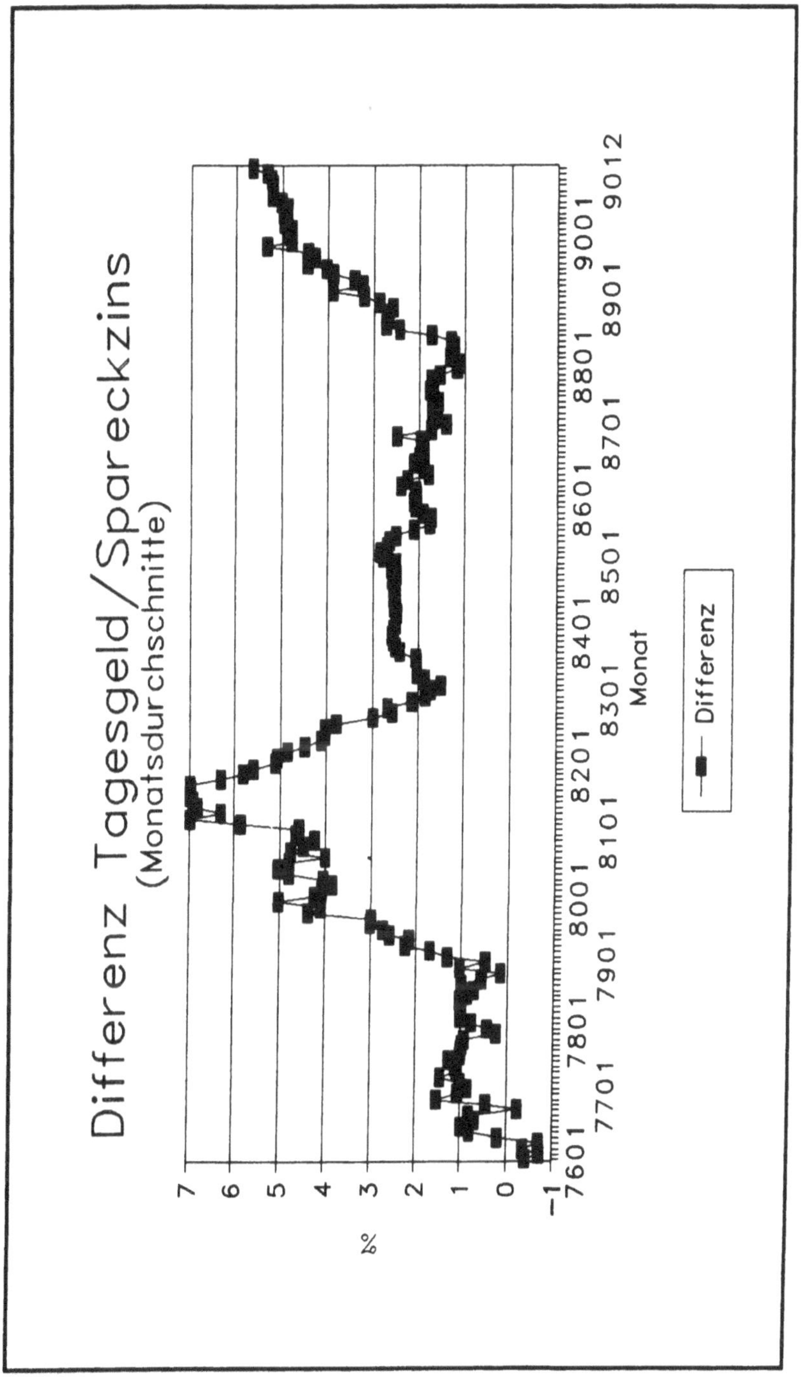

Abb. 10: Differenz zwischen Tagesgeld- und Spareckzins

6. Ansätze zur Messung und Steuerung von Zinsänderungsrisiken

Die große Zahl einschlägiger Veröffentlichungen erweckt den Anschein, als handele es sich bei dem Gebiet der Analyse und Steuerung von Zinsänderungsrisiken in Kreditinstituten um ein längst abschließend behandeltes Problem. Dies ist keineswegs der Fall. Es zeigt sich nämlich, daß in den vorliegenden Untersuchungen weitestgehend von der Frage abstrahiert wurde, welche Modellkonstruktion für welche Problemstellung eigentlich sachgerecht ist. Insofern lassen sich auf diesem bereits ausführlich diskutierten Gebiet noch bisher wenig in das Bewußtsein gerückte Aspekte entdecken.

6.1. Methodische Überlegungen zur Konzeption von Verfahren zur Risikomessung und -steuerung

6.1.1. Unschärfe des Begriffes „Risiko" in der Betriebswirtschaftslehre

Kaum ein anderer Begriff dürfte in der Betriebswirtschaftslehre einer so ausgiebigen Diskussion unterworfen worden sein wie der des Risikos.[1] Die Durchsicht einschlägiger Literatur mündet rasch in der Wiederholung des Befundes „... daß das unglückliche Wort ‚Risiko' in einer Unmenge von verschiedenen Bedeutungen benutzt wird."[2] „In einer solchen Situation scheint es erfahrungsgemäß einfach nahezuliegen, unter Ablehnung aller bisherigen Begriffe *die* richtige Definition neu zu prägen und in die Literatur einzuführen. Dies ist hier nicht beabsichtigt; denn der Versuch, das ‚Wesen' des Risikos in einer allgemeingültigen Definition zu erfassen führt zu nichts — außer daß der Katalog um den (n+1)ten Begriff erweitert würde."[3]

---

[1] Ausführliche Würdigungen der Diskussion des betriebswirtschaftlichen Risikobegriffs finden sich bei u. a. Rudolf Hitzig (1977), Formen und Wirkungen des risikopolitischen Instruments der Selbstversicherung, Berlin 1977, S. 16 ff., Albert Kugler (1985), Konzeptionelle Ansätze zur Analyse und Gestaltung von Zinsänderungsrisiken in Kreditinstituten, Frankfurt / M. u. a. 1985, S. 11 ff., Michael Bangert (1987), Zinsrisiko-Management in Banken, Wiesbaden 1987, S. 22 ff.

[2] Carl Burrau (1924), Die Grundlagen der Versicherungs-Statistik, in: Wirtschaft und Recht der Versicherung, N. F., 13.(1924).2, S. 74. Burrau führt sieben verschiedene Begriffsinhalte auf.

[3] Walter Karten (1972), Die Unsicherheit des Risikobegriffes. Zur Terminologie der Versicherungsbetriebslehre, in: P. Braess / D. Farny / R. Schmidt (Hrsg.), Praxis und

Anstelle einer Wiederholung der in der Literatur immer wieder erhobenen Klage fehlender begrifflicher Eindeutigkeit und eines — höchstwahrscheinlich aus anderem Blickwinkel als untauglich beurteilten — eigenen Definitionsversuches werden im folgenden Indizien genannt, die den Facettenreichtum des Risikobegriffes verständlicher, wenn nicht sogar als logisch, weil in der Natur der Sache liegend, erscheinen lassen.[4]

6.1.2. Probleme der Analyse von Entscheidungen bei unsicheren Erwartungen

Das Kardinalproblem der Untersuchung von Entscheidungsprozessen bei unsicheren Erwartungen liegt darin begründet, daß die Beurteilung der mit der Wahl einer Handlungsalternative verbundenen Risiken (z. B. aus dem Erwerb eines Vermögensgegenstandes) nur unter Heranziehung subjektiver Kriterien des Entscheidenden möglich ist. Bereits im Falle relativ leicht zu modellierender Entscheidungssituationen mit vollständig bekannten Ereignisräumen und objektiven Eintrittswahrscheinlichkeiten zeigt sich die Problematik des in der Realität oft nur eingeschränkt rationalen Entscheidungsverhaltens.[5]

Die Realität unternehmerischer Entscheidungen wird im Vergleich zu Spiel- bzw. Lotterieproblemen durch den Umstand erschwert, daß regelmäßig nur subjektive Einschätzungen der Wahrscheinlichkeiten für das Eintreten bestimmter Handlungskonsequenzen vorliegen. Diese begründen sich zudem im Regelfall noch auf unvollkommenen Informationen über kausale und finale Zusammenhän-

---

Theorie der Versicherungsbetriebslehre, Karlsruhe 1972, S. 147-169, S. 147 [Hervorhebung im Original]. Diesen Weg wählt dennoch die überwiegende Zahl der Autoren. So enthalten nahezu alle Monographien zum Zinsänderungsrisiko eigenständige Definitionsansätze. Zum Überblick vgl. Walter Herzog (1990a), Zinsänderungsrisiken in Kreditinstituten, Wiesbaden 1990, S. 12 ff. Im einzelnen vgl. Johannes Bußmann (1988), Das Management von Zinsänderungsrisiken, Frankfurt / M. u. a. 1988, S. 45, Herzog (1990a), S. 18.

[4] Renk zieht in Anbetracht der vielfältigen Anstrengungsversuche das Resümee, man müsse zu der gleichen Folgerung wie für die Bemühungen um den „richtigen" Gewinnbegriff gelangen. Stützel formulierte diese so, daß das Ergebnis nicht ein „ignoramus", sondern vielmehr ein eindeutiges „ignorabimus" sein müsse. Vgl. Wolfgang Stützel (1962), Diskussionsbeitrag, in: Das Frankfurter Publizitätsgespräch (Vorträge und Diskussionen der gleichnamigen Tagung in Königstein / Ts. am 13. und 14. April 1962), hrsgg. v. Carl Hans Barz u. a., Frankfurt / M. 1962, S. 244-252, S. 244. Vgl. Rüdiger Renk (1990), Kreditgeschäfte international tätiger Kreditinstitute, Heidelberg 1990, S. 29, FN 2, der aufgrund der irreführenden Großschreibung im zitierten Diskussionsprotokoll den Risikobegriff als einen „Ignorabimus" bezeichnet und somit die Aussage Stützels etwas entstellt referiert.

[5] Dies zeigt sich an den Verstößen gegen die in der Erwartungsnutzentheorie von von Neumann / Morgenstern unterstellte Rationalität, z. B. in Form der Paradoxa von Allais sowie Ellsberg. Vgl. Martin Weber (1990), Risikoentscheidungskalküle in der Finanzierungstheorie, Stuttgart 1990, S. 42 ff.

ge zwischen Handlungen und deren Ergebnissen.[6] Die begrenzten Möglichkeiten zur Beschaffung und Verarbeitung problemrelevanter Informationen lassen für die wohl überwiegende Zahl von Entscheidungen in der Realität allein den Weg einer heuristischen Problemformulierung offen.[7] Die Möglichkeit einer intersubjektiv tradierbaren modellmäßigen Erfassung bietet sich lediglich in Ausnahmefällen, in denen nur ein Problemausschnitt untersucht wird.

Schon bei scheinbar leicht zugänglichen Entscheidungsproblemen unter Unsicherheit wird das Ausmaß deutlich, mit dem subjektive Kriterien des Entscheiders in den Kalkül einzubeziehen sind. Selbst dann, wenn die Fragen nach der subjektiven Wahrscheinlichkeitseinschätzung sowie der dem anzuwendenden Entscheidungskriterium (sprich: der Risikopräferenz) beiseitegesetzt werden, ist die Einschätzung des Risikogehaltes von Vermögensgegenständen noch subjektiven Relativitäten unterworfen.[8] Diese beziehen sich auf die „Nullinie", die Risiken und Chancen scheidet.[9] Aufgrund der überragenden Bedeutung für die bankbetriebliche Praxis sollen diese Probleme anhand des inländischen Zinsgeschäftes verdeutlicht werden.

---

6 Vgl. Dieter Farny (1989), Versicherungsbetriebslehre, Karlsruhe 1989, S. 17 und Helmut Laux / Felix Liermann (1990), Grundlagen der Organisation, 2., durchges. Aufl., Berlin u. a. 1990, S. 57 ff. et passim.

7 Bereits die Schätzung subjektiver Wahrscheinlichkeiten bei einer vollständig bekannten Ereignisalgebra muß als problematisch angesehen werden, da die Entscheidungssubjekte einer Ambuigität unterliegen, d. h. lediglich ein Wahrscheinlichkeitsintervall nennen können. Vgl. Weber (1990), S. 120 f. Da davon ausgegangen werden muß, daß die a-posteriori-Einschätzung einer a-priori-Meinung zum tatsächlich eingetretenen Ereignis tendiert, gestaltet sich der empirische Zugang schwierig. Vgl. Weber (1990), S. 190 ff. So hat sich auch in der Bankpraxis immer wieder gezeigt, wie stark der Eintritt von Schieflagen bei einzelnen Banken die Einschätzung der Bedeutung (materiality) von Risikoquellen bei allen anderen Instituten beeinflußt hat (vgl. Jack M. Guttentag / Richard J. Herring (1986), Disaster Myopia in International Banking, Essays in International Finance No. 164, Princeton, September 1986, S. 3 f.). Zur Erklärung von aus theoretischer Perspektive nicht rationalen Verhaltensweisen bei großer Schadenshöhe und sehr geringer Schadenswahrscheinlichkeit vgl. auch Renate Schubert (1990), Das Fehlen von Versicherungsnachfrage — Eine entscheidungstheoretische Anomalie?, in: Jahrbücher für Nationalökonomie und Statistik, 207.(1990).5, S. 496-509.

8 Vgl. im folgenden Wolfgang Stützel (1970), Die Relativität der Risikobeurteilung von Vermögensgegenständen, in: Herbert Hax (Hrsg.), Entscheidung bei unsicheren Erwartungen, Köln / Opladen 1970, S. 9-26

9 Zu den Überlegungen zur Festlegung eines Nullpunktes als Wertbasis vgl. Wolfram Engels (1962), Betriebswirtschaftliche Bewertungslehre im Licht der Entscheidungstheorie, Köln / Opladen 1962, S. 87 f., Hans Arnold (1964), Risikentransformation, Diss. Saarbrücken 1964, S. 15 ff., Jochen Drukarczyk (1975), Probleme individueller Entscheidungsrechnung, Wiesbaden 1975, S. 53 ff.

6.1.3. Die Relativität der Beurteilung des Risikogehaltes finanzieller Vermögensgegenstände

6.1.3.1. Risikoinzidenz und Maßperiode

Während die Maßeinheit, in der die Risikoinzidenz bei inländischen Kreditinstituten letztlich zu messen ist, ohne problematisierende Diskussion auf DM festgelegt werden kann,[10] hat die Wahl einer bestimmten Maßperiode eine fundamentale Bedeutung für eine Festlegung auf geeignete Verfahren zur Risikomessung und -steuerung. Stützel (1970) zeigt, daß die Frage, ob ein Wirtschaftssubjekt einem Zinsänderungsrisiko ausgesetzt ist, erst nach Festlegung des relevanten Meßzeitpunktes beantwortbar wird.[11] Ergebnis solcher Überlegungen ist die „Laufzeitstrategie": Eine Anlage ist dann frei von Zinsänderungsrisiken, wenn die Anlage „maßperioden-kongruent" erfolgt.[12] Dies ist der Fall, wenn die Fälligkeit der Anlage so gewählt wird, daß sich für den geplanten Zeitpunkt der Liquidierung ein sicher entnehmbarer Betrag ergibt.[13]

Während der Bedeutung des Zeithorizontes bei der Steuerung von Rentenportefeuilles stets Rechnung getragen wird, blieb bisher nahezu unberücksichtigt, daß zeitliche Aspekte auch für die Steuerung des Zinsänderungsrisikos von Kreditinstituten eine bedeutende Rolle spielen. Dies ist um so bemerkenswerter, als sich bereits bei einer vergleichenden Gegenüberstellung einiger Finanztitel mit repräsentativen Charakteristika bedeutsame Implikationen für methodische Überlegungen zur Konzipierung von Meß- und Steuerungsverfahren offenbaren. Diese seien anhand eines einfachen Beispiels erläutert.

---

[10] Allgemein ist bei der Messung finanzieller Risiken zu berücksichtigen, in welcher Einheit gemessen wird. Im folgenden wird davon ausgegangen, international tätige Kreditinstitute folgten strikt einem einheitstheoretischen Konzernbild. Auf diese Weise kann eine Letztverwendung aller Mittel im Inland unterstellt werden, so daß das von Arnold (1964, S. 16 FN 3) geschilderte ‚Onassis-Problem' beiseitegesetzt werden kann. Wäre dies nicht der Fall, müßte stets unterschieden werden, in welcher Währung erzielte Gewinne letzt- — d. h. z. B. konsumtiv — verwendet werden sollen, um bestimmen zu können, ob ein Währungsrisiko vorliegt oder nicht. Insofern handelt es sich bei der Feststellung der Inzidenz von Währungsrisiken bei einem Tochterunternehmen eines im Ausland ansässigen Konzerns um ein nicht-triviales Problem. Bei genauerer Betrachtung muß auch unterschieden werden, ob ein Unternehmen das Ziel nominaler oder realer Kapitalerhaltung verfolgt: Der unten vorgestellte Anlegerkalkül verdeutlicht, daß ein jederzeit fixiertes Nominalkapital die Inkaufnahme von Unsicherheiten über die Entwicklung des Realkapitals erfordert und umgekehrt.

[11] Vgl. Stützel (1970), S. 14 ff.

[12] Vgl. Stützel (1970), S. 16. Zur Immunisierung von Portefeuilles aus Zinstiteln bei verschiedenen Zielsetzungen vgl. z. B. Bernhard Wondrak (1986), Management von Zinsänderungschancen und -risiken, Heidelberg / Wien 1986.

[13] Zu den vor dem Hintergrund bestimmter Zielvorstellungen zu wählenden Anlagestrategien in zinstragenden Titeln vgl. ausführlich Wondrak (1986), passim.

6.1.3.2. Ein einfacher Anlegerkalkül und seine Implikationen

Ein Anleger wünsche eine Anlage für T = 5 Jahre zu tätigen. Zwischenzeitliche Entnahmen von Zinszahlungen oder Teilbeträgen plane er nicht. Es bestehe die Möglichkeit, im Anlagezeitpunkt t_0 eine Null-Kuponanleihe zum Kurs von 80 % zu erwerben. Bei einer Rückzahlung zu 100 % entspricht dies wegen

(1) $$r = \sqrt[5]{\frac{100}{80}} - 1$$

einer im Zeitraum $[t_0, T = 5]$ realisierten Rendite (r) von 4,5639 %. Die Investition eines Betrages von DM 100 führt im Fälligkeitszeitpunkt zu einer sicheren Zahlung von 125 DM in $T = 5$. Über diesen Betrag kann — unter Vernachlässigung eines emittentenseitigen Bonitätsrisikos — ungeachtet aller in der Zukunft eintretender Zinsänderungen verfügt werden.

Revidiert der Anleger seine Pläne nach Ablauf eines Jahres und wünscht die Anlage wieder zu liquidieren, so realisiert er nur dann eine positive Rendite, wenn der für die Bewertung des Titels relevante Marktzinssatz i zwischenzeitlich nicht über 5,7371 % gestiegen ist:

(2) $$80 = 100\,(1 + 0{,}045639)^{-5} = 100\,(1 + 0{,}057371)^{-4}$$

Liegt der Satz darüber, kann die Anlage allein unter Inkaufnahme eines Verlustes liquidiert werden. Eine von Zinsänderungen unbeeinflußte jederzeitige Rückzahlung des eingelegten Betrages könnte der Anleger dagegen durch den Erwerb einer variabel verzinslichen Anleihe sicherstellen, die zu jedem Zeitpunkt gerade mit der (im folgenden als einheitlich angenommenen) Marktrendite i verzinst wird.[14] Dies hat allerdings zur Konsequenz, daß nunmehr das in T zur Verfügung stehende Endvermögen von Marktzinsänderungen beeinflußt wird.[15] Beide Anla-

[14] Eine variabel verzinsliche Anleihe, die unter der Annahme einer flachen Zinsstrukturkurve (und somit eines einheitlichen Marktzinssatzes i) stets eine Verzinsung in Höhe von $z(i) = i$ aufweist, wird im folgenden als „idealisiert“ bezeichnet, da bei ihrer Bewertung von verzögerter Zinsanpassung abstrahiert werden kann und der Marktwert theoretisch zu keinem Zeitpunkt von 100 % abweicht. Zu den Erscheinungsformen variabel verzinslicher Titel in der Realität vgl. z. B. Frank J. Fabozzi (1986), Floating Rate Instruments, Chicago Ill. 1986, S. 7 ff. Zur Bewertung vgl. ebenda S. 187 ff.

[15] Für den Fall eines einheitlichen Marktzinssatzes i (flache Zinsstrukturkurve) ergibt sich der Marktwert einer Reihe von Zahlungen Z_t aus

$$MW_t = \sum_{t=1}^{T} Z_t\,(1 + i)^{-t}$$

Der Endwert dieser Zahlungsreihe bzw. das aus ihr resultierende Endvermögen entspricht

gemöglichkeiten unterscheiden sich folglich darin, daß die Null-Kuponanleihe einen sicheren Endwert bei einem unsicheren Marktwert garantiert, während der variabel verzinsliche Titel einen sicheren Marktwert bei variablen Periodenzahlungen und variablem Endwert aufweist. Eine Mittelstellung nimmt der Erwerb einer Festsatzanleihe ein: Aus ihr resultiert ein variabler Marktwert bei deterministischen Zahlungen in den einzelnen Perioden und gleichfalls variablem Endwert. Die sich im Rahmen einer Grenzwertbetrachtung ergebenden Wertgrenzen für die Größen Marktwert, Endwert und Periodenzahlung (Kupon, Zins) sind in der Übersicht auf Seite 102 zusammengestellt.

Diese Zusammenhänge bei der Marktwertermittlung von Finanztiteln unterschiedlicher Ausstattung haben für das Management von Zinsrisiken bedeutsame Implikationen, da unmittelbar deutlich wird, daß die Wahl abweichender Zeitbezüge in der Steuerung zur Formulierung konfligierender Zielgrößen führen muß. Zusammengefaßt gilt für Anlageentscheidungen in Zinstitel:

— Die Erzielung eines sicheren Endwertes bedingt zwecks Ausschaltung der sonst für die Bedingungen einer zwischenzeitlichen Wiederanlage bestehenden Unsicherheit den Erwerb einer Nullkuponanleihe mit periodischen Zahlungen von $z(i) = 0$. Dies erfordert allerdings die Inkaufnahme von Marktwertschwankungen.

— Die Wahl eines Kupon-Titels mit deterministischen Periodenzahlungen $z(i) = c > 0$ führt zu einer Variabilität von Markt- und Endwert.

— Variabel verzinsliche Titel mit konstantem Marktwert weisen einen schwankenden Endwert und / oder variable Periodenzahlungen $z(i) > 0$ auf.[16]

6.1.4. Implikationen für die Konzeption praktischer Verfahren zur Risikomessung

In der Praxis der Unternehmenssteuerung finden sich regelmäßig Größen mit abweichenden Zeitbezügen:

— Das Unternehmen wird auf unbestimmte Zeit geführt (going concern).

— Der im Rahmen der Gewinn- und Verlustrechnung ermittelte Jahresüberschuß resultiert aus Periodenzahlungen (Zinsaufwand und -ertrag) einerseits sowie Schwankungen des Marktwertes bilanzieller Aktiva (a. o. Ertrag und Aufwand) andererseits. Letztere gehen aufgrund des Vorsichtsprinzips zeitlich asynchron zu ihrer tatsächlichen Realisation in die Rechnung ein.

---

dann

$$EW_T = MW_t(1 + i)^T = \sum_{t=1}^{T} Z_t\,(1 + i)^{T-t}$$

[16] Die Formulierung ist so gefaßt, um den Fall eines variabel verzinslichen Titels mit Thesaurierung einzuschließen.

	Zahlung in t		Marktwert in t < T		Endwert in T	
	lim z(i) i -> 0	lim z(i) i -> ∞	lim MW_t i -> 0	lim MW_t i -> ∞	lim EW i -> 0	lim EW i -> ∞
z(i) = 0 Zerobond	0	0	N	0	N	N
z(i) = c Kuponanleihe	c	c	N + T c	0	N + T c	∞
z(i) = i Variabel verzinsl.	0	∞	N	N	N	∞
	Untergrenze	Obergrenze	Obergrenze	Untergrenze	Untergrenze	Obergrenze

lim: Grenzwert einer Größe; *N:* Nennwert; *i:* (einheitlicher) Marktzinssatz; *z(i)*: Zinszahlung in Abhängigkeit vom Marktzinsniveau; *c:* Kuponsatz eines festverzinslichen Wertpapiers

— Temporäre Schwankungen des Marktwertes der Aktivseite können u. U. den Fortbestand des Unternehmens bei Eintritt des Überschuldungstatbestandes bedrohen.

Die Analyse der Veränderlichkeit der Größen Periodenzahlung, Marktwert und Endwert in Abhängigkeit vom Marktzins anhand der Kapitalwertformel zeigt unmittelbar, daß die Verringerung der Streubreite einer Größe zu einer Vergrößerung des Variationsbereiches einer anderen führen muß. Für die Steuerung von Risiken und Chancen des Zinsgeschäftes folgt somit:[17]

— Eine Verringerung der Schwankungsbreite des Zinsergebnisses bedingt eine Erhöhung der Varianz des Marktwertes der Aktiva und somit ein erhöhtes Abschreibungsrisiko.

— Die Begrenzung des Risikos zinsbedingter Abschreibungen führt zu größeren Schwankungen des aus Rentenportefeuilles resultierenden Zinsergebnisses.

Dem in der Unternehmenspraxis anzutreffenden Zwang zur Berücksichtigung unterschiedlicher Zeithorizonte muß in den verwendeten Meß- und Steuerungskonzepten Rechnung getragen werden. Es ist zu fragen, ob dies in der Literatur zur Messung und Steuerung von Zinsänderungsrisiken der Fall ist.

6.2. Verfahren zur Solvenzmessung

6.2.1. Einlegerschutzbilanz

Unter dem Aspekt des Gläubigerschutzes wurden Zinsänderungsrisiken in der einschlägigen Literatur zunächst hinsichtlich ihrer solvenzgefährdenden Wirkung untersucht.[18] Dies war nach herrschender Auffassung erstmals im Rahmen der von Stützel vorgeschlagenen Einlegerschutzbilanz der Fall.[19] Ziel einer solchen Analyse ist die Begrenzung möglicher Liquidationsverluste. Während Stützel einen — in Anbetracht der damaligen Verhältnisse am Kapitalmarkt hohen — festen Diskontierungssatz von 9 % vorschlug,[20] wurde dieses Vorgehen von Krümmel im Hinblick auf die zwischenzeitlich größere Schwankungsbreite der Marktzinssätze dahingehend modifiziert, den aktuellen Marktzinssatz im Beurtei-

---

17 Der formale Nachweis für die Evidenz dieses Zielkonfliktes wird im Laufe der Untersuchung noch erbracht.

18 Wenngleich sich der Schwerpunkt zwischenzeitlich in die Richtung einer rentabilitätsorientierten Evaluierung verschoben hat, bilden Zinsänderungsrisiken auch aus einem bankaufsichtlichen Blickwinkel keine vernachlässigbare Solvenzbedrohung. Vgl. Keine (1986), S. 328 ff. und Heinrich Degenhart (1987), Zweck und Zweckmäßigkeit bankaufsichtlicher Eigenkapitalnormen, Berlin 1987, S. 148 ff.

19 Vgl. Wolfgang Stützel (1964), Bankpolitik — heute und morgen, Frankfurt / M. 1964, Tz. 84 ff., insbes. Tz. 89. Zum Überblick über die Entwicklung von Verfahren zur Erfassung des Zinsänderungsrisikos vgl. auch Rolfes (1985 a), S. 51 ff.

20 Vgl. Stützel (1964), Tz. 86.

lungszeitpunkt zuzüglich eines Zuschlages für mögliche Zinssteigerungen anzuwenden.[21]

Zur exakten Ermittlung der zinsbedingten Wertänderungen aller Zahlungsströme wäre eine Neuberechnung des Marktwertes erforderlich. Einen vereinfachten methodischen Weg zur Beurteilung der Empfindlichkeit des Wertes finanzieller Vermögensgegenstände auf Veränderungen der Marktbedingungen eröffnet die Verwendung der Durationsziffer. Sie ist also grundsätzlich kein alternatives Verfahren zur Beurteilung von Zinsänderungsrisiken. Vielmehr dient sie als Werkzeug zur Schätzung der bei Eintreten einer bestimmten Marktentwicklung zu erwartenden Änderung des Marktwertes. Diese Schätzung ist durch Vernachlässigung nicht-linearer Veränderung rein approximativer Natur, worauf sich die im folgenden zugrundeliegende Annahme einer flachen Zinsstrukturkurve noch verstärkend auswirkt. Sie wird hier im Sinne von Schmidt (1981) als Weg einer „... abgesicherten Reduktion der gedanklichen Komplexität von Zinsrisikoproblemen ..." begriffen.[22]

Die bei einer Veränderung des Marktzinsniveaus um Δi von i nach i' zu verzeichnende Wertänderung ΔMW läßt sich durch die Duration D wie folgt (linear) approximieren:[23]

---

21 Vgl. Hans J. Krümmel (1968), Liquiditätssicherung im Bankwesen Teil I, in: Kredit und Kapital, 1.(1968).3, S. 247-307, S. 300.

22 Hartmut Schmidt (1981), Wege zur Ermittlung von Marktzinsrisiken von Banken, in: Kredit und Kapital, 14.(1981).3, S: 249-286, S. 275. Die einheitliche Reduzierung der Kalküle auf die Duration erlaubt weiterhin ein einfaches Aufzeigen von Ähnlichkeiten innerhalb einer durchgängig verwendeten Notation.

23 Die Entwicklung der Duration wird auf folgende unabhängige Arbeiten zurückgeführt: Frederick R. Macaulay (1938), The Movement of Interest Rates, Bond Yields and Stock Prices in the United States since 1865, National Bureau of Economic Research, New York 1938; John R. Hicks (1939), Value and Capital, Oxford 1939; Paul A. Samuelson (1945), The Effects of Interest Rate Increases on the Banking System, in: American Economic Review, 35.(1945), S. 15-27 sowie F. M. Redington (1952), Review of the Principles of Life Office Valuations, in: Journal of the Institute of Actuaries, 78.(1952), S. 286-340. Der erste Verweis auf den Zusammenhang zwischen diesen Arbeiten findet sich lt. Bessler (1989), S. 60, FN 7, bei David Durand (1957), Growth Stocks and the Petersburg Paradox, in: Journal of Finance, 12.(1957), S. 348-363. In die deutsche Literatur eingeführt wurde die Duration durch Karl Lohmann (1979), Finanzmathematische Wertpapieranalyse, 1. Aufl., Göttingen 1979, S. 275 f., Bernd Rudolph (1979), Zinsänderungsrisiken und die Strategie der durchschnittlichen Restselbstliquidationsperiode, in: Kredit und Kapital 12.(1979), S. 181-206. und Hartmut Schmidt (1979), Liquidität von Finanztiteln als integrierendes Konzept der Bankbetriebslehre, in: Zeitschrift für Betriebswirtschaftslehre, 49.(1979).8, S. 710-722. Einfache Einführungen finden sich bei Bernd Rudolph (1981), Duration: Eine Kennzahl zur Beurteilung der Zinsempfindlichkeit von Vermögensanlagen, in: Zeitschrift für das gesamte Kreditwesen, 34.(1981).19, S. 137-140, Lutz Kruschwitz / Rainer Schöbel (1986), Duration -Grundlagen und Anwendungen eines einfachen Risikomaßes zur Beurteilung festverzinslicher Wertpapiere, in: Das Wirtschaftsstudium (WISU), Teil I: 15.(1986).11, S. 550-554, Teil II: 15.(1986).12, S. 603-608. Zu alternativen Formulierungen und weitergehenden Anwendungen s. Gerald O. Bierwag (1987), Duration Analysis, Cambridge (Mass.) 1987 sowie Winfried Kempfle (1990), Duration, Wiesbaden 1990, m. w. N.

(3) $$\Delta MW = MW_t^A(i) - MW_t^A(i + \Delta i) = -D = \frac{MW_t^A(i)}{(1+i)}\,\Delta i$$

mit:

(4) $$D = \frac{\delta MW(i)}{\delta i}\;\frac{(1+i)}{MW(i)}$$

wobei gilt

(5) $$D\,\frac{MW(i)}{(1+i)} = \frac{\sum_{t=0}^{T} t\, Z_t\,(1+i)^{-t}}{\sum_{t=0}^{T} Z_t\,(1+i)^{-t}}$$

Die Maximalbelastungsbilanz mißt die Tragbarkeit von Schwankungen des Marktwertes der Aktiva anhand des nominellen Eigenkapitals.[24] Dies entspricht der Intention, daß das Vermögen stets den Nominalbetrag der Verbindlichkeiten der Kreditinstitute decken soll. Bei Unterstellung „normaler" Wertverläufe wäre einer Deckung der Verbindlichkeiten eigentlich bereits dadurch genüge getan, die Identität des zukünftigen Marktwertes der Vermögensgegenstände in ihrer Gesamtheit mit den Verbindlichkeiten bei Fälligkeit sicherzustellen. Unter Benutzung der Bilanzidentität lautet die Bedingung formal:

(6) $$\min \sum_{t=0}^{T} \Delta MW_t^A \geq -EK_t \qquad \forall\, t \in [0,T]$$

Diese Bedingung könnte noch folgendermaßen verschärft werden:

(7) $$\min MW_t^A \geq EW^P \qquad \forall\, t \in [0,T]$$

d. h. der Marktwert aller Aktiva sollte stets zur Deckung der Verbindlichkeiten und ihrer Verzinsung ausreichen. Diese sind in dieser Formulierung nicht gemäß Wertkonvention mit ihrem Nominal-, sondern ihrem zukünftigen Wert EW^P, dem Endwert der passivischen Zahlungsreihe, angesetzt. Diese Formulierung erlaubt durch die Berücksichtigung der bis zur Fälligkeit der Verbindlichkeiten kumulierten Zinszahlungen die Prüfung der Erhaltung der Liquidität im Sinne der Zah-

[24] Vgl. Stützel (1964), Tz. 94. Der Vollständigkeit halber muß erwähnt werden, daß die Zinsänderungsrisiken im Rahmen der von Stützel vorgeschlagenen Einfachbelegung des Eigenkapitals nur eine Teilmenge der Risiken bilden, die in der Einlegerschutzbilanz durch eine Unterlegung mit haftendem Eigenkapital begrenzt werden sollten.

lungsbereitschaft.[25] Andernfalls müßte der Fortbestand des Kreditinstitutes trotz vermiedenen Überschuldungskonkurses durch Illiquidität als gefährdet angesehen werden.

6.2.2. Messung und Steuerung der Marktwertentwicklung des Eigenkapitals

Der Marktwert des Eigenkapitals eines Kreditinstitutes wird ermittelt als Differenz der Marktwerte von Aktiva und Passiva.[26] Ausgangspunkt ist die Überlegung, daß es an einem vollkommenen Kapitalmarkt möglich wäre, die Verbindlichkeiten zu ihrem jeweiligen Zeitwert zu erwerben. Kein Gläubiger kann in Anbetracht der herrschenden Zinskonstellation mehr als den Marktwert seiner Forderung verlangen. Gegenüber der Einlegerschutzbilanz verändert sich die Ermittlung der Nettoposition also derart, daß auch für die Verbindlichkeiten nicht — wie es den bilanziellen Wertkonventionen entspräche — deren Nominalbetrag, sondern ihr jeweiliger Marktwert zugrundegelegt wird. Formal gilt:

(8) $$MW_t^{EK}(i_t) = MW_t^A(i_t) - MW_t^P(i_t)$$

Eine derzeitige Deckung der Schulden ist gleichbedeutend mit einem nichtnegativen Marktwert des Eigenkapitals, was die Einhaltung der folgenden Relation beinhaltet.

(9) $$MW_t^A(i_t) \geq MW_t^P(i_t) \qquad \forall t, i_t$$

Analog zum vorausgegangenen Abschnitt können die Marktwertveränderungen durch Durations approximiert werden. Es gilt

(10) $$D^A\, MW_t^A - D^P\, MW_t^P = D^{EK}\, MW_t^{EK}$$

---

25 Zur Abgrenzung der Bereiche der Liquiditätssteuerung vgl. Hans J. Krümmel (1980), Liquidität, in: Handwörterbuch der Wirtschaftswissenschaft, Band 5, Stuttgart u. a., S. 47-54 und ders. (1990), Liquiditätspolitik in Kreditinstituten, in: Bank- und Versicherungslexikon, hrsgg. von Henner Schierenbeck, München / Wien 1990, S. 441-448, S. 442 ff.

26 Der Vorschlag einer Messung und Steuerung des Zinsänderungsrisikos auf der Basis von Marktwerten und ihren Sensitivitäten (durations) geht zurück auf Samuelson (1945), vgl. Myron A. Grove (1974), On „duration" and the optimal maturity structure, in: The Bell Journal of Economics and Management Science, 9.(1974), S. 696-709, S. 697. Für einen Überblick über die Verwendung von Durationskalkülen in der Literatur zur Finanzintermediation s. Bessler (1989), S. 202 ff.

Die Steuerungsvorgabe einer Duration des Eigenkapitals von null führt zwar zu einer jederzeitigen Erhaltung der Substanz, ohne allerdings eine bestimmte Fristigkeit der Geschäftsstruktur festzulegen.[27] Vielmehr kann sie zu den verschiedensten Ertrags- und Aufwandssensitivitäten führen, wenn nicht zusätzlich eine Zielduration für eine der beiden Bilanzseiten vorgegeben wird. Formel (10) als Bedingung für die Immunisierung des Marktwertes des Eigenkapitals kann mit kleinen Durationswerten und somit flexiblen Aufwands- und Ertragsstrukturen ebenso erfüllt werden wie mit langfristig festgeschriebenen Erfolgsziffern.[28]

6.2.3. Zwischenergebnis

Mit der Maximalbelastungsbilanz und der Durationsanalyse wird eine reine Substanzbewertung vorgenommen. Dies wird deutlich, wenn die Wirkungsweise von Diskontierungsansätzen graphisch verdeutlicht wird. Hierbei zeigt sich, daß diese Verfahren einen offenen Zeithorizont aufweisen. Wiederanlage- und Refinanzierungsprobleme haben keine Bedeutung für die Kalküle:[29]

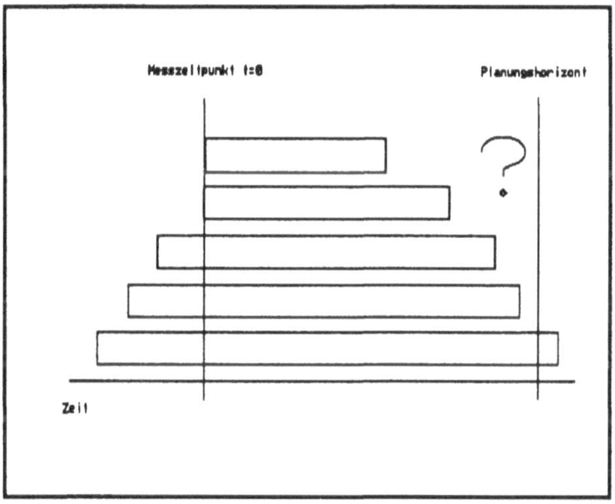

Abb. 11: Offener Zeithorizont bei reiner Substanzbewertung

---

27 Für alternative Bezugsgrößen im Rahmen von Durationskalkülen s. Bierwag (1987), S. 191 ff.

28 Beispiele hierzu finden sich z. B. bei Rolfes (1985 b), S. 536 f. Toevs / Haney (1986) S. 278 ff., zeigen anschaulich, inweit die Zinssensitivität der periodischen Zinsüberschüsse für einen bestimmten Durationswert des Eigenkapitals abweichen kann.

29 Die Nicht-Berücksichtigung von Anschlußgeschäften fällt dann nicht ins Gewicht, wenn eine flache Zinsstrukturkurve und somit ein für alle (Rest-)Laufzeiten einheitlicher Marktzinssatz sowie eine marktgerechte Verzinsung aller Aktiv- und Passivpositionen unterstellt wird.

Die Marktbewertung des Eigenkapitals von Kreditinstituten als Saldo der Marktwerte von Aktiva und Passiva bezieht einen ausschließlich solvenzbezogenen Standpunkt. Ein solcher Ansatz geht von der Fiktion einer sofortigen Totalveräußerung aller Aktiva und Passiva zu den herrschenden Marktpreisen aus. Bewertet wird somit lediglich die vorhandene Substanz, nicht jedoch das Kreditinstitut, da zukünftige Geschäfte völlig außer Ansatz bleiben. Insofern ist diese im Englischen als „economic perspective“[30] bezeichnete Sichtweise eigentlich perspektivlos. Da aber analog zur Unternehmensbewertung eine prospektive Bewertung vorzunehmen ist, können Verfahren, die eine praktisch umsetzbare Hilfestellung leisten wollen, nicht „prognosefrei“ sein. Vielmehr müssen sie ausdrücklich darauf hinweisen, wo prognostischer Aufwand des Entscheiders zu leisten ist. Dies ist in einer Klasse von Verfahrensvorschlägen der Fall, in der eine Solvenzgefährdung mittelbar aus Rentabilitätsentwicklung bei ungünstigen Marktszenarien abgeleitet wird.

6.2.4. Ableitung von Solvenzkennziffern aus zukünftigen Rentabilitätsänderungen

Eine zweite Klasse von Vorschlägen zur Solvenzmessung geht nicht von der gesamten Netto-Vermögensposition, sondern von offenen Festzinspositionen aus. Die Beschränkung auf den Festzinsbereich begründet sich aus der (zumeist impliziten) Annahme einer synchronen Entwicklung von Aufwendungen und Erträgen im variabel verzinslichen Geschäft. Risiken resultieren ausschließlich aus Inkongruenzen im Festzinsbereich und es wird der Effekt untersucht, der bei der Schließung der offenen Positionen vor dem Hintergrund potentieller (ungünstiger) Zinsänderungen entsteht.[31] In Abb. 12 wird unterstellt, die Geschäftsstruktur enthalte jeweils zwei Aktiv- bzw. Passivpositionen (A1, A2 resp. P1, P2). Für zwei zukünftige Zeiträume entstehen im unterstellten Fall Probleme der Schließung von Anlage- bzw. Finanzierungslücken (siehe Abb. 12, Seite 109).

Ausgangspunkt der Untersuchung ist nur mittelbar die Gefährdung der Substanz von Kreditinstituten. Gefährdet wird in erster Linie die Rentabilität. Die Rentabilitätsausrichtung wird unmittelbar aus dem auch bei der „Interest-Rate-Sensitivity-Analysis“[32] vorgenommenen Untersuchungsablauf deutlich: Geprüft

---

30 Vgl. BIZ (Bank für internationalen Zahlungsausgleich) (1989), Ausschuß für Bankbestimmungen und -überwachung, Unterausschuß für das Zinsänderungsrisiko, Das Zinsänderungsrisiko der Banken. Praktische Meßmethoden, Basel 1989, S. 14.

31 Der erste Vorschlag zur Messung von Zinsänderungsrisiken dieser Art in der deutschen Literatur geht zurück auf Walter Scholz (1979), Zinsänderungsrisiken im Jahresabschluß der Kreditinstitute, in: Kredit und Kapital, 12.(1979).4, S. 517-544. Für eine ausführliche kritische Würdigung und Einordnung des Beitrags von Scholz vgl. Schmidt (1981) und Keine (1986), S. 333 ff.

32 Vgl. John T. Clifford (1975), A Perspective on Asset-Liability Management, in: The Magazine of Bank Administration 51.(1975).3, S. 16-21 und 51.(1975).4, S. 32-

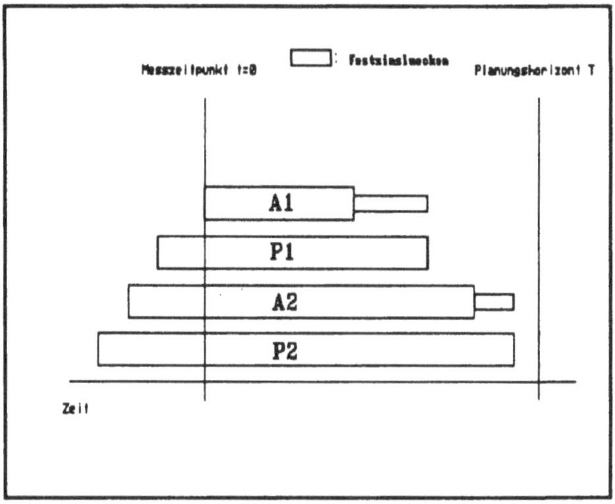

Abb. 12: Zeithorizont der Zinsbindungsbilanz

wird, welche Ergebniswirkungen aus der Wiederanlage (Festzinspassiva > Festzinsaktiva) bzw. Anschlußfinanzierung (Festzinspassiva < Festzinsaktiva) von Festzinsüberhängen entstehen. Während die beiden zuerst vorgestellten Verfahren den Zeitraum nach Fälligkeit der in die Bewertung eingehenden Geschäfte unberücksichtigt lassen, befaßt sich die Zinsbindungsbilanz ausdrücklich mit der Zeit *nach* der Fälligkeit von auslaufenden Festzinsgeschäften.

Die entstehenden Ergebnisänderungen werden durch Diskontierung auf einen gegenwärtigen Zeitpunkt bezogen. Grundlage ist die Überlegung, daß es möglich wäre, die offenen Positionen unmittelbar zu schließen (hedgen).[33] Während den Erwägungen in dieser Form leicht gefolgt werden kann und eine solche Methodik als „situativer" Steuerungsansatz für den Transformationsbeitrag durchaus erwägenswert scheint, ist der Bezug zur Solvenz nur indirekt vorhanden. Wenn die Absicht lautet, die zukünftig entstehende, kumulierte Verluste aus Folgeanlagen bzw. -refinanzierungen offener Festzinspositionen zu ermitteln, wird der Effekt

36, Barret F. Binder (1980), Asset / Liability Management, in: The Magazine of Bank Administration, (1): 56.(1980).11, S. 42-48, (2): 56.(1980).12, S. 31-35, Ronald L. Olson / Donald G. Simonson / Stanley R. Reber / George H. Hempel (1980), Management of Interest Margins in the 1980's, in: The Magazine of Bank Administration, (1): 56.(1980).3, S. 30-33, (2): 56.(1980).4, S. 38-46, (3): 56.(1980).5, S. 49-58, (4): 56 (1980) 6, S. 32-37, Barret F. Binder (1981), Asset / Liability Management, in: The Magazine of Bank Administration, (3): 57.(1981).1, S. 42-50, (4): 57.(1981).6, S. 56-64 und David R. Lee (1981), Interest Rate Sensitivity Analysis (IRSA): A Planning Approach to the Interest Rate Cycle, in: Managerial Planning, 29.(1981).5, S. 16-22 und 37.

33 Vgl. z. B. Keine (1986), S. 353 f.

durch eine Abzinsung auf einen gegenwärtigen Beurteilungszeitpunkt[34] wie durch eine Kumulation von (mit aus den gleichen Gründen entstehenden Gewinnen saldierten oder unsaldierten) Verlusten aus der Schließung offener Festzinspositionenen systematisch unterschätzt.[35] Sachgerechter wäre eine *Auf*zinsung auf das Ende des Betrachtungszeitraumes (z. B. dem Ablauf der Festzinsposition mit der längsten Zinsbindung), um unter Hinzurechnung weiterer Verlustpotentiale einen Abgleich zwischen der kumulierten Verlusthöhe und dem dann vorhandenen Eigenkapital zu suchen.

6.3. Verfahren zur Rentabilitätssteuerung

6.3.1. gap-analysis

Die „gap-" bzw. „Interest Rate Sensitivity-Analysis" ist einer der frühesten Ansätze zur Erfassung der Auswirkungen von Zinsänderungen auf die Entwicklung des Zinsüberschusses.[36] Im Rahmen der gap-analysis werden die Bilanzpositionen nach dem Kriterium differenziert, ob sich ihre Verzinsung innerhalb des Betrachtungszeitraums ändern kann oder nicht. Während ein Teil der Autoren lediglich die Anwendung eines einzigen Horizonts (variabel ⇔ Zinsbindung < 6 Monate) empfahl, schlug bspw. Baker (1978) vor, eine Art Zinsbindungsbilanz zu erstellen. In dieser werden separate Analysen für verschieden abgegrenzte Zeiträume (90, 180, 270 und 360 Tage) innerhalb des nächsten Jahres durchgeführt.

Da lediglich zwischen Positionen mit im Analysezeitraum veränderlichen und solchen mit festgeschriebenen Zinssätzen unterschieden wird, erlauben die gewonnenen Ergebnisse lediglich eine grobe Abschätzung der Auswirkung veränderter Marktzinssätze auf die Ertragslage. Als Kennzahl für das übernommene Zinsänderungsrisiko dient entweder die Differenz zwischen den Aktivgeschäften (RSA) und Passivgeschäften (RSL) mit im Beobachtungszeitraum auslaufenden Zinsbindungsfristen oder aber deren Quotient, die „gap-ratio".[37]

---

34 Zur Diskussion eines solchen Ansatzes vgl. Keine (1986), S. 345 ff.

35 Während Scholz (1984) eine Kompensation von Gewinnen und Verlusten aus offenen Festzinspositionen vorschlägt, präferiert Keine eine Nicht-Kompensation. Vgl. Walter Scholz (1984), Die Steuerung von Zinsänderungsrisiken und ihre Berücksichtigung im Jahresabschluß der Kreditinstitute, in: Bilanzstrukturmanagement in Kreditinstituten, hrsgg. von Henner Schierenbeck und Hans Wielens, Frankfurt / M. 1984, S. 119-136 und Keine (1986), S. 353 ff.

36 Grundlegend vgl. Clifford (1975), James V. Baker jr. (1978), A Model Asset / Liability Management Policy, in: Banking 70.(1978).10, S. 82-88 sowie Lee (1981). Zur Darstellung und kritischen Würdigung des Ansatzes in der deutschen Literatur vgl. Bruno Diekhöner (1984), Rentabilitätsrisiken aus dem Hypothekargeschäft von Kreditinstituten in Zeiten der Geldentwertung, Wiesbaden 1984, S. 326 ff., Wolfgang Ippisch (1984), Bankbetriebliches Zinsspannenmanagement, Wien 1984, S. 197 ff., Rolfes (1985a), S. 104 ff., Bangert (1987), S. 105 ff. sowie Herzog (1990a), S. 105 ff.

1. Version: „gap"

(11) $$gap = RSA - RSL$$

Die Veränderung des Zinsergebnisses wird geschätzt als

(12) $$\Delta\, Zinsergebnis = gap\ \Delta i$$

2. Version: „gap-ratio"

(13) $$gap\text{-}ratio = \frac{RSA}{RSL}$$

Als Schätzwerte für das Zinsänderungsrisiko ergibt sich folgender Term:

(14) $$\Delta\, Zinsergebnis = \left(\frac{RSA}{RSL} - 1\right) \Delta i$$

Aufgrund der einfachen Konstruktion des gap-Maßes erlaubt es lediglich eine grobe Abschätzung des Zinsänderungsrisikos.[38] Insbesondere bleiben Unterschiede im zeitlichen Eintreten und Ausmaß von Reaktionen unberücksichtigt.

6.3.2. Elastizitätsanalysen

Der Mangel der gap-Analyse, bei allen Geschäften mit auslaufenden Zinsbindungsfristen von gleichen proportionalen Veränderungen der Positionszinssätze auszugehen, soll mit der Analyse von Zinsanpassungselastizitäten behoben werden.[39] Die Veränderung des Zinsergebnisses wird im Rahmen der Elastizitätsanalyse nicht anhand einer Volumensgröße, sondern vielmehr mit Hilfe eines Steigungsmaßes gemessen, das als „Elastizität" bezeichnet wird. Die Elastizität *e*

---

[37] Vgl. zum folgenden auch Joseph F. Sinkey, jr. (1986), Commercial Bank Financial Management in the Financial Services Industry, second edition, New York 1986, S. 302 ff.

[38] Eine Zusammenstellung der wesentlichen Kritikpunkte findet sich bei Herzog (1990a), S. 32 f. Vgl. auch Timothy W. Koch (1988), Bank Management, Chicago u. a. 1988, S. 135.

[39] Vgl. Henner Schierenbeck (1983), Strategische Finanzplanung in Kreditinstituten, in: Hans J. Krümmel / Bernd Rudolph (Hrsg.), Strategische Bankplanung, Frankfurt / M. 1983, S. 224-239, S. 233 ff.

der Kondition einer Position oder eines einzelnen Geschäftes bestimmt sich aus dem Verhältnis der Veränderung des Zinssatzes gegenüber einem — als Indikator für das Zinsniveau dienenden — Marktzinssatz i. Die Zinselastizitäten geben die relative Änderung des Positionszinsatzes gegenüber dem Marktsatz wieder. Im folgenden bezeichne

(15) $$e_n^A = \frac{\Delta z_n^A}{\Delta i}$$

die Elastizizät der n'ten Aktivposition und

(16) $$e_m^P = \frac{\Delta z_m^P}{\Delta i}$$

die Zinselastizität die Zinselastizität der Passivposition m. Die Veränderung des Zinsergebnisses ergibt sich aus der Differenz der gewichteten aktiv- und passivseitigen Elastizitäten multipliziert mit der Veränderung des Marktzinssatzes Δ_i. Bezeichnen a_n bzw. p_m den jeweiligen Anteil der Position[40] am Gesamtbestand der Aktiva resp. Passiva ergibt sich für die Schätzung des Zinsänderungsrisikos folgender Term:

(17) $$\Delta\, \mathit{Zinsüberschuß} = \left[\sum_{n=1}^{N} a_n e_n^A - \sum_{m=1}^{M} p_m e_m^P \right] \Delta i$$

Dieser Vorschlag findet sich als „equal power gap" auch in der jüngeren US-amerikanischen Literatur.[41] Bei gleichem Betrachtungshorizont führt die Elastizitätsanalyse dann zu identischen Ergebnissen wie die gap-Analyse, wenn gilt

(18) $$e_n^A = e_m^P = 1, \qquad \forall\, e_n^A, \theta_m^P \neq 0$$

---

40 Die Anteile a_n bzw. p_m ergeben sich aus dem relativen Anteil der Positionsvolumina A_n bzw P_m am Gesamtvolumen. Es gilt der folgende Zusammenhang:

$$\sum_{n=1}^{N} a_n = \frac{A_n}{\sum_{n=1}^{N} A_n}$$

bzw.

$$\sum_{m=1}^{M} p_m = \frac{P_m}{\sum_{m=1}^{M} P_m}$$

41 Vgl. John R. Segerstrom / Greg D. Meadows (1990), Why gap doesn't work, in: ABA Banking Journal, LXXXII (1990) 10, S. 44-50.

Grundsätzlich erlaubt die Elastizitätsanalyse eine differenziertere Analyse der Auswirkungen von Zinsänderungen. Dennoch weist sie ein konstruktives Defizit auf, das — trotz z. T. ausgiebiger kritischer Beleuchtung im Schrifttum — bisher weitgehend unberücksichtigt blieb.[42] Die konstruktive Problematik des Maßes „Zinselastizität" besteht in seiner zeitlichen Normierung. Eine laufende Messung der Veränderungen von Bankkonditionen anhand eines Referenzsatzes *i* unterstellt eine stetige Konditionsanpassung, was für eine Elastizität von $e = 1$ graphisch zu der in wiedergegebenen Struktur führen würde.

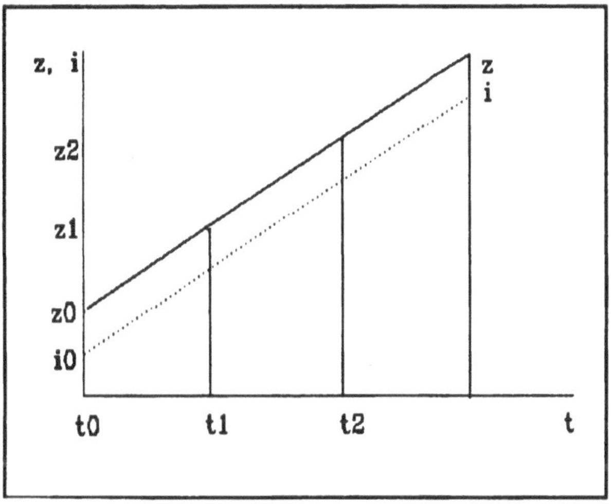

Abb. 13: Zins- und Konditionenentwicklung im Elastizitätenkonzept

Während Zinselastizitäten eine zur Marktentwicklung parallele Entwicklung der Konditionen unterstellen, entwickeln sich die Aufwendungen und Erträge je nach Umfang der vorhandenen Festzinsvereinbarungen und der seit ihrem Abschluß eingetretenen Zinsentwicklung unstetig. Das Auslaufen von Zinsvereinbarungen zu einem bestimmten Zeitpunkt führt zu Sprungstellen, da die Anpassungselastizität von 0 während der Bindungsfrist auf unendlich springt, weil für die Prolongation eine Kondition nach Maßgabe der seit Abschluß des Geschäftes eingetretenen Zinsentwicklung gestellt wird. In der nachfolgenden Abbildung wird dies für eine einzelne, zweifach prolongierte Position verdeutlicht, wobei sich die für Neuabschlüsse gültige Kondition z_t stets proportional zum Referenzzinssatz *i* entwickelt, d. h. die Elastizität 1 beträgt.

[42] Zur Diskussion der Elastizitätsanalyse vgl. insbesondere Bangert (1987), S. 60 ff, Herzog (1990a), S. 59 ff. sowie Spillmann (1990), S. 301 ff. Zwar handeln die angegebenen Quellen im wesentlichen über die von Rolfes (1985a) vorgeschlagene Zins*erfolgs*elastizität, jedoch sind die Argumente aufgrund des linearen Zusammenhanges beider Maße unmittelbar übertragbar.

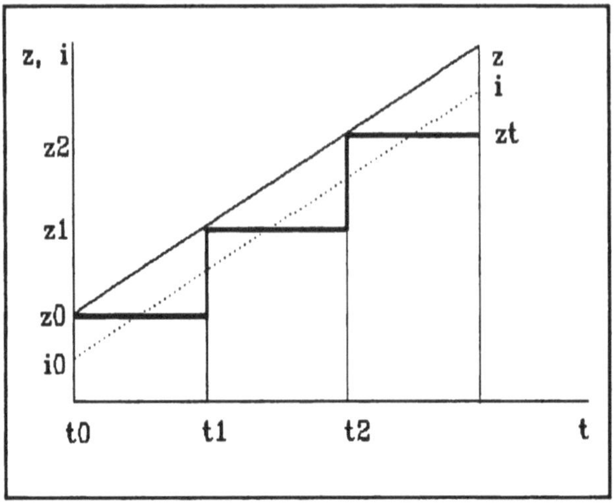

Abb. 14: Unstetigkeit der Konditionenentwicklung

Dieser Effekt reduziert sich um so stärker, je gleichmäßiger die Fälligkeiten zeitlich und betragsmäßig verteilt sind. Wird unterstellt, alle Positionen seien betragsmäßig gleich, so bestimmt sich die Genauigkeit, mit der die Entwicklung der korrespondierenden Aufwands- bzw. Ertragsposition durch die Konditionenelastizität beschrieben wird, aus der Anzahl der Prolongationszeitpunkte. Beide Verläufe stimmen überein, wenn zu jedem Zeitpunkt gerade ein gleicher Bruchteil an Zinsvereinbarungen ausläuft und erneuert wird. Dies führt dazu, die in der dargestellte sprunghafte Entwicklung des Positionszinssatzes zu glätten, wie bereits bei der in Abbildung 15 illustrierten Hinzufügung einer einzelnen weiteren Position mit Prolongation zur Periodenmitte deutlich wird.

In einer längerfristig ausgelegten Analyse muß dagegen — z. B. anhand einer Zinsbindungsbilanz — die Ablaufstruktur explizit berücksichtigt werden. Zudem wird es natürlich erforderlich, Veränderungen der Bilanzstruktur explizit in die Analyse einzubeziehen.[43] Während es für strategische Überlegungen genügen mag, ausschließlich die Reaktion der Positionszinssätze in ihrer Gesamtheit zu betrachten — je länger der Beobachtungszeitraum desto mehr Zinsvereinbarungen laufen aus —, ist dies für kalkulatorische und steuerungsbezogene Erwägungen nicht hinreichend. Dies resultiert nicht zuletzt aus dem Umstand, daß sich im Verlauf eines Zinszyklus das Anlegerverhalten verändert und somit Mengeneffekte wirksam werden.[44]

[43] Vgl. Schierenbeck (1983), S. 236 sowie Klaus Bellmann (1990), Steuerung von Zinsänderungsrisiken in Kreditgenossenschaften, in: Bankinformation 17.(1990).1, S. 36-39.

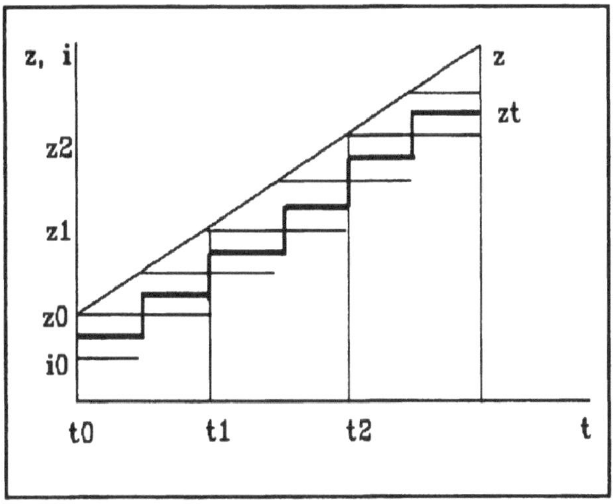

Abb. 15: Konditionenentwicklung vs. GuV-Veränderung

Die Veröffentlichungen zur Konzeption einer „Elastizitätsbilanz" verweisen folgerichtig meist auf den formal kurzfristigen Charakter dieses Instrumentes und seine Ergänzungsbedürftigkeit um über die periodenbezogenen Zinseffekte hinausreichende Veränderungen, insbesondere den Ablauf von Festzinsvereinbarungen. Dies allerdings ohne Offenlegung der Methodik, mit der eine Dynamisierung der Analyse herbeigeführt wird.[45] Die entsprechenden Beiträge lassen allerdings vermuten, daß die Schätzung gewissermaßen „zu Fuß", über die Simulation von Geschäftsentwicklung und anderen zukünftig ertragsrelevanten Faktoren erfolgt.

6.3.3 Zinserfolgselastizitäten

Eine in Hinblick auf eine Anwendung im Rahmen der Marktzinsmethode abgewandelte Form der Elastizitätsanalyse ist das Konzept der Zinserfolgselasti-

[44] Zum Anlegerverhalten in Abhängigkeit der Zinsentwicklung vgl. Heyns (1987), insbesondere den tabellarischen Anhang S. 435 ff., und Andreas Michael Seum (1988), Das Anlageverhalten der Sparer, Frankfurt / M. 1988.

[45] In einigen Veröffentlichungen findet sich der Hinweis auf die Implementierung einer EDV-gestützten Analyse, die sich u. a. des Elastizitätenansatzes bedient. Vgl. Bernd Rolfes (1989), Risikosteuerung mit Zinselastizitäten, in: Zeitschrift für das gesamte Kreditwesen, 42.(1989).5, S. 196-201, S. 200, Klaus Bellmann / Jürgen Brinkmann / Udo Napp / Bernd Rolfes (1988), Zinsänderungsrisiken, — Messung und Bewertung — , in: Bankinformation, 15.(1988).11, S. 58-61, S. 60 f., Walter Herzog (1990b), Bilanzstrukturmanagement und Risikosteuerung mit Zinselastizitäten in Banken und Sparkassen, unveröffentlichte Seminarunterlage des ifb — Institut für betriebswirtschaftliche Beratung der Kreditwirtschaft, Köln 1990, S. 3.

zitäten. Im Sinne der Aufteilung des Zinsergebnisses in einen Konditionen- und Strukturbeitrag untersucht dieser Ansatz die Entwicklung dieser beiden Erfolgsgrößen bei veränderlichen Marktzinssätzen.[46] Werden die Strukturbeiträge den Vorschlägen in der Literatur entsprechend anhand der Differenzen zwischen Positionszins und positionsspezifischem Bewertungsszins i_{GKM} einerseits sowie i_{GKM} und dem Tagesgeldzins i_{tgz} andererseits gemessen, ergeben sich folgende Größen:

Die Elastizität des Gesamterfolges zee_n^A des n'ten Aktivgeschäftes bestimmt sich aus

(19) $$zee_n^A = \frac{\Delta z_n^A - \Delta i_{TGZ}}{\Delta i_{TGZ}} = e_n^A - 1$$

Sie entspricht der Summe aus der Konditionenerfolgselastizität kee_n^A und der Strukturerfolgselastizität see_n^A:

(20) $$zee_n^A = kee_n^A = see_n^A = \frac{\Delta z_n^A - \Delta i_{GKM}^A}{\Delta i_{TGZ}} + \frac{\Delta i_{GKM}^A - \Delta i_{TGZ}}{\Delta i_{TGZ}} - \frac{\Delta z_n^A}{\Delta i_{TGZ}} - 1$$

Für Passivpositionen sind die Erfolgselastizitäten mit negativem Vorzeichen definiert, so daß für die entsprechenden Größen der m'ten Passivposition gilt:

(21) $$zee_m^P = \frac{\Delta i_{TGZ} - \Delta z_m^P}{\Delta i_{TGZ}} = 1 - \theta_m^P$$

Wiederum ergibt sich:

(20) $$zee_m^P = kee_m^P = see_m^P = \frac{\Delta i_{GKM}^P - \Delta z_m^P}{\Delta i_{TGZ}} + \frac{\Delta i_{TGZ} - \Delta i_{GKM}^P}{\Delta i_{TGZ}} = 1 - \frac{\Delta z_m^P}{\Delta i_{TGZ}}$$

Die Elastizität der Bruttozinsspanne e^{BZSP} resultiert als Residualgröße aus der Differenz der durchschnittlichen Zinserfolgselastizitäten von Aktiv- und Passivseite (ZEE^A bzw. ZEE^P), die wegen der Differenz der durchschnittlichen Zinselastizitäten E^A und E^P beider Bilanzseiten entspricht:

(19) $$E^{BZSP} = ZEE^A - ZEE^P = E^A - E^P$$

---

46 Zur Darstellung des Ansatzes vgl. ausführlich Rolfes (1985 a), S. 163 ff.

Aus den Definitionen der verschiedenen Elastizitätswerte lassen sich folgende Zusammenhänge ableiten:

— Festverzinsliche Geschäfte mit $e = 0$ weisen eine Zinserfolgselastizität von $zee = -1$ auf. Sie resultiert ausschließlich aus der Strukturerfolgselastizität $see = -1$, da der Konditionenbeitrag für die gesamte Laufzeit durch Zuordnung eines konstanten Bewertungssatzes festgeschrieben wird.

— Variabel verzinsliche Geschäfte weisen dagegen Zinselastizitäten $e \neq 0$ auf, weshalb sich für die Erfolgselastizitäten Werte je nach der relativen Entwicklung der in die Bewertung eingehenden Zinssätze z, i_{GKM} und i_{TGZ} ergeben.

— Geschäfte, denen aufgrund ihrer kurzfristigen Laufzeit der Tagesgeldzinssatz als Bewertungssatz zuordnet wird (z. B. Kontokorrentkredite) weisen definitionsgemäß eine Strukturerfolgselastizität von 0 auf. Bei ihnen entspricht die Zinserfolgselastizität stets der Konditionenbeitragselastizität.

Die Aufspaltung der Zinselastizität in einzelne Erfolgselastizitäten führt somit zu einer Zurechnung von Erfolgsänderungen, die die tatsächlichen Veränderungen in der Gewinn- und Verlustrechnung lediglich indirekt wiedergibt. Während zinsbedingte Schwankungen von Zinsaufwand und -ertrag ihre Ursache in der Änderung der Zinssätze der kurzfristigen Positionen haben, rechnen Zinserfolgselastizitäten die Ergebnisänderungen den festverzinslichen Positionen zu, deren Verzinsung sich in Wirklichkeit aber gar nicht geändert hat.

Bei der Wahl des Tagesgeldsatzes als Referenzgröße für die Bestimmung von Strukturbeiträgen wird mit diesem Satz bewerteten Positionen kein Risiko zugeordnet. Die als eigentliche Verursacher von Schwankungen zu identifizierenden Positionen weisen also ex definitione keinerlei Risikopotential auf. Zielgröße des Ansatzes ist jedoch ausdrücklich die Steuerung des Zinsergebnisses. Im Sinne des von Rolfes (1985 a) bemühten Postulats einer „Ho[mo]morphie des Prozesses und der Struktur der Risikoentstehung mit der Kalkulation“[47] ist seiner Ansicht zu widersprechen, daß es die Zinserfolgselastizität ermögliche, „. . . die Auswirkungen *eines einzelnen Geschäftes oder einer einzelnen Geschäftssparte* für das Zinsänderungsrisiko aufzuzeigen.“[48]

Gerechtfertigt wäre eine solche Zurechnung bei Zugrundelegung des Marktwertes als Steuerungsgröße: Dann wären nämlich Geschäfte mit invarianten Konditionen als risikoverursachende und variable verzinsliche Positionen als stabilisierende Elemente des Portefeuille folgerichtig identifiziert.

Während die Veränderung der Neukonditionen im Zeitverlauf die Marktentwicklung stetig nachzeichnet, führen zinsbindend wirkende Vereinbarungen zu einer sprunghaften Anpassung der Konditionen an die während der Laufzeit der

[47] Rolfes (1985 a), S. 44.

[48] Rolfes (1985 a), S. 178 [Hervorhebung im Original]. Vgl. auch Rolfes (1985 b), S. 544.

Vereinbarung eintretende Zinsentwicklung. Die auftretenden Unstetigkeiten können zwar durch eine abweichende zeitliche Normierung überwunden werden, jedoch ist das Instrument der Elastizitätsanalyse dann wiederum nur für die Untersuchung von Zinsänderungseffekten innerhalb des gesteckten Zeitrahmens verwendbar.

6.3.4. Zinsvolatilitätenkonzept

Herzog entwickelte seinen Zinsvolatilitäten-Ansatz offensichtlich mit dem Ziel, den bei Elastizitätsbilanzen bestehenden Mangel einer unstetigen Elastizitätsentwicklung im Zeitverlauf zu beheben.[49] Der Ansatz beinhaltet folgendes Vorgehen: Im ersten Schritt werden aus der Zinsbindungsbilanz die Volumina von Geschäften mit variablem Zinssatz sowie auslaufenden Zinsbindungsfristen ermittelt. Durch Multiplikation der jeweiligen Positionsvolumina mit der Volatilität der jeweiligen Kondition in der Vergangenheit (ausgedrückt als Standardabweichung in Prozentpunkten) erhält Herzog eine Größe für die Schwankung der korrespondierenden Aufwands- bzw. Ertragsposition.

Herzog verdeutlicht seinen Vorschlag anhand des Beispiels auf Seite 119, das hier nur unwesentlich verkürzt wiedergegeben wird.[50]

Die in der vierten Spalte beider Bilanzseiten ermittelten Beträge werden jeweils aufsummiert und die so gewonnenen Aufwands- und Ertragsänderungen schließlich saldiert. Durch Normierung auf die Standardabweichung der Umlaufsrendite öffentlicher Anleihen vierjähriger Restlaufzeit als Referenzgröße und Multiplikation mit der erwarteten Veränderung dieser Rendite glaubt Herzog, ein neues Maß für das Zinsänderungsrisiko konzipiert zu haben. Dies ist allerdings nicht der Fall, was leicht gezeigt werden kann. σ_n^A und σ_m^P bezeichnen die Volatilitäten der n'ten Aktiv- bzw. m'ten Passivposition. Für die Zahlen des obigen Beispiels und einen zweiprozentigen Anstieg der Umlaufsrendite öffentlicher Anleihen vierjähriger Restlaufzeit ergibt sich bei Unterstellung einer Standardabweichung $\sigma_i = 1{,}203$ als Volatilität dieses Zinssatzes folgende Abschätzung:

$$(24) \qquad (6{,}245 - 5{,}739)\frac{2}{1{,}203} = 0{,}841 \; \textit{Mio. DM}$$

Wie aus der vorausgegangenen Tabelle zu entnehmen ist, verwendet Herzog zur Abschätzung die Differenz aus den mit den positionsspezifischen gewichteten

---

49 Dies folgt unmittelbar aus der Bemerkung Herzogs, daß der Unterschied zur Elastizität darin bestünde, daß letztere „. . . ausschließlich auf variabel verzinsliche Geschäftspositionen angewendet wird, und nicht wie die Zinsvolatilitäten innerhalb des Volatilitäten-Konzepts zusätzlich für die fälligen Beträge der Festzinspositionen Berücksichtigung findet.“ Herzog (1990a), S. 106.

50 Herzog (1990a), S. 103.

Ermittlung der offenen Position im Zinsvolatilitäten-Konzept

Aktiva	Mio. DM (1)	Volatilität (2)	(1) * (2) Mio. DM	Passiva	Mio. DM (3)	Volatilität (4)	(3) * (4) Mio. DM
Kontokorrent-kredite	200	1,345 %	2,6900	Termineinl.	150	1,079 %	1,6185
Ratenkredite	150	1,418 %	2,1270	Spar gesetzl.	450	0,743 %	3,3435
Hypoth. var.	200	0,714 %	1,4280	Sparbriefe	100	0,777 %	0,7770
Summe	550	-	6,2450	Summe	700	-	5,7390

Summen der zinssensitiven Aktiv- und Passivpositionen, die oben mit RSA bzw. RSL bezeichnet wurden. (24) entspricht somit der folgenden Formulierung:

$$\left(\sum_{n=1}^{N} RSA_n \, \sigma_n^A - \sum_{m=1}^{M} RSL_m \, \sigma_m^P \right) \frac{\Delta i}{\sigma_i} = \Delta Z\ddot{U} \tag{25}$$

Durch eine einfache Umstellung wird die Verwandtschaft zur gap- und Elastizitätsanalyse unmittelbar deutlich:

$$\left(\sum_{n=1}^{N} RSA_n \frac{\sigma_n^A}{\sigma_i} - \sum_{m=1}^{M} RSL_m \frac{\sigma_m^P}{\sigma_i} \right) \Delta i = \Delta Z\ddot{U} \tag{26}$$

Ein Vergleich mit Formel (11) zeigt, daß die Abschätzung der gap-analysis entspricht, wenn gilt:

$$\frac{\sigma_n^A}{\sigma_i} = \frac{\sigma_m^P}{\sigma_i} = 1, \qquad \forall n, m \tag{27}$$

Die Ableitung der Schwankung des Zinsergebnisses aus den Volatilitäten der Positionszinssätze in der von Herzog vorgeschlagenen Weise ist nur unter der (von ihm nicht angeführten) Voraussetzung einer perfekten Korrelation aller Zinssätze zulässig. Es muß für alle paarweise Vergleiche von mit h bzw. j indizierten Marktzinssätzen und Konditionen gelten:

$$\xi = \frac{cov(h,j)}{\sigma_h * \sigma_j} = 1 \tag{28}$$

Bei perfekter Korrelation zweier Größen h und j entspricht folglich die Kovarianz dieser Größen dem Produkt ihrer Standardabweichungen:

$$cov(h,j) = \sigma_h * \sigma_j \tag{29}$$

Perfekte Korrelation ist gleichbedeutend mit einem linearen Zusammenhang zweier Größen. D. h. der Wert der abhängigen Variablen (z. B. eines bestimmten Positionszinssatzes z) bestimmt sich aus einer Geradengleichung, die als unabhängige Variable den Zinssatz i als Maß für „das“ Kapitalmarktniveau enthält:

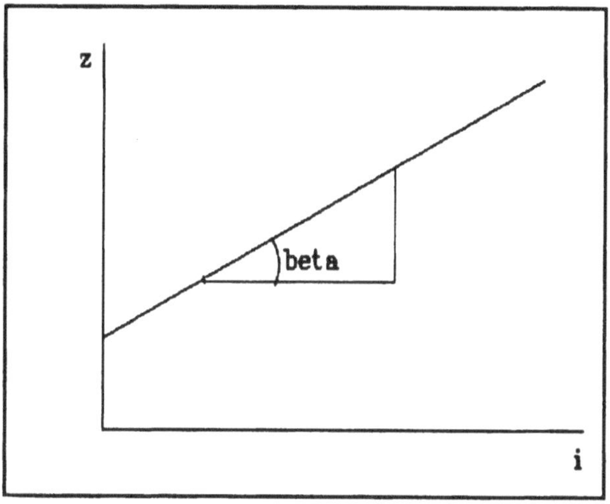

Abb. 16: Linearer Zusammenhang von Konditionen und Marktzinsentwicklung

Sind z und i perfekt korreliert, liegen alle kombinierten Erscheinungen von z und i auf einer Geraden mit der Steigung „beta". Die Steigung $\beta = \Delta z / \Delta i$ der Geraden entspricht in diesem Fall dem Steigungsparameter einer linearen Regression von z auf i:[51]

(30) $$\beta = \frac{\Delta z}{\Delta i} = \frac{cov(z,i)}{\sigma_i^2}$$

Wegen (29) folgt, daß in diesem speziellen Falle die Steigung dem Verhältnis der Standardabweichungen der beiden Größen bestimmt werden kann:

(31) $$\beta = \frac{cov(z,i)}{\sigma_i^2} = \frac{\sigma_z \sigma_i}{\sigma_i^2} = \frac{\sigma_z}{\sigma_i}$$

Es ergeben sich im Falle linearer Abhängigkeiten zwischen allen Zinssätzen somit folgende Identitäten:

(32) $$e_n^A = \frac{\sigma_n^A}{\sigma_i}, \qquad \forall n$$

und

(33) $$e_m^P = \frac{\sigma_m^P}{\sigma_i}, \qquad \forall m$$

---

[51] Unter Ausnutzung der Linearität lassen sich beide Faktoren ineinander überführen.

Das Volatilitätenkonzept unterscheidet sich also materiell von der Elastizitätsanalyse lediglich durch die stochastische Formulierung. Beide Methodenvorschläge repräsentieren annahmebedingte Spezialfälle des Capital Asset Pricing Model als allgemeinerem Modell der Preisbildung am Kapitalmarkt unter Unsicherheit.[52]

6.3.5. Zwischenergebnis

Elastizitäts- und Volatilitätenkonzept unterscheiden sich lediglich durch ihre Formulierung. Beiden liegt die Annahme einer linearen Beziehung zwischen den verschiedenen Zinssätzen zugrunde. Damit beschreiben beide den gleichen restriktiven Spezialfall des CAPM. Durch die Anwendung dieses allgemeineren Modells wird es leicht möglich, Zinsänderungseffekte zu analysieren, ohne daß dies eine Beschränkung der Allgemeingültigkeit für den Fall eindeutiger Beziehungen zwischen Kundenkonditionen und Marktzinssätzen beinhalten muß. Vielmehr können unmittelbar auch Verteilungen der Größen zugrunde gelegt werden. Die Zinselastizitäten und Quotienten der Standardabweichungen bilden hierbei den Spezialfall gleichwahrscheinlicher Konditionen- / Marktsatz-Kombinationen, die auf einer Geraden liegen.

Probleme der Schätzmethodik sollen an dieser Stelle nicht näher beleuchtet werden. Grundsätzlich können die Verteilungen sowohl empirisch geschätzt als auch auf Basis subjektiver Wahrscheinlichkeitsurteile festgelegt werden. Letzteres Vorgehen bietet z. B. die Möglichkeit, a priori Vorstellungen z. B. über die zukünftige Entwicklung der Markt- bzw. Verhandlungsmacht einfließen zu lassen.

Die methodischen Abwandlungen wirken sich nicht auf die Möglichkeiten einer auf der Elastizitätsanalyse basierenden Zinsrisikoanalyse aus. Insbesondere die Erstellung einer „Elastizitätsbilanz" und auf ihr basierende what-if-Analysen der zukünftigen Risikosituation werden nicht beeinträchtigt. Durch die Verwendung statistischer Elastizitätswerte wird im Rahmen des vorliegenden Konzeptes zusätzlich die Verwendung von Zinsprognosen ermöglicht, die unter weniger restriktiven Annahmen getroffen werden: Die zukünftigen Zinsszenarien sind nicht mehr auf lineare Zusammenhänge von Konditionen und Marktzinssätzen beschränkt.

Ein weiterer Vorteil der verallgemeinerten Elastizitätsbestimmung besteht darin, daß der Anwender sich nicht von vornherein auf eine bestimmte Richtung

---

52 Auch die verschiedenen theoretischen Erklärungsansätze der Preisbildung an den Finanzmärkten lassen sich durch entsprechende Variation der Annahmen ineinander überführen. Vgl. z. B. Jochen Wilhelm (1981), Zum Verhältnis von Capital Asset Pricing Model, Arbitrage Pricing Theory und Bedingungen der Arbitragefreiheit von Finanzmärkten, in: Zeitschrift für betriebswirtschaftliche Forschung, 33.(1981).10, S. 891 - 905, und die Ableitung des Capital Asset Pricing Model aus dem State Preference Ansatz bei Franke / Hax (1988), S. 308 ff.

der Zinsveränderung festzulegen hat. Vielmehr sind ganz bewußt Erwartungen über Ausmaß, Richtung und Wahrscheinlichkeit zukünftiger Zinsentwicklungen zu bilden. Die Prognose der zukünftigen Marktdaten wird somit ein integrierter Bestandteil des Analyse- und Steuerungsverfahrens. Es erscheint wenig sachgerecht, für Steuerungszwecke die Problematik der Prognose bzw. Erwartungsbildung über die zukünftige Zinsentwicklung auszuklammern, da die Unternehmensleitung hier explizite Vorgaben zu leisten hat. Vielmehr ist die Formulierung bestimmter Zielwerte (als Elastizitäten, Budgets, Limits etc.) ausschließlich als Vehikel zur Umsetzung der auf Basis von Erwartungen formulierten Strategie anzusehen. Fehlen solchermaßen fundierte strategische Überlegungen, gerät die Vorgabe eines bestimmten Elastizitätsziels zur Wette auf das (Nicht-)Eintreten bestimmter Zinsentwicklungen.

6.4. Verfahren mit expliziter Schließung des Zeithorizontes

6.4.1. Konstruktionsprinzip

Die Problematik der nur lückenhaften Berücksichtigung der für bankbetriebliche Dispositionen relevanten Zahlungsströme innerhalb des Planungszeitraumes bildete den eigentlichen Kern der „Effektivzinsdebatte", die zeitweilig über die Ermittlung des adäquaten Bewertungssatzes geführt wurde.[53] Flesch et al. wiesen im Rahmen dieser Diskussion darauf hin, daß die von Schierenbeck / Rolfes (1987 a) in den Vordergrund gestellte Vermeidung von Wiederanlageprämissen den Nachteil beinhalte, keinen Vergleich abweichender Laufzeiten zu ermöglichen.[54] Anhand eines neueren Beitrags wird deutlich, daß dieses Problem seinerzeit nicht eindringlich in das Bewußtsein gerückt wurde.[55]

Im Mittelpunkt stand auf Seiten von Flesch et al. weit weniger die — in einigen Nachkommastellen bestehende und aus praktischer Sicht offenbar vernachlässigbare — Frage, welcher Ansatz die höhere Genauigkeit aufweist. Viel mehr ging es wohl um die Frage der Steuerungseignung des Bewertungssatzes.[56] Eine graphische Gegenüberstellung der beiden Vorschläge zeigt, worin sich die beiden Standpunkte materiell unterscheiden:

---

[53] Zur „Effektivzinsdiskussion" vgl. insbesondere Henner Schierenbeck / Bernd Rolfes (1987 a), Effektivzinsrechnung und Marktzinsmethode, in: Die Bank o. J. (1987).1, S. 25-33 und die Stellungnahme zu diesem Beitrag von Fleschet al. (1987 a) sowie die Replik hierzu von Henner Schierenbeck / Bernd Rolfes (1987 b), Zur Diskussion um das opportunitätsgerechte Effektivzinskonzept, in: Die Bank, o. J. (1987).6, S. 328-335.

[54] Vgl. Flesch et al. (1987 a), S. 191 f.

[55] Auf eine nicht hinreichende Herausstellung der wesentlichen Aspekte deuten vornehmlich die Ausführungen von Djebbar (1990), insbesondere S. 926.

[56] Vgl. Flesch et al. (1987 a), S. 190 ff.

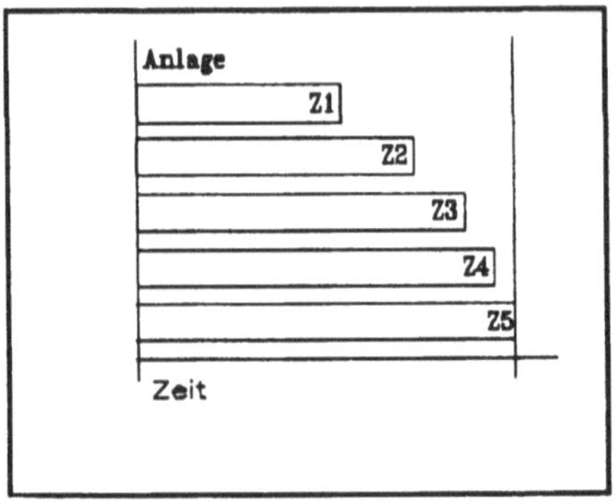

Abb. 17: Effektivzins ohne Wiederanlageprämisse

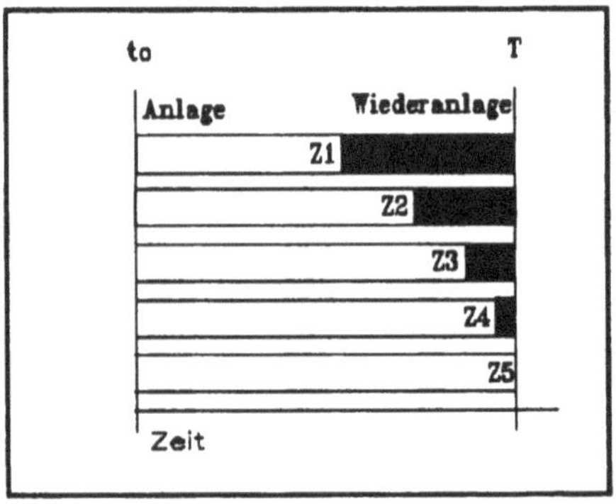

Abb.18: Berücksichtigung von Wiederanlageproblemen

Während Schierenbeck / Rolfes mit der Eliminierung von Wiederanlageproblemen aus der Kalkulation einen Kalkül mit nicht-abgeschlossenem Zeithorizont und somit implizit eine reine auf t_0 bezogene Substanzbewertung präferieren, schlagen Flesch et al. die Schließung der offenen Zeitspanne zwischen dem Zufluß von Zahlungen (Z1 bis Z5) und dem Ende der Laufzeit in T durch eine explizite Wiederanlageprämisse, die reale Rendite vor. Unter dem Gesichtspunkt einer angestrebten Steuerung der *zukünftigen* Rentabilität erscheint dies auch unumgänglich. In Analogie zur Unternehmensbewertung handelte es sich bei der Diskussion um den für die Marktzinsmethode sachgerechten Effektivzinskalkül also um die Frage, ob neben dem Substanzwert auch Elemente des Ertragswertes als Kriterium der Vorteilhaftigkeit von Investitionen heranzuziehen seien. Natürlich ist dies in aller Regel erforderlich.

6.4.2. Rechnerische Schließung der offenen Position

6.4.2.1. Der Vorschlag von Flesch et al.

Ein aufgrund der Konzeption der Marktzinsmethode naheliegendes Vorgehen zur Ermittlung eines „dispositionellen Nullpunktes“[57] ist die Schließung — das Hedgen — aller offenen Positionen.[58] Enthält das Portefeuille der Bank nicht ausschließlich im Bewertungszeitpunkt abgeschlossene Geschäfte[59] bedeutet dies, alle bis zum Zeitpunkt der Messung aufgelaufenen unrealisierten Gewinne und Verluste aus Fristen- bzw. Zinsbindungstransformation im t_0 zu realisieren. Diesem sicher realisierbaren Gewinn werden die aus einem Offenhalten der Position(en) eintretenden Entwicklungen des Zinsergebnisses bei alternativen Zinsszenarien gegenübergestellt. Diese Gegenüberstellung besteht z. B. im Vergleich einer geschlossenen Position mit revolvierender Refinanzierungsstrategien zu (hypothetischen) zukünftigen Marktzinssätzen.[60]

Flesch et al. (1984) wählen dieses Vorgehen als „situative“ Steuerung, die sich ausschließlich an den Erwartungen über die zukünftige Marktentwicklung ausrichtet. Es wird unabhängig von der Zinsentwicklung der Vergangenheit geprüft, ob in Anbetracht der für die Zukunft erwarteten Zinsentwicklung ein Offenhalten oder aber Schließen der Position vorteilhafter erscheint.[61] Somit ändert sich die Dispositionsbasis laufend. Selbst bei statischen Bedingungen an den Finanzmärkten ergeben sich bei nicht-flacher Zinsstruktur durch die abnehmenden Restlaufzeiten des Altblockes laufend veränderte Entscheidungssituationen. Es geht den Autoren im Gegensatz zu einer Reihe anderer Vorschläge nicht darum, ein intersubjektiv zugängliches Risikomaß zu konzipieren. Dies ist jedoch in der Arbeit von Bangert der Fall, die ein methodisch ähnliches Konzept wie Flesch et al. verfolgt.

---

57 Christoph von der Decken (1971), Dispositionsgrundlagen für das langfristige Geschäft, in: Zeitschrift für das gesamte Kreditwesen, 24.(1971).15, S. 14-20, S. 20.

58 Dieser Vorschlag findet sich bei Michael Bangert (1987), Zinsrisiko-Management in Banken, Wiesbaden 1987, S. 289 ff. und Hans-Rudolf Flesch / Friedrich Piaskowski / Christian R. Sievi (1984), Erfolgsquellensteuerung durch Effektivzinsen im Konzept der Wertsteuerung, o. J. (1984).8, S. 357-366, S. 361 f. Zu den verschiedenen Konzepten zur Schließung offener Positionen und deren Auswirkungen auf den Solvenzeffekt von Zinsänderungen vgl. Friedrich-Michael Keine (1986), Die Risikoposition eines Kreditinstituts, Wiesbaden 1986, S: 353 ff.

59 In diesem wäre das Ergebnis einer auf der Basis der aktuellen Marktverhältnisse vorgenommenen sofortigen Schließung aller Positionen gleich null, wenn die Bewertungssätze aus einem Duplizierungsansatz gewonnen werden.

60 Vgl. Bangert (1987), S. 282 ff. sowie Flesch et al. (1984) S. 363.

61 Dies folgt insbesondere auch aus dem Aufsatz von Benke und Flesch et al. (1989) über den Ansatz zur Steuerung des Zinsänderungsrisikos.

6.4.2.2. Der Vorschlag von Bangert

Der Ansatz Bangerts geht insoweit wesentlich weiter, als er auf der Basis von Prognosen über die Entwicklung von Geschäftsvolumen, Geschäftsstruktur und Zinsentwicklung zukünftige Transformationserfolge ermittelt.[62] Soweit er auf der Basis alternativer Zinsszenarien die Entwicklung der zukünftigen Transformationserfolge analysiert, beinhaltet dieses Vorgehen einen Gewinn an Information. Als untauglich muß allerdings der Versuch beurteilt werden, die gewonnenen Prognosewerte auf den Bewertungszeitpunkt zu diskontieren und die Wahrscheinlichkeitsverteilung des Barwertes — ergänzt um den Barwert zinsbedingter Erfolge aus der Anlage in zinstragenden Titeln und zinsbedingter Rückstellungen — als Maß für das Zinsänderungsrisiko heranzuziehen.[63]

Dieses Urteil leitet sich aus der Tatsache ab, daß keine eineindeutige Beziehung zwischen den zukünftig realisierten (periodischen) Transformationsbeiträgen und deren Barwert besteht. Aussagefähige Informationen lassen sich allein aus einer Analyse des Verlaufs der zukünftigen Transformationsbeiträge erzielen. Dies hat im einzelnen folgende Gründe:

— Gleiche Barwerte können sich mit theoretisch unbegrenzt vielen verschiedenen Verläufen der zukünftigen Transformationsbeiträge ergeben.

— Ein für alle Zinskonstellationen konstanter Barwert und somit eine Varianz von null ergibt sich insbesondere dann, wenn der Transformationsbeitrag selbst eine lineare Funktion des Marktzinssatzes ist. Analog zu einer floating-rate-note beinhaltet die Minimierung der Varianz des Barwertes die Angleichung der Varianz der Transformationsbeiträge an die Schwankungen des Marktzinssatzes.

Aus der von Bangert vorgenommenen Analyse des risikopolitischen Instrumentariums, die sich nicht allein auf die Steuerung und Kontrolle des von ihm vorgeschlagenen Risikomaßes beschränkt, sondern auch die prognostizierten periodischen Transformationsbeiträge explizit berücksichtigt, ergibt sich, daß er eine auf den Barwert der Transformationsbeiträge bezogene Steuerung nicht als hinreichend für eine umfassende Risikoanalyse und -steuerung ansah.[64] Insofern sollten praxisorientierte Verfahrensvorschläge periodenbezogene Analysemöglichkeiten aufweisen.

---

62 Vgl. Bangert (1987), S. 282 ff.

63 Zur Definition der Maßgröße vgl. Bangert (1987), S. 209. Vgl. auch ebenda die Konklusion S. 465 Nr. 23.

64 Dieses Urteil läßt sich aus der beispielhaften Konkretisierung bei Bangert (1987), S. 289 ff., ableiten.

6.4.3. Simulationsmodelle

Aufbauend auf einer Schließung der bereits vorhandenen Positionen und auf Annahmen über die Entwicklung der Teilvolumina des Gesamtgeschäftes ist der Detailgrad und damit die Komplexität von Werkzeugen zur Analyse von Zinsänderungsrisiken durch Erweiterungen um Prognosewerte für die zukünftige Entwicklung der relevanten Konditionen, Volumina, (Teil-)Märkte etc. beliebig steigerbar. So wird durch die Simulationsanalyse versucht, eine Vorsorge für zufällige Entwicklungen an den relevanten Finanzmärkten zu ermöglichen.[65] Solche detaillierten zukunftsbezogenen Analysen sind im Rahmen der mittel- und langfristigen Planung unverzichtbar und auch praktisch gebräuchlich.[66] Die formale Beziehung dieser Art von Modellen zu den übrigen Ansätzen zur Analyse von Zinsänderungsrisiken soll hier nicht explizit ausgeführt werden. Sie ergibt sich durch eine Erweiterung unter Heranziehung von Erwartungsgrößen für zukünftige Zinssätze und Volumina. Für jedes einbezogene Szenario (bzw. im Zeitverlauf: jede Kette von Szenarien) ergeben sich dann hypothetische Geschäftsstrukturen, deren Auswirkungen auf Ertragsstruktur und Risikoposition jeweils zu untersuchen sind.

Der „Optimierungsprozeß" von Simulationsverfahren gestaltet sich als Suchprozeß durch Simulationsalgorithmen, die wiederum auf heuristischen Vorüberlegungen basieren. Zur Strategienauswahl können schließlich entscheidungstheoretische Verfahren in Betracht gezogen werden.[67] Hierbei wird versucht, auch Prognoserisiken zu erfassen. Sie entbinden allerdings keinesfalls von dem Erfordernis steter situationsbezogener Anpassung und gegebenenfalls einer Planrevision. Die Grenzen liegen auch für diese Verfahren in den prognostischen Unsicherheiten. Wie schrieb Ridley zutreffend ?: „Forecasting interest rates is easy: I produce a new forecast every day."[68]

---

65 Zu den Vorschlägen zur Integration von prognostischen Elementen vgl. insbesondere Bangert (1987), S. 258 ff. und Klaus-Dieter Wild (1987 a), Dynamische Optimierung der Zinsbindungsstruktur von Bankbilanzen mittels Simulation, Frankfurt / M. u. a. 1987 und ders. (1987 b), Dynamische Optimierung der Zinsbindungsstruktur, in: Die Bank, o. J. (1987).9, S. 494 - 500.

66 Zur Unverzichtbarkeit von Zinsprognosen schon im Rahmen kurzfristiger Transformationsentscheidungen vgl. Flesch et al. (1987 b), S. 488. Zu den Anforderungen an Instrumente zur Analyse von Zinsänderungsrisiken vgl. Werner Biehl / Arnold Reuter (1984), Darstellung, Begrenzung und Steuerung von Zinsänderungsrisiken bei Sparkassen, in: Betriebswirtschaftliche Blätter, 33.(1984).7, S. 266 - 277, S. 275 ff.

67 Vgl. Wild (1987 b), S. 500.

68 W. P. Ridley (1988), Forecasting interest rates, in: Management of Interest Rate Risk, edited by Boris Antl, London 1988, S. 23 - 30, S. 23. Vgl. in diesem Sinne auch Hugo J. H. Schielke (1979), Wertpapieranlage in der Weltbank, in: Die Bank, o. J. (1979) 11, S. 520 - 524, S. 521: „Jeden Monat sagen wir die Zinssätze für festverzinsliche Wertpapiere . . . voraus. Das einzige, was wir sicher wissen, ist, daß diese punktuelle Vorhersage falsch sein wird. Im Grunde genommen ist es unmöglich, einen genauen

6.5. Ergebnis der Analyse verschiedener Verfahren zur Messung und Steuerung des Zinsänderungsrisikos

Als Ergebnis der vorausgegangenen Abschnitte ist festzuhalten, daß sich die verschiedenen Verfahren einerseits durch abweichende Zeitbezüge und andererseits durch den Grad der vorgenommenen Vereinfachung unterscheiden. Dies zeigt sich besonders deutlich anhand der zwischen den verschiedenen rentabilitätsorientierten Verfahren bestehenden Identitäten, die sich bei Aufhebung restriktiver Annahmen über das Verhalten der Bestimmungsgrößen in Abhängigkeit von Marktzinsänderungen ergeben.

Diese Identitäten haben nicht nur die Bedeutung, daß sich die Kalküle je nach dem vorliegenden Informationsbedürfnis in ihrer Komplexität gestalten lassen. Sie weisen auch den Weg zu einem der prominentesten Modelle zur Bewertung von (Finanz-)Investitionen unter Unsicherheit, dem Capital Asset Pricing Model (CAPM). Im Rahmen dieses aus der Theorie der Portefeuille-Entscheidung resultierenden Ansatzes dient die Abhängigkeit der Rentabilitätsentwicklung einer Investition von der anderer Investitionen über die Beta-Faktoren unmittelbar zur Preisermittlung für risikobehaftete Finanztitel.[69]

Allerdings weist das CAPM in aller Regel eine lediglich einperiodige Formulierung auf. Die Relativität des Risikogehaltes von Zinstiteln in Abhängigkeit vom Zeithorizont des Entscheidenden führte in der einschlägigen Literatur überwiegend zur Ablehnung einer Anwendung auf Zinstitel.[70] Richtet sich die Betrachtung auf den gesamten Rentenmarkt und somit auf eine Vielzahl von Investoren, muß diesem Schluß aufgrund der subjektiven Relativität der Risikobeurteilung gefolgt werden, da realistischerweise eine Inhomogenität der Zeithorizonte besteht. Ein bestimmter Titel kann also je nach Sichtweise des Investors unterschiedliche Risikocharakteristika aufweisen.

Für den Fall eines einzelnen Bewerters und somit auch für das Controlling einer Bank besteht zwar auch eine Pluralität zeitlich abweichend definierter Zielgrößen, diese sind aber im Unterschied zur Beurteilung des Marktverhaltens von Anlegern bekannt und können damit auch explizit Berücksichtigung finden. Sie bestehen insbesondere in der Solvenz- und Liquiditätserhaltung sowie der Erreichung bestimmter kurz-, mittel- und langfristiger Rentabilitäten. Zu zeigen ist, wie sie im Rahmen eines Modells zum operablen Bestandteil der Analyse gemacht werden können. Im folgenden Abschnitt soll aufbauend auf einem für

---

Zinssatz für einen bestimmten Zeitpunkt in der Zukunft richtig vorherzusehen." Toevs / Haney (1986), S. 271: „As we will see, a perfectly acceptable interest outlook is ‚I haven't a clue'."

69 Zur Darstellung der Prämissen und Eigenschaften dieses Modells vgl. ausführlich Günter Franke / Herbert Hax (1988), Finanzwirtschaft des Unternehmens und Kapitalmarkt, Berlin u. a. 1988, S. 280 ff.

70 Vgl. Bußmann (1988), S. 83 ff. sowie die dort zitierte Literatur.

alle Verfahren zur Analyse zinsänderungsinduzierter Ergebnisänderungen gültigen methodischen Rahmen gezeigt werden, wie sich die Portfoliotheorie und somit auch das CAPM durch eine explizite Berücksichtigung des Zeitfaktors für Probleme der Risikomessung und -steuerung anwenden läßt.

6.6. Zusammenführung der verschiedenen Ansätze zur Messung von Zinsänderungsrisiken im Rahmen eines einheitlich anwendbaren Referenzansatzes

6.6.1. Methodischer Rahmen

Die vorausgegangenen Abschnitte waren der skizzenhaften Darstellung von Verfahren und dem sukzessiven Nachweis der zwischen ihnen bestehenden Ähnlichkeiten gewidmet. Nunmehr soll gezeigt werden, wie sich zuvor verfahrensspezifische Risikoinformationen — e. g. Schwankungen des Marktwertes oder des Zinsüberschusses — aus einem einheitlichen methodischen Rahmen gewinnen lassen. Dieser muß neben der Schließung eines frei wählbaren Planungshorizontes die explizite Variation des zeitlichen Bezuges der Messung erlauben. Da festgestellt wurde, daß Schwankungen des Marktwertes und der Rentabilität in einer substitutiven Beziehung zueinander stehen, müssen zur hinreichenden Beschreibung des Entscheidungsproblems sowohl die Schwankungen des Zinsüberschusses wie auch die zinsbedingte Entwicklung des außerordentlichen Ergebnisses erfaßt werden. Dies ist bei der im folgenden entwickelten Formel zur Schätzung des aus einem Finanztitel resultierenden ökonomischen Einkommens der Fall. Sie findet sich in der Literatur als Approximation der Wertpapiermarktlinie des Kapitalmarktmodells.[71].

Zur Erfassung aller rentabilitätsbestimmenden Einflußgrößen erfolgt eine Bezugnahme auf das ökonomische Einkommen der Periode $[0,T]$. Es ergibt sich aus der Summe der bis zum Zeitpunkt T kumulierten (positiven und negativen) Vermögensveränderungen.[72] Für Zinstitel sind dies im wesentlichen die folgenden drei Quellen:

---

71 Vgl. Bierwag (1987), S. 126 ff. Eine ähnliche Formulierung findet sich bei Bußmann (1988), S. 94.

72 Die Wahl dieser Bezugsgröße folgt dem Vorgehen von Bessler (1989), S. 276 ff. Diese Einkommensdefinition läßt das Realisationsprinzip unberücksichtigt. Es werden auch solche Wertsteigerungen des Vermögens erfaßt, die Aufholungen vorausgegangener Wertminderungen und unrealisierte Gewinne darstellen. Zur allgemeinen Problematik der Definition des Gewinns vgl. Dieter Schneider (1963), Bilanzgewinn und ökonomische Theorie, in: Zeitschrift für handelswissenschaftliche Forschung, N. F., 15.(1963), S. 457-474, S. 460 ff. Zur Diskussion der Verwendung des ökonomischen Gewinns als Steuerungsgröße vgl. Herbert Hax (1989), Investitionsrechnung und Periodenerfolgsmessung, in: Der Integrationsgedanke in der Betriebswirtschaftslehre, hrsgg. von Werner Delfmann, Wiesbaden 1989, S. 153-170, S. 163 ff.

1. Die zu einem Zeitpunkt $t \in [0,T]$ zufließenden Zahlungen Z_t,
2. Erträge und Verluste aus deren Wiederanlage und
3. zinsbedingte Wertänderungen des Vermögens.

Kann für die vom Zuflußzeitpunkt t bis T reichende Zeitspanne $T-t$ ein Wiederanlagesatz von i_{T-t} realisiert werden, so beträgt das aus einer in t erhaltenen (Zins- oder Tilgungs-)Zahlung Z_t in T verfügbare Endvermögen $Z_t\,(1+i_{T-t})^{T-t}$. Als Summe aller Anlage- und Wiederanlageerträge aus einer Zahlungsreihe ergibt sich der Endwert EW_T als

(34) $$EW_T = \sum_{i=1}^{T} Z_t\,(1+i_{t-t})^{T-t}$$

Der Wertzuwachs, der sich aus dem Vergleich des in T verfügbaren Endvermögens EW_T und dem Investitionsbetrag MW_0 ergibt, wird in der Literatur als Baldwin-Zinsfuß oder reale Rendite bezeichnet:[73]

(35) $$r = [EW_T / MW_0]^{1/T} - 1$$

Bei der Berechnung der aus einer Investition in einen Zinstitel realisierten Rendite ist nicht notwendigerweise von der Identität von der Fälligkeit F des Titels und dem Ende des Investitionszeitraumes, d. h. der Entnahme bzw. Desinvestition in T auszugehen. Vielmehr müssen auch die Fälle des Erwerbs von Titeln mit von T abweichender Fälligkeit berücksichtigt werden. Die Veräußerung eines in $F > T$ fälligen Titels erfolgt zum zukünftigen Marktwert MW_T. Dieser auf den Zeitpunkt T bezogene Zeitwert des Zahlungsstromes ergibt sich aus:

$$MW_T = \sum_{\tau=1}^{F} Z_\tau\,(1+i_{T-\tau})^{T-\tau}$$

---

[73] Robert H. Baldwin, How to Assess Investment Proposals, in: Harvard Business Review, 37.(1959).3, S. 98-104. Im Gegensatz zur Methode des internen Zinsfußes, bei der implizit eine Wiederanlage zu diesem Satz unterstellt wird, weist die Baldwin-Methode eine explizite Prämisse auf. Zur Darstellung und kritischen Würdigung vgl. Walther Busse von Colbe / Gert Laßmann (1989), Betriebswirtschaftstheorie, Band 3, Investitionstheorie, 3. Aufl., Berlin u. a. 1989, S. 118 ff. In der deutschen Literatur wird der Baldwin-Zinsfuß auch als „reale Rendite", — gelegentlich mit dem Zusatz „nach Mair" — bezeichnet. Zur Identität beider Größen vgl. Bangert (1987), S. 131. Im Gegensatz dazu verweisen manche Autoren auf Walter Mair (1971), Die reale Effektivverzinsung, in: Österreichisches Bankarchiv 19.(1971).10, S. 334-348 (vgl. z. B. Flesch et al. (1984), S. 360). Offenbar entwickelte Mair seinen Ansatz unabhängig von Baldwin (vgl. Mair (1971), S. 336 FN 2). Zur Identität des Baldwin-Zinsfußes und der „realen Effektivverzinsung nach Mair" vgl. auch Walter Mair (1979), Die Wirtschaftlichkeitsrechnung im Aktiv- und Passivgeschäft der Geldinstitute, in: Zeitschrift für betriebswirtschaftliche Forschung 31.(1979).5, S. 352-379.

Alle Alle bis zum Entnahmezeitpunkt T anfallenden Zahlungen werden auf diesen aufgezinst. Zahlungen, die zwischen der Entnahme und der Fälligkeit in F anfallen und vertraglich vereinbart (z. B. Kuponzahlungen) oder auch nur erwartbar sind (z. B. Zinszahlungen aus variabel verzinslichen Anleihen), werden als Bestimmungsgrößen des zukünftigen Marktwertes auf T diskontiert. Die aus Zinszahlungen, Wiederanlageerträgen und eingetretener Martwertentwicklung entstehende durchschnittliche Rendite r als Vermögenszuwachs im Planungszeitraum $[t_0, T]$ bestimmt sich aus:

(37) $$r = \left[\frac{MW_T}{MW_0}\right]^{\frac{1}{T}} - 1$$

Die Problematik der Berechnung des Wertzuwachses ex ante besteht in der Notwendigkeit, die Wiederanlagesätze explizit schätzen zu müssen. Hierzu kann z. B. auf Daten der Terminmärkte oder aus der herrschenden Zinsstruktur ableitbare Daten zurückgegriffen werden.[74]

Aus Gründen der leichteren Handhabbarkeit wird der Kalkül in seiner Komplexität soweit reduziert, daß sich die für einen unmittelbaren Vergleich der Ansätze von Zinsänderungseffekten gewünschte Plastizität einstellt, ohne daß dies zu einer Einschränkung der Allgemeingültigkeit führt. Eine erhebliche Vereinfachung des Rechenaufwandes ergibt sich durch die Annahme einer flachen Zinsstrukturkurve, d. h. eines für alle (Rest-)Laufzeiten einheitlichen Marktzinssatzes. Es wird weiterhin angenommen, eine Zinsänderung trete unmittelbar nach Durchführung einer Investition ein. Schließlich beschränkt sich die Analyse auf eine lineare Abschätzung. Auf der Basis dieser drei Annahmen läßt sich ein für den angestrebten Zweck besonders handliches Maß für die Ermittlung des ökonomischen Einkommens gewinnen, das zudem den Vorzug einer noch gegebenen Nachvollziehbarkeit der verwendeten Methodik genießt.

6.6.2. Lineare Approximation der realisierten Rendite

Eine einfache Abschätzung der unter Einbeziehung von Wertänderungen und Wiederanlageerträgen realisierten „zusammengesetzten" Rendite r erlaubt die in der Literatur auf Babcock zurückgeführte Formel, die im folgenden entwickelt wird.[75] Sie liefert eine Schätzung des Baldwin-Zinsfußes einer in t_0 bei einem

74 Vgl. z. B. den Vorschlag zur Ermittlung der marktzinsbezogenen Teilzinsspanne bei Rudolph (1988), S. 188 ff.

75 Vgl. zum folgenden Guilford C. Babcock (1984), Duration as a link between yield and value, in: The Journal of Portfolio Management, o. J. (1984).Summer, S. 58-65. Der Ansatz ist lt. Babcock (1984) zurückzuführen auf ders. (1965), Growth to Future Value as a Measure of Investment Worth, doc. diss. (UCLA), Los Angeles 1965.

Zinsniveau von i zu $MW_0(i)$ erworbenen Zahlungsreihe. Unter der Annahme einer flachen Zinsstrukturkurve und einer zeitlich unmittelbar nach t_0 auftretenden Zinsänderung auf i' läßt sich unter Heranziehung des sich für diesen Zinssatz ergebenden Marktwertes $MW_0(i')$ aus

$$r = \left[\frac{(1+i')^T \, MW_0(i')}{MW_0(i)} \right]^{\frac{1}{T}} - 1 \tag{38}$$

(durch eine Taylor-Entwicklung und einige Umformungen) folgende Approximation für die im Zeitraum $[t_0, T]$ realisierte Rendite ableiten:[76]

$$r = \left(\frac{D}{T}\right) i + \left(1 - \frac{D}{T}\right) i' + \varepsilon \tag{39}$$

mit:

r: realisierte Rendite (Baldwin-Zinsfuß)
D: Duration des Zahlungsstromes im Investitionszeitpunkt
T: Planungshorizont
i: Rendite bei Anlage in t_0
i': in $t > 0$ gültiger (neuer) Zinssatz (= Wiederanlagesatz)
ε: Schätzfehler

Die Formel unterstellt folgenden Investitionsverlauf: In t_0 wird einmalig ein Betrag in Höhe des Marktwertes der Zahlungsreihe $MW_0(i)$ investiert und im Zeitpunkt T (dem Ende der Planungsperiode) zuzüglich Zins und Zinseszins wieder entnommen. Die realisierte Rendite bestimmt sich folglich aus der Höhe der erfolgten Zinszahlungen, den aus deren Wiederanlage erzielten Erträgen sowie den bei Veräußerung im (angenommenen) Liquidationszeitpunkt entstehenden Kursgewinnen bzw. -verlusten.

Die grundsätzliche Plausibilität der in dieser Formel unterstellten Zusammenhänge läßt sich für Zinstitel anhand der folgenden Erwägungen überprüfen:

— Der Erwerb einer Nullkupon-Anleihe mit Fälligkeit in T führt wegen $D = T$ zur Realisation von i. Wiederanlageprobleme entstehen bei solchen Titeln nicht.

— Der Erwerb einer Kupon-Anleihe mit einer Rendite i bei Erwerb und einer Fälligkeit in T führt wegen $D < T$ zur Wiederanlage von Kuponzahlungen bis zum Entnahmezeitpunkt T. Im Falle einer flachen Zinsstrukturkurve wird bei einem unveränderten Marktsatz ($i = i'$) wiederum gerade i realisiert, wes-

[76] Der approximative Charakter der Gleichung wird anhand der mathematischen Herleitung der Formel unmittelbar deutlich. Vgl. hierzu Anhang 1.
Der Fehlerterm ε wird im folgenden vernachlässigt. Eine numerische Fehlerschätzung für einige repräsentative Finanztitel findet sich im achten Abschnitt.

halb sich also der interne Zinsfuß der Zahlungsreihe, der Kuponsatz und der Marktsatz entsprechen.

— Die bei einer Anlage in einen idealisierten floater realisierbare Rendite wird wegen $D = 0$ ausschließlich durch den zukünftigen Marktzinssatz i' determiniert.

Für Zerobonds und idealisierte floater ergeben sich bei Anwendung dieses Schätzansatzes auf die gesamte Laufzeit unter den getroffenen Annahmen die exakten Werte für die Wertentwicklung. Bei anders ausgestatteten Titeln fällt dagegen ins Gewicht, daß es sich um eine lineare Abschätzung eines nichtlinearen Zusammenhanges handelt.[77]

Eine noch leichtere Interpretation des Zusammenhanges zwischen Anlagerendite und durchschnittlicher Wiederanlagerendite läßt sich durch eine Umformung der Gleichung erzielen:[78]

(40) $$r = i + \left(1 - \frac{D}{T}\right)(i' - i) = i + \left(1 - \frac{D}{T}\right)(\Delta i)$$

In dieser Form läßt sich die realisierbare Rendite als Funktion des ursprünglichen Anlagezinssatzes i sowie der im Anlagezeitraum durchschnittlich wirksam werdenden Zinsänderung Δi ableiten. Die Plausibilität läßt sich wiederum anhand der verschiedenen Ausgestaltungsmöglichkeiten von Zinstiteln prüfen.

Aus der vorausgegangenen Gleichung kann unmittelbar die Varianz der aus einer Festzinsanlage mit einer Duration von D im Zeitraum T realisierten Rendite als Funktion der Varianz des zukünftigen Marktzinssatzes ermittelt werden. Es gilt:[79]

(41) $$\sigma_r^2 = \left(1 - \frac{D}{T}\right)^2 \sigma_{i'}^2$$

---

77 Lediglich in wenigen Ausnahmefällen ergeben sich Überschätzungen der tatsächlich realisierten Rendite. Wie noch zu zeigen sein wird, nimmt der Fehler mit der Länge des unterstellten Planungshorizontes ab sowie mit dem Ausmaß der Zinsveränderung und der Duration des zu bewertenden Titels zu. Vgl. auch die entsprechenden Abschätzungen bei Bierwag (1987), S. 128 ff.

78 Vgl. Babcock (1984), S. 60.

79 Diese einfache Varianzbestimmung wird dadurch ermöglicht, daß für Anlagesatz eine Varianz von 0 unterstellt werden kann. Dies ist zulässig, weil der Zinssatz i_0 für den D/T-ten Teil des Beobachtungszeitraumes festgeschrieben wird. Dem stünde auch die Existenz eines bestimmten Zinsprozesses im Zeitverlauf nicht entgegen, da die Korrelation von Anlage- und Wiederanlagezins je nach Blickwinkel asymmetrisch ist: Während der Anlagezins als Marktsatz der Vergangenheit den zukünftigen Zinssatz mitbestimmen kann ($cov(i', z(i)) \neq 0$) bleibt er ungeachtet aller tatsächlich auftretenden zukünftiger Zinsänderungen für den Zeitraum seiner Festschreibung invariant und somit zu i' unkorreliert ($cov(z(i), i') = 0$.

Alternativ können auch separate Varianzen für die Anlage- und die Wiederanlageverzinsung erhoben werden. Dann bestimmt sich die Varianz der realisierten Rendite aus den Varianzen von Anlage- und Wiederanlagezins sowie der Korrelation zwischen beiden Determinanten der Gesamtverzinsung. Ist der Anlagezins z eine Funktion $z = z(i')$ in Abhängigkeit von der zukünftigen Entwicklung des durch i' beschriebenen Marktzinsniveaus (das ja unmittelbar auch die realisierbare Wiederanlagerendite bestimmt), gilt:

$$\sigma_r^2 = \left(\frac{D}{T}\right)^2 \sigma_{z(i')}^2 + 2\left(\frac{D}{T}\right)\left(1 - \frac{D}{T}\right) cov\,(z(i'), i') + \left(1 - \frac{D}{T}\right)^2 \sigma_{i'}^2 \tag{42}$$

Für den Fall einer positiven Korrelation von + 1 ergibt sich für die Standardabweichung der realisierten Rendite

$$\sigma_r = \frac{D}{T}\,\sigma_{z(i')} + \left(1 - \frac{D}{T}\right)\sigma_{i'} \tag{43}$$

Bei einer vom ursprünglichen Zinsniveau i bestimmten Zinsfestschreibung weist der Anlagezinssatz eine Varianz von Null auf. M. a. W. sind Anlagezins und zukünftiger Marktzins unkorreliert ($cov(z(i'), i') = 0$).

6.6.3. Variation des Zeitbezuges und Risikogehalt von Finanztiteln

Auf der Grundlage der oben entwickelten Approximation für die Entwicklung des ökonomischen Einkommens in Abhängigkeit von Zinsänderungen lassen sich die gemeinsamen und trennenden Charakteristika der Verfahren zur Analyse von Zinsänderungsrisiken leicht zeigen. Unter der Annahme, daß aufgrund einer Zinsfestschreibung keine Varianz der Kondition berücksichtigt werden muß, ist allein die zukünftige Marktzinsentwicklung für den Risikogehalt einer Zahlungsreihe ausschlaggebend.

Als unterscheidendes Kriterium für Verfahren der Risikoanalyse wird der zugrundeliegende Zeithorizont identifiziert. Die Prüfung einer jederzeitigen Einhaltung der *Solvenzbedingung* verlangt nach einer sehr kurzfristigen Perspektive mit einem gegen null tendierenden Planungshorizont ($T \rightarrow 0$). Durch die Bedeutung unmittelbar wirksam werdender Wertschwankungen sind solche Positionen risikoneutral, bei denen zinsbedingte Marktwertänderungen durch eine entsprechende Schwankungsbreite des Anlagezinssatzes kompensiert werden. Aufgrund seines stets konstanten Marktwertes müßte ein floater im Sinne eines kurzfristigen Zeithorizontes also als risikolos angesehen werden.

Für variabel verzinsliche Titel, mit in einer kleinen Umgebung von 0 liegenden Durationswerten[80] (z. B. Tagesgeld) zeigt sich, daß die Streuung der realisierten Rendite für sehr kurze Beobachtungszeiträume (z. B. einen Tag) gegen 0 konvergiert. Für eine Verlagerung des Zeithorizontes in Richtung der Duration[81] gilt nämlich:

$$(44) \qquad \lim_{T \to D} \sigma_r^2 = \left(1 - \frac{D}{D}\right)^2 \sigma_i^2 = 0$$

Dagegen gilt für eine auf die zukünftige Wertentwicklung des Vermögens bezogene Analyse, daß die Varianz der realisierten Rendite desselben Titels der des Marktes entspricht:

$$(45) \qquad \textit{Wegen} \quad \lim_{T \to \infty} \frac{D}{T} = 0 \qquad \textit{gilt:} \quad \lim_{T \to \infty} \sigma_r^2 = \sigma_i^2$$

Folglich verändert sich auch die Bewertung des Risikogehaltes von Zahlungsströmen je nachdem, ob sie aus der Sicht der augenblicklichen Solvenz oder aber der Vermögensposition in einem zukünftigen Zeitpunkt, z. B. zur Ermittlung der bis dahin erzielten Rentabilität erfolgt. Und hieraus ergibt sich ein grundsätzliches Dilemma, da sich solvenz- und rentabilitätssichernde Strategien diametral gegenüberstehen. Einen Ausweg bietet allein die Risikosteuerung an einem Zeithorizont auszurichten und dabei Nebenbedingungen für andere Zeitbezüge bindend zu beachten.

Rentabilitätsorientierte Ansätze gehen im Gegensatz dazu von einer periodenbezogenen Betrachtung aus. Zinsbedingte Wertänderungen bleiben zumeist völlig unberücksichtigt. Formal entspricht dies dem Einsetzen von $T = 1$ zur Ermittlung der zinsinduzierten Veränderung des Ergebnisses der unmittelbar folgenden Periode. Vielfach findet sich die Annahme, nur solche Positionen in die Analyse einzubeziehen, deren Zinsbindungsfrist *ZBF* innerhalb des Planungszeitraums endet.[82] Für $T = 1$ folgt somit:[83]

---

80 Ein Durationswert von null würde die Existenz einer zeitstetigen Preisermittlung und -anpassung voraussetzen. Sofern zwischen zwei Zeitpunkten der Preisfeststellung Zeit vergeht, handelt es sich um einen diskreten Prozeß, innerhalb dessen sich eine betragsmäßig von null verschiedene Duration ergibt.

81 Strenggenommen beinhaltet dieses Vorgehen, die zeitstetige Bedingung „jederzeitiger Solvenz" in eine diskrete zu übersetzen. Es wäre wohl auch kaum realistisch anzunehmen, ein Unternehmen prüfe permanent, ob der Überschuldungstatbestand eintritt.

82 Ein solches, auf den Zinsüberschuß der Planungsperiode gerichtetes Vorgehen wird bei Bessler (1989), S. 260 ff. untersucht.

83 Zu den Bedingungen, unter denen die Duration variabel verzinslicher Titel mit der Rest-Zinsbindungsfrist übereinstimmt, vgl. Finnerty (1989), S. 69 ff.

(46) $$\sigma_r^2 = \left(1 - \frac{ZBF}{T}\right)^2 \sigma_{i'}^2 \qquad \forall ZBF \leq T$$

und

(47) $$\sigma_r^2 = 0 \qquad \forall ZBF > T$$

Die Schwankung des Ergebnisses zukünftiger Perioden ergibt sich also durch Einsetzen der dann geltenden Restbindungsdauern für D. Dieses Vorgehen ist unmittelbar mit der gap-analysis vergleichbar.

Verfahren, die eine Schließung des Zeithorizontes anstreben, liegt implizit die Annahme zugrunde, der Planungszeitraum entspräche der längsten im Portefeuille enthaltenen Laufzeit. Dies läßt sich näherungsweise als Identität von Planungshorizont und dem höchsten Durationswert $D^{\max}$ der im Bestand befindlichen Zahlungsströme auffassen. Für $T = D^{\max}$ sind all jene Positionen als Verursacher von Zinsänderungsrisiken zu identifizieren, die kleinere Durationsziffern als $D^{\max}$ aufweisen. Der Umfang, in dem ein Geschäft risikoverursachend wirkt, nimmt mit abnehmendem D zu und mit Annäherung an den Maximalwert ab, was durch eine entsprechende Variation der Duration des Titels bei festgelegtem Planungshorizont $T = D^{\max}$ verdeutlicht werden kann.

(48) $$\lim_{D \to 0} \sigma_r^2 = \left(1 - \frac{D}{D^{\max}}\right)^2 \sigma^2 = \sigma^2$$

(49) $$\lim_{D \to D^{\max}} \sigma_r^2 = \left(1 - \frac{D}{D^{\max}}\right)^2 \sigma_{i'}^2 = 0$$

Auch die letzte Klasse von Instrumenten läßt sich in dieser Art und Weise formal untersuchen. *Simulationsmodelle* nehmen eine explizite Veränderung des Zeithorizontes vor, indem sie hypothetische Markt- und Unternehmensentwicklungen im Zeitverlauf analysieren. Somit enthalten diese Modelle all jene Überlegungen, die in anderen isoliert untersucht werden. Insofern können durch (stetige oder diskrete) Variation des Zeithorizontes die durch Durations charakterisierten alternativen Geschäftsstrukturen und Zinsszenarien auftretenden Entwicklungspfade der Vermögensveränderung untersucht werden. Die einzelnen Periodenergebnisse lassen sich rekursiv, z. B. aus den bis $T-1$ und T prognostizierten Renditen ableiten. Ergibt sich für den Zeitraum $[0,T]$ eine realisierte Rendite von $r_{[0,T]}$ und für $[0,T-1]$ eine solche von $r_{[0,T-1]}$ gilt für den in Zeit zwischen $T-1$ und T eintretenden Vermögenszuwachs $r_{[T-1,T]}$:

(50)
$$r_{[T-1,T]} = \frac{(1 + r_{[0,T]})^T}{(1 + r_{[0,T-1]})^{T-1}} - 1$$

Alle in der Literatur zur Messung und Steuerung von Zinsänderungsrisiken untersuchten Problembezüge lassen sich somit durch Veränderungen des Zeithorizontes aus dem gleichen funktionalen Zusammenhang zwischen Schwankungen des Marktzinssatzes und der Duration von Zahlungsströmen ableiten. Vor einer weiteren Untersuchung dieses Ansatzes im Hinblick auf eine nutzbringende praktische Anwendung im Rahmen der Messung und Steuerung von Zinsänderungsrisiken lassen sich einige Folgerungen zusammenfassen.

6.7. Befund zum Stand der Literatur zu bankbetrieblichen Zinsänderungsrisiken

Ein flüchtiger Literaturüberblick führt aufgrund der Fülle einschlägiger Untersuchungen leicht zu dem Urteil, eine abschließende Lösung müsse längst gefunden oder aber zumindest näherungsweise erreicht sein. Daß dies nicht der Fall ist, beruht auf einem „methodologischen" Problem: Die überwiegende Zahl von Untersuchungen widmet sich nahezu ausschließlich den „technischen" Eigenschaften von Modellen zur Abbildung der Auswirkungen veränderter Marktzinssätze. Verschlossen blieb dagegen die Problematik der eigentlichen Problemdefinition. „Man kann zwar auch dann, wenn man Entscheidungsfelder einfach nur als *Voraussetzung* einer Modellkonstruktion behandelt, praktische Entscheidungshilfe leisten. Wenn man dabei nicht Gefahr laufen will, das ‚falsche' Problem richtig zu lösen, muß man Entscheidungsfelder jedoch auch als *Gegenstand* der Problemdefinition problematisieren."[84]

Die Literatur zur Analyse bankbetrieblicher Zinsänderungsrisiken ist gerade durch den Umstand gekennzeichnet, daß die Bedeutung der Problemformulierung für methodische Fragen weitgehend unberücksichtigt geblieben ist. Nur so wird erklärlich, daß zwei für die Formulierung analytischer Werkzeuge wesentliche Aspekte im Schrifttum — wenn überhaupt — nur eine äußerst untergeordnete Rolle spielen. Es sind dies Fragen des zeitlichen Bezuges der untersuchten Modelle einerseits und Überlegungen zur Komplexitätsgestaltung andererseits.[85] Unter Heranziehung solcher Erwägungen wird unmittelbar deutlich, daß es sich bei mancher Gegenüberstellung scheinbar substitutiver Verfahrensweisen tatsächlich

---

84 Wolf-Rüdiger Bretzke (1980), Der Problembezug von Entscheidungsmodellen, Tübingen 1980, S. 106 [Hervorhebungen im Original].

85 Zur Bedeutung von Überlegungen zur Reduktion der Komplexität von Kalkülen vgl. Michael Bitz (1977), Strukturierung ökonomischer Entscheidungsmodelle, Wiesbaden 1977, S. 399 ff. und Bretzke (1980), S. 106 ff. Besonders plastisch werden diese Überlegungen bei der Anwendung auf Fragen der Unternehmensbewertung bei Wolfgang Ballwieser (1990), Unternehmensbewertung und Komplexitätsreduktion, 3., überarb. Aufl., Wiesbaden 1990, S. 12 ff. und 167 ff.

um aufgrund ihrer abweichenden Zeitbezüge komplementäre Analyseschritte handelt.[86]

Gegenüber dem in anderen Untersuchungen vorherrschenden Eindruck, es handele sich um substitutive Verfahren, legt die Berücksichtigung des Bezugszeitpunktes den komplementären Charakter offen.[87] Auch in der bankaufsichtlichen Praxis ist eine Tendenz einer parallelen Prüfung von Rentabilitäts- und Solvenzeffekten zu beobachten.[88]

6.8. Folgerungen aus der vergleichenden Verfahrensanalyse

6.8.1. Implikationen der Wahl eines zeitlichen Bezuges für die Risikosteuerung und -messung

Aus der vorausgegangenen Formalanalyse lassen sich unmittelbar die Konsequenzen ablesen, die aus der Beurteilung der in Teilabschnitten des gesamten Anlagezeitraumes realisierten Renditen resultieren. In der unternehmerischen Praxis sind nebeneinander verschiedene Zeitbezüge zu berücksichtigen. Die Widersprüchlichkeit einer ausschließlich an einem einzigen Zeitbezug ausgerichteten Steuerung kann anhand des entwickelten Schätzansatzes für die realisierte Rendite verdeutlicht werden, wenn der geplante Anlagezeitraum einer gegebenen Zahlungsreihe variiert wird. Als Schätzung für die Streuung des nach T Jahren realisierten Wertzuwachses einer Anlage mit der Duration D gilt:

---

[86] Nur unter völligem Beiseitesetzen des Problembezuges und damit der Intention des jeweiligen Modells wird es erklärlich, Ansätze zur Messung von Zinsänderungsrisiken in „bilanzorientierte" und „algebraische" Ansätze zu gliedern, wobei sich in beiden Kategorien sowohl solvenz- als auch rentabilitätsbezogene Ansätze wiederfinden. Vgl. Kugler (1985), S. 210 sowie mit Bezug auf diesen jüngst Johann Strobl (1990), Die Steuerung des Zinsänderungsrisikos von Banken mittels eines Simulationsmodells, in: Österreichisches Forschungsinstitut für Sparkassenwesen (Hrsg.), Schriftenreihe Heft 4 / 1990, Zinsänderungsrisiko in Kreditinstituten, Wien 1990,S. 7-42, S. 22. Die Sichtweise Kuglers legt allerdings nahe, daß diese Systematisierung eher Erwägungen hinsichtlich der Komplexität der Verfahren motivierten. Vgl. Kugler (1985), S. 211 ff.

[87] Die Komplementarität der Analyse von offenen Positionen (gaps) und Marktwertelastizitäten (durations) betonen besonders Dale A. Arahood (1985), The Art of Asset-Liability Management. Is it Gap or Duration?, in: The Magazine of Bank Administration o. J. (1985).9, S. 54-60, S. 60 sowie Martin Spillmann (1990), Führungsinstrumente im Zinsengeschäft der Banken, Stuttgart / Bern 1990, S. 262.

[88] Zur aktuellen Diskussion von Meßverfahren im Kontext bankaufsichtlicher Gesichtspunkte vgl. BIZ, Ausschuß für Bankenbestimmungen und -überwachung, Unterausschuß für das Zinsänderungsrisiko, Analytisches Papier über das Zinsänderungsrisiko der Banken, Basel, 12. September 1988 sowie dies., Das Zinsänderungsrisiko der Banken. Praktische Meßmethoden, Basel, 22. Februar 1989, S. 13. Die Aussagefähigkeit einer Marktbewertung von Kreditinstituten gegenüber der herkömmlichen Bilanzierungspraxis wird aufgrund entsprechender Tendenzen in der Praxis der Bankenaufsicht gegenwärtig in den USA diskutiert. Vgl. o. V., Why market value accounting isn't for banks, in: ABA Banking Journal, LXXXII (1990) 10, S. 136 / 136b.

(51) $$\sigma_r = \left(1 - \frac{D}{T}\right) \sigma_{i'}$$

Bei einer auf den halben Anlagezeitraum — also $T/2$ — bezogenen Risikobeurteilung ergibt sich dagegen folgendes Bild:

(52) $$\sigma_r = \left(1 - \frac{D}{\frac{T}{2}}\right) \sigma_{i'} = \left(1 - \frac{2D}{T}\right) \sigma_{i'}$$

Eine periodenbezogene Risikovermeidung, der durch die Beseitigung der Varianz der realisierten Rendite zum Ende der ersten Periode Rechnung getragen würde, beinhaltet zwingend ein höheres Risiko in der Folgezeit. (51) läßt sich äquivalent schreiben als

(53) $$\sigma_r = \left(1 - \frac{2D}{T}\right) \sigma_{i'} + \frac{D}{T} \sigma_{i'}$$

woraus in Verbindung mit folgt, daß eine Beseitigung der möglichen Schwankung in der ersten Teilperiode zu einer Erhöhung der Varianz in der zweiten Teilperiode führen *muß*. Für eine zweijährige Investition in eine Nullkupon-Anleihe bedeutet dies z. B., daß die Beurteilung ihres Risikogehaltes aus der Sicht einer Einzelperiode zu einem Risikoausweis führt, obwohl der Zahlungsstrom ein sicheres Endvermögen aufweist. Eine vollständige Risikovermeidung in der ersten Teilperiode würde dagegen den Erwerb eines Titels mit lediglich einjähriger Laufzeit angezeigt erscheinen lassen. Dann besteht allerdings Unsicherheit über den Wiederanlagesatz für die Folgezeit.

Eine konsequente Weiterverfolgung der vorausgegangenen Argumentation führt zu bedeutsamen Implikationen für das Management von Zinsrisiken: Ist der Unternehmenszweck auf unbestimmte Zeit ausgelegt, entspricht dies der Aussage, daß die geplante Lebensdauer L des Unternehmens stets über den Planungshorizont T hinausreicht. Für die Standardabweichung des ökonomischen Einkommens gilt dann:

(54) $$\sigma_r = \left(1 - \frac{D}{L}\right) \sigma_{i'} = \left(1 - \frac{D}{T}\right) \sigma_{i'} + \frac{D(L-T)}{TL} \sigma_{i'}$$

Bei gegebener Streuung des Marktzinsniveaus zeigt sich also, daß Maßnahmen, die sich auf eine Beseitigung von Rentabilitätsrisiken im Zeitraum bis T richten, die in der Folgezeit auftretenden Risiken zwingend erhöhen, da Wiederanlageprobleme völlig vernachlässigt werden. Je kürzer der berücksichtigte Planungszeitraum T wird, desto höhere Varianzen werden zukünftig wirksam.

Durch die Ausrichtung der Risikosteuerung an einem kurzfristigen Planungszeitraum und insbesondere die Vorgabe einer Risikovermeidung innerhalb dieser Zeitspanne wird die Streuung des ökonomischen Einkommens gewissermaßen „extraperiodisiert".

Diese Problematik divergenter Zeithorizonte in dezentralen Organisationsstrukturen wird regelmäßig als Einwand gegenüber einer auf profit centers aufgebauten dezentralen Steuerung aufgeführt.[89] Mit der expliziten Ableitung dieses Effektes wird nicht nur ein Beweis für seine Existenz geführt. Er wird sogar unmittelbar operationalisiert. Bei einer Vorgabe kurzfristiger Risikoziele an die Filial- bzw. Teilbereichsebenen ergeben sich die zur Sicherung langfristiger Unternehmensziele erforderlichen Maßnahmen direkt aus dem Meßansatz.

6.8.2. Implikationen für die Weiterentwicklung der Marktzinsmethode

Neben grundsätzlichen Einsichten in die bei der Risikomessung bestehenden zeitlichen Relativitäten resultiert aus dem vorausgegangenen Abschnitt unmittelbar die Beantwortung der immer wieder andiskutierten Frage nach der Relevanz von Zins- oder Kapitalbindung für die Ermittlung von Bewertungssätzen im Rahmen der Marktzinsmethode. Vor dem Hintergrund der vorausgegangenen Erwägungen muß die Antwort lauten, daß keines der beiden Charakteristika für die Beurteilung der Vorteilhaftigkeit und des Risikogehaltes von Zahlungsströmen verzichtbar ist. Beider Kenntnis ist zwar notwendig, allerdings nicht hinreichend. Es bedarf stets auch einer zusätzlichen Angabe darüber, mit welcher zeitlichen Relativierung beurteilt werden soll. Und dies ist ein wesentliches Defizit der Marktzinssteuerung auf ihrem gegenwärtigen Stand. Es besteht in der fehlenden Berücksichtigung der Konsequenzen von Entscheidungen im Zeitverlauf. Die bislang vorgeschlagenen Kalküle bilden kein methodisches Fundament, um unsichere Erwartungen über zukünftige Geschäftsmöglichkeiten und Zinssätze zu berücksichtigen.[90]

Auszunehmen von dieser Fundamentalkritik ist der Teil der Vorschläge, der die zukünftige Zinsentwicklung und / oder den Geschäftsverlauf explizit berücksichtigt. Für den Bereich der unsicheren Zinssätze können die Probleme prinzipiell auch durch die Verwendung realer Renditen behoben werden, sie erlauben jedoch nicht ähnlich einfache und darüber hinaus noch explizite zeitliche Relativierung wie der zuvor entwickelte Kalkül.

---

[89] Vgl. z. B. Wulff Plinke (1975), Kapitalsteuerung in Filialbanken, Wiesbaden 1975, S. 140 und Thomas Knapp (1989), Controlling: Akzeptanz, Effizienz und Dezentralisierung, in: Die Bank, o. J. (1989).12, S. 679-682, S. 682. Zum Problem divergierender Zeithorizonte vgl. auch Otto H. Poensgen (1973), Geschäftsbereichsorganisation, Opladen 1973, S. 398 ff.

[90] Zu diesem Kritikpunkt an der in der Literatur zur Marktzinsmethode vorherrschenden Anwendung der Investitionsrechnung unter Sicherheit vgl. Rudolph (1988), S. 196.

7. Das CAPM als Grundlage zur Bewertung von Bankgeschäften unter Unsicherheit über die Zinsentwicklung

7.1. Grundüberlegungen zur Anwendbarkeit

Wegen der naheliegenden Analogie zwischen dem (risikoaversen) Verhalten von Kapitalanlegern und Investoren ist bereits mehrfach vorgeschlagen worden, das CAPM zur Beurteilung von Investitionen unter Unsicherheit anzuwenden. Aus diesem Modell läßt sich ein Kalkulationszinsfuß als Vorteilhaftigkeitskriterium für hinsichtlich Ertrag und Risiko heterogene Sach- und Finanzanlagen gewinnen.[1] Sofern Investoren die Kalkulationszinssätze als von Investitionsentscheidungen unabhängige Marktdaten betrachten und der Kapitalmarkt als vollkommen angesehen werden kann, läßt sich zeigen, daß das CAPM einen geeigneten Beurteilungsmaßstab für Investitionskalküle darstellt.[2] Die genannten Annahmen sind gerade diejenigen, aus denen die Anwendbarkeit der Marktzinsmethode für die Erfolgssteuerung bei Kreditinstituten abgeleitet wird.[3] Es erhebt sich deshalb die Frage, ob das Modell auch geeignet ist, die Vorteilhaftigkeit abweichender Zinsbindungsmodalitäten bei Bankgeschäften zu bewerten.

Solche Überlegungen sind in der deutschen Literatur nicht neu. So findet sich ein entsprechender Vorschlag bereits bei Göppl (1983).[4] Dieser zeigt, wie sich die Nettoposition des Eigenkapitals hinsichtlich der von einer Bank übernommenen Zinsänderungsrisiken aus dem Saldo der aktivischen und passivischen Zinssensitivitäten aus einer „Risikobilanz" gewinnen läßt.[5] Wegen der mit der Studie verfolgten Zielsetzung — einer empirischen Prüfung des Zusammenhanges zwischen den übernommenen Zinsrisiken und der Börsenbewertung von Aktienbanken — prüft sie weitergehende betriebswirtschaftliche Anwendungen nicht.

---

1 Vgl. z. B. Rudolph (1979), Lutz Kruschwitz / Rainer Schöbel (1987), Die Beurteilung riskanter Investitionen und das Capital Asset Pricing Model (CAPM), in: WiSt Wirtschaftswissenschaftliches Studium, 16.(1987).2, S. 67-72 und Franke / Hax (1988), S. 282 ff.

2 Vgl. Rudolph (1979), S. 1047.

3 Vgl. Schierenbeck (1987), S. 102 ff. sowie Banken (1987), S. 162 ff.

4 Hermann Göppl (1981), Banken und Versicherungen als Finanzmittler, in: Hermann Göppl / Rudolf Henn (Hrsg.), Geld, Banken und Versicherungen, Königstein / Ts. 1981, S. 655-671, S. 661 ff.; ders. (1983), Finanzintermediation und Bankaktienbewertung — Konzept und empirische Überprüfung —, in: Zeitschrift für Betriebswirtschaft, 53.(1983).7, S. 610-631.

5 Vgl. Göppl (1983), S. 612.

Da sich die Beta-Faktoren unter der Annahme eines linearen Zusammenhanges zwischen Positions- und Marktzinssätzen in Elastizitäten überführen lassen[6], führt eine Anwendung des CAPM zu Ergebnissen, die denen einer „Elastizitätsbilanz" zu entsprechen scheinen.[7] Insofern wird im ersten Schritt mehr eine theoretische Fundierung der eher pragmatisch formulierten Vorschläge von Rolfes denn ein über methodische Möglichkeiten der Erhebung von Zinssensitivitäten hinausreichender Erkenntnisfortschritt erwartbar. Dieser könnte allenfalls darin gesehen werden, den Vorschlag einer Elastizitätsanalyse von Zinsrisiken als in seiner Komplexität reduzierte Erscheinungsform eines theoretischen Modells neu einordnen und werten zu können.

Weitergehende und für praktische Probleme weitaus bedeutsamere Implikationen ergeben sich allerdings aus einem im einschlägigen Schrifttum wenig beachteten Zusammenhang, der zwischen Elastizitäts- und Durationskalkülen besteht:

— Beschreibt die Elastizität z. B. die Veränderlichkeit der periodischen Zinszahlungen aus einem Zahlungsstrom, so ist sie unmittelbar eine Determinante der Duration der gesamten Zahlungsreihe.[8] Für bestimmte Titel wird dieser Zusammenhang unmittelbar deutlich:

  — Variabel verzinsliche Titel mit einer Duration von null weisen eine Elastizität von 1 auf.

  — Nullkuponanleihen weisen eine Elastizität von null auf, so daß die Duration der Restlaufzeit entspricht.

— Bezieht sich die Elastizitätskennziffer auf die Veränderlichkeit der aus Anlage, Wiederanlage und Wertänderung zusammengesetzten effektiven Rendite, so besteht eine substitutive Beziehung zwischen beiden Maßgrößen, da die Auswirkung von Marktzinsänderungen alternativ mit Elastizitäten oder Durations abgeschätzt werden können.[9]

---

6 Vgl. Abschnitt 6.3.4. dieser Arbeit.

7 Zum Vorschlag von Elastizitätsbilanzen als Mittel zur Analyse und Steuerung von Zinsänderungsrisiken vgl. Klaus Bellmann / Jürgen Brinkmann / Udo Napp / Bernd Rolfes (1988), Zinsänderungsrisiken — Messung und Bewertung —, in: Bankinformation, 15.(1988).11, S: 58-61, Bernd Rolfes / Klaus Bellmann / Udo Napp (1988), Darstellung und Beurteilung von Zinsänderungsrisiken, in: bank und markt, 17.(1988).12, S. 12-16 und Bernd Rolfes (1989), Risikosteuerung mit Zinselastizitäten, in: Zeitschrift für das gesamte Kreditwesen, 42.(1989).5, S. 196-201.

8 Zu den mathematischen Zusammenhängen vgl. Anhang 2.

9 Da sich der Erfolg einer Anlage in Zinstiteln über einen bestimmten Zeitraum ohne zwischenzeitlichen Entnahmen aus den Zinszahlungen, deren Wiederanlage und gegebenenfalls zu realisierenden Preisänderungen zusammensetzt, umfassen beide Maßgrößen bei einem Bezug auf die Effektivrendite die auftretenden kompensatorischen Effekte. Für eine ausführliche Darstellung unter Einbeziehung weiterer Risiken s. Helmut Uhlir / Peter Steiner (1983), Analyse anleihespezifischer Risiken, in: Zeitschrift für Betriebswirtschaft, 53.(1983).7, S. 632-657.

7.2. Der Bewertungsansatz

Unter der Annahme, die Rendite sei allein durch Marktzinsänderungen bestimmt (m. a. W. kein weiteres Risiko besteht), ergibt sich aus dem CAPM folgende Bewertung eines Titels bei einer unterstellten Anlagedauer von einer Periode:[10]

$$E(z) = z(i_0) + \frac{cov\,(z, i')}{\sigma_{i'}^2}\,(E\,(i') - i_0) \tag{55}$$

d. h. die erwartete Verzinsung eines Zahlungsstrom bestimmt sich unter Abstrahierung von weiteren Einflußgrößen (z. B. Bonitätsrisiken, Kündigungsrechten etc.) aus dem ursprünglichen Zinssatz $z(i_0)$, der Veränderung des Marktzinssatzes und dem Ausmaß, mit dem diese die Verzinsung beeinflußt. Eine zur vorausgegangenen Formulierung äquivalente Schreibweise wäre:

$$E(z) = z(i_0) + \frac{cov\,(z, i')}{\sigma_{i'}^2}\,E\,(\Delta i) \tag{56}$$

Aus dieser Bewertung einzelner Titel läßt sich bei einer Anwendung auf alle Eigen- und Fremdkapitalpositionen unter Berücksichtigung des Verschuldungsgrades λ = Fremdkapital / Eigenkapital die Auswirkung einer erwarteten durchschnittlichen Zinsänderung $E(\Delta r_m)$ auf die Eigenkapitalrendite als Residualgröße herleiten. Bezeichnet z_A den Durchschnittszinssatz der Aktivseite und z_P die durchschnittliche Verzinsung der Fremdpassiva, gilt für die Eigenkapitalrendite z_{EK}:[11]

$$E(z_{EK}) = i_0 + \frac{E(\Delta i)}{\sigma_{i'}^2}\,[(1+\lambda)\;cov\,(z_A, i') - \lambda\;cov\,(z_p, i')] \tag{57}$$

Der Ansatz hat somit eine Struktur, wie sie auch Rolfes auf der Basis des Elastizitätskonzeptes vorschlägt: Die Veränderung des Zinserfolges ergibt sich

---

[10] Es bestehen folgende Zusammenhänge zu den dargestellten Vorschlägen zur Analyse von Zinsänderungsrisiken:
Für den Fall einer zwischen r_i und r_m bestehenden Korrelation von + 1, läßt sich diese Gleichung durch Zinsvolatilitäten darstellen:

$$E(z) = z(i_0) + \frac{\sigma_z}{\sigma_{i'}}\,(E(i') - i_0)$$

Im Falle eines linearen Zusammenhanges beider Zinssätze können Zinselastizitäten eingesetzt werden.

$$E(z) = z(i_0) + e\,(E(i') - i_0)$$

[11] Zur Herleitung der Bestimmung der Eigenkapitalrendite vgl. z. B. Göppl (1983), S. 610 f. und Klaus Serfling / Marita Marx (1990), Capital Asset Pricing-Modell, Kapitalkosten und Investitionsentscheidungen, in: wisu das wirtschaftsstudium 19.(1990).6/7, Teil I: S. 364-369, Teil II: S. 425-429.

als Restgröße aus den Veränderungen von Zinsaufwand und -ertrag.[12] Allerdings ist auch für diese Risikoschätzung zu beachten, daß sie zwar auf die Entwicklung der Eigenkapitalrendite (bzw. Bruttozinsspanne) schließen läßt, jedoch ein bestimmter Residualwert keinen eindeutigen Verlauf der Entwicklung von Aufwendungen und Erträgen festlegt. Identische Salden können aus beliebig zu wählenden Größen gewonnen werden. Im Falle von Risikoanalysen bedeutet dies, daß saldierte Erfolgs-, Elastizitäts- und auch Durationskennziffern aus völlig festgeschriebenen wie auch aus proportional zum Markt sich entwickelnden Erfolgsgrößen resultieren können.

7.3. Übertragbarkeit des CAPM auf Bankgeschäfte

Als Ausgangspunkt für die Prüfung der Anwendbarkeit des Bewertungsansatzes auf Bankgeschäfte soll von folgendem Beispiel ausgegangen werden: Es werden zwei endfällige Darlehen F und V gleicher Laufzeit verglichen, von denen F eine feste und V eine variable Kondition aufweist. Weitere Unterschiede bestehen nicht. Aufgrund des identischen Zeitpunktes der Fälligkeit können somit alle Angaben über Zinssätze als Durchschnittswerte betrachtet werden, womit sich ein Kalkül ergibt, der sich über eine Periode mit der Länge der gesamten Laufzeit erstreckt. Im Bewertungszeitpunkt werden die Kredite zu den Konditionen z_0^F für den Festsatz bzw. z_0^V im variablen Bereich angeboten.

Für das festverzinsliche Darlehen entspricht die erwartete durchschnittliche Kondition dem bei der Kreditvergabe vereinbarten Satz:

(58) $$E(z^F) = z_0^F$$

Im Falle der variablen Kondition ist dagegen zu berücksichtigen, in welchem Ausmaß sich während der Laufzeit das durchschnittliche Marktzinsniveau verändern wird und wie sich dies auf die Bedingungen des Geschäftes auswirkt. Besteht für die Zinselastizität e eine Punkterwartung, ergibt sich für den erwarteten Durchschnittszinssatz variabel verzinslicher Darlehen:

(59) $$E(z^V) = z_0^V + e\,E(\Delta i)$$

Die Zinselastizität bezieht sich wiederum auf die erwartete zukünftige Marktrendite i', für die während der Laufzeit eine durchschnittliche Änderung von $E(\Delta i)$ prognostiziert wird. Als Alternativsatz für die Bewertung der Geschäfte wird die risikolos erzielbare Rendite i_0 für Festzinstitel gleicher Laufzeit herangezogen. Während der Bewertungssatz für Kredite mit Festzinsvereinbarungen konstant bleibt, ist er im variablen Bereich der jeweiligen Marktentwicklung

---

12 Vgl. Rolfes (1985a), S. 187 ff.

anzupassen. Ein Vergleich von $E(z^V)$ und z^F zeigt, welche Zinsbindung aus Sicht der Bank vor dem Hintergrund bestimmter Zinsänderungserwartungen vorteilhafter erscheint. Dabei ist allerdings zu bedenken, daß diese Erwartungen bereits in die Konditionengestaltung eingeflossen sind, um Nachfrage nach den vom Institut jeweils präferierten Bindungsklauseln zu attrahieren. Werden z. B. Zinssteigerungen erwartet, so führt dies tendenziell dazu, daß z^F über z^V liegt, wobei die Differenz beider Sätze mit dem erwarteten Ausmaß der Zinssteigerung wächst bzw. wachsen kann. Entsprechen sich wie im unterstellten Beispielfall die aus den Daten an den Geld- und Kapitalmärkten abgeleiteten Alternativsätze beider Geschäfte, hat dies zur Folge, daß sich die Kundenbereiche konträr zu den mit der Konditionenpolitik verfolgten Zielen verhalten, da eine Veränderung der Kundensätze die zugerechnete Marge mit umgekehrtem Vorzeichen beeinflußt.

Eine Konterkarierung der Konditionengestaltung in der Marktzinssteuerung läßt sich jedoch verhindern, wenn die Überlegungen zur relativen Vorteilhaftigkeit der verschiedenen Zinsklauseln auch in der Gestaltung des Bewertungssatzes ihren Niederschlag finden.

Unter der Annahme, daß die Konditionendifferenz zwischen fest- und variabel verzinslichen Darlehen allein durch die Elastizität der jeweiligen Zinssätze und das erwartete Ausmaß der Marktzinsänderung bestimmt wird, besteht bei einem isolierten Vergleich dann Indifferenz gegenüber der Zinsgestaltung, wenn c. p. der Festsatz dem erwarteten durchschnittlichen variablen Satz entspricht:

(60) $$E(z^V) = z_0^F$$

Die Differenz beider Konditionen entspräche unter den getroffenen Annahmen der prognostizierten Konditionenveränderung im variablen Bereich:

(61) $$z_0^F - z_0^V = e(E(i') - i_0)$$

Sollen sich die Marktbereiche bei einer Kreditvergabe zu den vorgegebenen Konditionen indifferent gegenüber der vereinbarten Zinsbindung verhalten, muß bei einem Satz i_0 für der Zahlungsstruktur entsprechende Geld- und Kapitalmarktgeschäfte der Bewertungssatz i_{GKM} wie folgt festgesetzt werden, damit beiden Geschäften die gleiche Marge zugerechnet wird:

(62) $$i_{GKM} = i_0 - e(E(i) - i_0)$$

Da für Festsatzvereinbarungen $e = 0$ gilt, kann (*) für alle Geschäfte angewandt werden. Zusammenfassend ergeben sich folgende Bewertungen:

— Festzinsgeschäfte werden wegen $e = 0$ mit i_0 bewertet.

— Variabel verzinsliche Geschäfte mit permanenter Konditionenanpassung an die Marktzinsentwicklung ($e = 1$) werden mit i_0 zuzüglich eines Risikoaufschlages in Höhe von $E(\Delta i)$, der erwarteten durchschnittlichen Marktzinsänderung während der Laufzeit bewertet.

— Geschäfte mit verzögerter Zinsanpassung ($0 < e < 1$) werden mit einer Risikoprämie in Höhe von $eE(\Delta i)$ versehen.

7.4. Prüfung der Plausibilität des Bewertungsansatzes unter Steuerungsgesichtspunkten

Ohne hier auf die Problematik der Prognose von $E(\Delta i)$ einzugehen, muß zunächst geprüft werden, inwieweit sich aus (*) und den nachfolgenden Überlegungen ein Ansatz ableiten läßt, der bei Erwartung steigender ($E(\Delta i) > 0$) und sinkender ($E(\Delta i) < 0$) Marktzinssätze zu einer adäquaten Bewertung führt. Als „adäquat" soll dabei folgende Ausrichtung der Zinsbindungstransformation gelten:

1. Zinssteigerungserwartungen führen dazu, aktivisch Gleitzinsklauseln und passivisch Festzinsvereinbarungen zu präferieren.
2. In Erwartung eines sinkenden Zinsniveaus sind aktivisch Festzinsvereinbarungen, passivisch variable Ausgestaltungen zu begünstigen.
3. Bei konstantem Zinsniveau herrscht Indifferenz.

Für Fall 3 wird unmittelbar deutlich, daß gem. (*) bei $E(\Delta i) = 0$ alle Geschäfte mit r_f bewertet werden. Dies trifft wg. $e = 0$ ebenfalls stets für alle Festzinsgeschäfte zu. Verändert wird somit gegenüber dem Grundansatz der Marktzinsmethode allein die Bewertung variabel verzinslicher Geschäfte. Und dies nur dann, wenn Zinsänderungserwartungen bestehen.

Der Fall steigender Zinssätze zeigt, daß die Risikoprämie zur Erzielung des gewünschten Steuerungseffektes das richtige Vorzeichen aufweist: Gemäß der formulierten Transformationsstrategie sollte in der vorliegenden Konstellation eine Begünstigung variabel verzinslicher Aktivprodukte erfolgen. Eine höhere Marge für variabel verzinsliche Aktivgeschäfte ergibt sich tatsächlich nur dann, wenn der Bewertungssatz *vermindert* wird. Passivisch führt die Verminderung des Bewertungssatzes für variabel verzinsliche Einlagen zu einer Margenverengung und somit der geforderten Bevorteilung festverzinslicher Passiva.

Für den Fall sinkender Marktzinssätze bestätigen sich diese Überlegungen, da hier die Risikoprämie wegen $E(\Delta i) < 0$ zu einem Aufschlag auf den Bewertungssatz führt. Begünstigt werden in einer solchen Situation also festverzinsliche Aktiv- und variabel verzinsliche Passivprodukte. Der auf dem CAPM basierende Ansatz führt somit auch hier zu Steuerungsimpulsen mit dem richtigen Vorzeichen. Dies wäre auch dann der Fall, wenn eine negative Reaktion ($e < 0$) auf

Zinssteigerungen vorläge, da sich dann das Vorzeichen der Margenbeeinflusssung umkehrt.

Die beiden folgenden Übersichten fassen zusammen, daß der Ansatz zu Steuerungsgrößen führt, die mit den oben formulierten Strategieüberlegungen vereinbar sind. Die Präferenz bestimmter Zinsbindungsmodalitäten in Abhängigkeit von Erwartungen über das Vorzeichen von Marktzinsveränderungen schlägt sich in konsistenter Weise in der Margenzurechnung nieder.

		Marktzinserwartung		
Produkt	Zinsbindung	steigend $E(\Delta i) > 0$	konstant $E(\Delta i) = 0$	sinkend $E(\Delta i) = 0$
Aktiva	fest (e = 0)	i	i	i
	variabel	i-eE(Δi)	i	i+eE(Δi)
Passiva	fest	i	i	i
	variabel	i-eE(Δi)	i	i+eE(Δi)

Bewertungssätze

	Zinsniveau		
	steigend	konstant	sinkend
Aktiva	+	0	+
Passiva	-	0	+

Margeneffekte bei variabel verzinslichen Produkten

Während die Plausibilität einer Margenbeeinflussung im Sinne der in der Konditionenpolitik dokumentierten Zinserwartung für Geschäfte, die sich lediglich hinsichtlich ihrer Zinsbindung unterscheiden, unmittelbar einsichtig erscheint, lassen die vorausgegangenen Überlegungen einen direkten Vergleich abweichender Laufzeiten (noch) nicht zu. Da das Schließen des Zeithorizontes für Belange der Rentabilitätssteuerung als wünschenswerte Eigenschaft angesehen wurde, soll im folgenden eine Erweiterung des Ansatzes vorgestellt werden, der es erlaubt, Rentabilitätsrechnungen im Hinblick auf das Zinsänderungsrisiko mit einer Normierung auf einen beliebigen Planungshorizont vorzunehmen.

7.5. Realisierte Renditen als Weg zur Dynamisierung der Marktzinsmethode

7.5.1. Kalkulation der Durchschnittskondition

Bierwag (1987, S. 126 f.) führt die Berechnung der realisierten Rendite aus dem Ansatz von Babcock als lineare Approximation der Wertpapiermarktlinie ein. Während in den vorausgegangenen Abschnitten implizit von einer Normierung des Zeithorizontes auf die Laufzeit des Kredites ausgegangen wurde, berücksichtigt die Babcock-Gleichung den Zeithorizont ausdrücklich. Somit ergibt sich eine mit realistischen Planungsproblemen wesentlich verträglichere Formulierung des CAPM zur Analyse von Problemen der Investition in zinstragende Titel bei Unsicherheit über zukünftige Zinssätze. Die Anwendbarkeit zur konsistenten Erweiterung der Marktzinsmethode kann — allerdings unter der vereinfachenden Annahme einer flachen Zinsstrukturkurve — unmittelbar gezeigt werden: Es sei angenommen es handele sich um ein bilanzielles Zinsgeschäft mit der Zinsbindungsdauer D, das für den gesamten Zeitraum $[t_0, T]$ im Bestand verbleibt. Bezeichne wiederum z_0 den Zinssatz eines Geschäftes bei seinem Abschluß und Δz die erwartete durchschnittliche Konditionenänderung innerhalb des Betrachtungszeitraums T. Die erwartete Durchschnittsverzinsung eines Geschäftes bestimmt sich dann aus

$$(63) \qquad E(z) = z_0 + \left(1 - \frac{D}{T}\right) E(\Delta z)$$

Die erwartete Kondition im Planungszeitraum läßt sich auch als Funktion der (nicht näher definitorisch spezifizierten) zukünftigen (Zins-)Elastizität e schreiben, die aus der erwarteten Entwicklung von z und z' abgeleitet wird:[13]

$$(64) \qquad E(z) = z_0 + \left(1 - \frac{D}{T}\right) \frac{E(\Delta z)}{E(\Delta \mathrm{i})} E(\Delta i) = z_0 + \left(1 - \frac{D}{T}\right) e E(\Delta i)$$

Unter der Annahme einer perfekten Korrelation von Kondition und Marktzinssatz kann die Elastizität durch den Quotienten der jeweiligen Standardabweichungen substituiert werden, so daß das Konzept die oben dargestellten Vorschläge von Rolfes (1985a) sowie Herzog (1990a) einschließt:

$$(65) \qquad E(z) = z_0 + \left(1 - \frac{D}{T}\right) \frac{\sigma_z}{\sigma_i} \Delta i$$

Auf der Basis einer Prognose der zukünftigen Entwicklung des anhand eines Referenzzinssatzes i (z. B. einer Umlaufsrendite) gemessenen Marktzinsniveaus und zukünftigen Elastizitäten bzw. Volatilitäten der verschiedenen Konditionen ergibt sich somit ein Ansatz zur Schätzung der zukünftigen Konditionenentwicklung. Durch die Verwendung der Durationsziffer werden hierbei sowohl die Zinsbindungsvereinbarung als auch die Ablaufstruktur der Vereinbarungen explizit berücksichtigt. Der zeitlichen Relativität der Wirkungsweise von Zinsvereinbarungen wird durch die Normierung auf den zugrundegelegten Planungshorizont T Rechnung getragen.

---

[13] Die Formulierung des Elastizitätsmaßes auf der Basis von Erwartungsgrößen trägt dem Umstand Rechnung, daß die zukünftigen Konditionenelastizitäten u. U. nicht den in der Vergangenheit zu beobachtenden historischen Elastizitätswerten entsprechen. Zur Problematik vgl. Uwe Krüger (1987), Der Einfluß des Kapitalmarktzinses auf die Zinsspanne der Kreditinstitute, in: Betriebswirtschaftliche Blätter, 104.(1987).7, S. 298-301, Andreas Pfingsten (1989), Zinsänderungsrisiken bei variablen Zinselastizitäten, in: bank und markt, 18.(1989).6, S. 33-34 und Spillmann (1990), S. 302 ff. Einen Ansatz zur Schätzung zukünftiger Elastizitäten wird vorgestellt bei Karl Klerx (1989), Von der Zinsbindungsbilanz zur Zinselastizitätsbilanz, in: bank und markt, 18.(1989).9, S. 28-29. Eine Variation zukünftiger Zinselastizitäten im Rahmen von Simulationsanalysen erlaubt auch das für den Genossenschaftsverband Niedersachsen entwickelte Computerprogramm. Vgl. Udo Napp / Sören Hoffmann / Walter Herzog (1989), Die Steuerung des Zinsänderungsrisikos von Kreditinstituten auf der Grundlage des Elastizitätskonzeptes, in: bank und markt, 18.(1989).11, S. 18.

7.5.2. Kalkulation von Veränderungen des Konditionenbeitrages

7.5.2.1. Grundstruktur

Wird zur Bewertung des bzw. der Geschäfte mit der Duration D ein ebensolcher Kapitalmarkttitel herangezogen,[14] gilt für diesen sinngemäß

$$E(i') = i_0 + \left(1 - \frac{D}{T}\right) E(\Delta i) \tag{66}$$

Für den bei Eintreten einer durchschnittlichen Zinsänderung Δi zu erwartenden zukünftigen Konditionenbeitrag KB des Bankgeschäftes im Zeitraum $[0,T]$ folgt nunmehr

$$E(KB) = z_0 - i_0 + \left(1 - \frac{D}{T}\right)(e-1)E(\Delta i) = KB_0 + \left(1 - \frac{D}{T}\right)(e-1)E(\Delta i) \tag{67}$$

Die gegenüber dem ursprünglichen Konditionenbeitrag KB_0 erwartbare Änderung ergibt sich somit aus dem Verhältnis von Duration und Planungsperiode, der Zinselastizität e (bzw. der Zinserfolgselastizität $(e-1)$) und der erwarteten Zinsänderung.

Während sich die Plausibilität für die meisten Geschäfte unmittelbar durch Einsetzen verschiedener Werte für D, T und e prüfen läßt, ist dies für variabel verzinsliche Geschäfte mit zu i völlig proportionalen Konditionen ($e = 1$) u. U. nicht ohne weiteres der Fall, da für diese der zweite Summand wegfällt. Sie weisen allerdings für die gesamte Laufzeit einen konstanten Konditionenbeitrag in Höhe von KB_0 auf, da in allen Zeitpunkten stets $z_t = i_t + KB_0$ gilt. Somit weist der Ansatz auch für diese Titel die gewünschten Eigenschaften auf.

7.5.2.2. Risikoprämien in der Margenberechnung statt Boni und Mali

Als Ausgangspunkt der folgenden Überlegungen zu den Auswirkungen auf die Margenkalkulation dienen Konditionen und Margen einiger ausgewählter Produkte per 3.2.89, die bei Achenbach / Becker (1989) wiedergegeben werden (siehe Seite 152).[15]

---

[14] Der Vorschlag zur Heranziehung der Duration statt der durchschnittlichen Kreditlaufzeit für die Bewertung mittel- und langfristiger variabler Darlehen findet sich auch bei Schierenbeck (1987), S. 145. Hierzu ist allerdings anzumerken, daß Schierenbeck offenbar übersieht, daß die Duration funktional vom Modus der Zinsanpassung bestimmt wird. Eine Identität von durchschnittlicher Laufzeit und Durationsziffer ergibt sich dagegen im Fall von Darlehen mit über die gesamte Laufzeit gültiger Festzinsvereinbarung.

Als Elastizitätswerte sollen folgende Werte zugrunde gelegt werden:[16]

Spareinlagen $e = 0{,}4$ und Realkredite $e = 0{,}6$

Für die Erwartung eines um durchschnittlich 1 % höheren Bewertungssatzes in der Zukunft ergäbe sich für Spareinlagen ein Malus in Höhe von 0,4 % sowie für variabel verzinsliche Realkredite ein Bonus von 0,6 % gegenüber dem in der Übersicht vorgegebenen Wert von 0,5 %. Für eine der Entwicklung von 1989-1991 entsprechenden Zinssteigerungserwartung um durchschnittlich 2,5 % ergäbe sich dagegen für Spareinlagen mit gesetzlicher Kündigungsfrist ein Malus, der dem einprozentigen Bonus auf Sparbriefe entspricht.

Für die Bonifizierung variabel verzinslicher Realkredite war sicherlich die Überlegung ausschlaggebend, den Konditionennachteil von 0,49 % in der Erfolgszurechnung wieder zu kompensieren.[17] Auf diese Weise sollte der Widerspruch zwischen den aus Kundensicht gegenüber Festsatzkrediten vorteilhafteren Konditionen einerseits und der geringeren Marge andererseits beseitigt werden. Da die Konditionendifferenz als Risikoprämie für die Übernahme des Zinsänderungsrisikos durch den Kunden bzw. die Bank interpretiert werden kann, böte sich die vorgeschlagene Prämienkalkulation an, die Margenberechnung so zu gestalten, daß sie die Preisstellung nicht konterkariert, sondern vielmehr unterstützt. Eine günstigere Kondition im variablen Bereich verfolgt ja den Zweck, Zinsänderungschancen für die Bank zu eröffnen. Umgekehrt läßt die Bonifikation der Einlagen mit Festsatz auf das Bestreben einer Begrenzung von Zinsänderungsrisiken schließen.

Durch eine explizite Kalkulation von Margenbestandteilen zur Vergütung von Zinsänderungschancen bzw. Deckung von Zinsänderungsrisiken ließe sich erreichen, daß die in der Konditionengestaltung dokumentierten Zinserwartungen der Institutsleitung gleichfalls konsistent in den Steuerungsprozeß einfließen. Boni und Mali als Korrektiv zur konditionenbedingten Margenbeeinflussung könnten somit ganz oder teilweise entfallen.

---

[15] Vgl. Hermann Achenbach / Gerhard Becker (1989), Marktzinsmethode, das Steuerungsinstrument im Testeinsatz einer Sparkasse, in: Betriebswirtschaftliche Blätter, 38. (1989).6, S. 296-304, S. 302.
Die Bonifikation von variabel verzinslichen Aktiv- und festverzinslichen Passivprodukten deutet darauf hin, daß in Anbetracht des relativ niedrigen Zinsniveaus der Vorgabe Überlegungen zugrunde lagen, wie sie oben als plausible Steuerungsstrategie unterstellt wurden.

[16] Vgl. Rolfes (1989), S. 198, der für Spareinlagen dagegen einen Wert von 0,35 angibt. Dies resultiert daraus, daß der Spareckzins auf Veränderungen des Tagesgeldsatzes weniger stark reagiert als auf schwankende Kapitalmarktsätze. Die Schätzung wurde aus diesem Grunde geringfügig korrigiert.

[17] Bei voller Antizipation der eingetretenen Zinssteigerung hätte die entsprechende Prämie sogar höher sein müssen, da die Konditionen im variablen Bereich bis zum Jahresbeginn auf ca. 10 % angestiegen sind. Hierbei ist allerdings zu berücksichtigen, daß zur Gegenüberstellung mit Festsatzvereinbarungen deren Gesamtlaufzeit heranzuziehen ist und somit auch die weitere Entwicklung bis zum Jahresbeginn 1994 Relevanz hat.

Produkt	Kondition	MR, Bonr.[16]	GKM	+ Bonus - Malus	Marge
Spareinl., gesetzl. KF	2,000	0,282	6,796		4,514
Sparbriefe 4. J.	5,750		6,530	1,000	1,780
Realkredite 5 J. fest	7,490		6,620		0,870
Realkredite variabel	7,000		6,114	0,500	1,386

16 *MR* = „Mindestreservekosten"
Bonr. = Risikokosten für Bonitätsrisiko
KF = Kündigungsfrist

Die Rückführung der beiden vermeintlich stark gegensätzlichen Ansätze zur Analyse und Steuerung von Zinsänderungseffekten auf das Capital Asset Pricing Model hat somit einen Weg eröffnet, die aus den verschiedenen Gestaltungsmöglichkeiten von Zinsbindungsvereinbarungen resultierenden Risiken und Chancen explizit in der Marktzinssteuerung zu berücksichtigen. Insbesondere der Widerspruch, daß auf der Basis erwarteter Marktzinsänderungen getroffene konditionenpolitische Maßnahmen unerwünschte gegenläufige Wirkungen in der Erfolgszurechnung bewirken, kann ausgeräumt werden. Dies war nach dem bisherigen Stand lediglich durch korrigierende Eingriffe in Form von Boni, Mali, Volumensvorgaben etc. erzielbar.

7.5.3. Kalkulation von Struktur- und Dispositionserfolgen

7.5.3.1. Grundstruktur

Für Zwecke einer Korrektur der Konditionenbeiträge um erwartete Konditionenbeitragsrisiken und -chancen hat sich der Ansatz als grundsätzlich geeignet erwiesen. Zum Nachweis der vollständigen Kompatibilität des Ansatzes mit der Marktzinsmethode ist abschließend noch zu untersuchen, welche Beziehungen sich gegenüber dem strukturellen und dispositiven Beitrag ergeben.

Der ex post entstehende Strukturerfolg eines Geschäftes wurde definiert als Differenz zwischen dem bei Geschäftsabschluß relevanten Bewertungssatz *BOZ* und dem im Meßzeitpunkt anzuwendenden (entscheidungsorientierten) Satz *EOZ*.[18] Zur Vereinfachung der Schreibweise soll der Zusammenhang anhand von Durchschnittsgrößen für Aktiv- bzw. Passivseite verdeutlicht werden. Für die durchschnittlichen Strukturbeiträge aller Aktivgeschäfte gilt für einen Planungszeitraum $[0,T]$:

(68) $$SB^{A}_{[0,T]} = EOZ^{A}_{[0,T]} - BOZ^{A}_{0}$$

bzw. im Passivgeschäft sinngemäß

(69) $$SB^{P}_{[0,T]} = EOZ^{P}_{[0,T]} - BOZ^{P}_{0}$$

Schon bei der Einführung des dispositiven Beitrags wurde auf die Relativität des Begriffes „Festsatz" hingewiesen. Dieser Relativität kann durch die explizite Berücksichtigung des Zeithorizontes in der Babcock-Formel nunmehr auch formal Rechnung getragen werden. Unter Fortführung des formalen Apparates aus dem vorausgegangenen Abschnitt lassen sich die relevanten Bestimmungsgrößen

[18] Vgl. Abschnitt 4. dieser Arbeit.

unmittelbar durch Einsetzen der durchschnittlichen BOZ aus t_0 (für i_0) sowie der durchschnittlichen *EOZ* in $[0,T]$ aus folgendem Ansatz ermitteln, wobei der Zeitindex aus Vereinfachungsgründen fortgelassen wird:

(70) $$EOZ^A = BOZ^A + \left(1 - \frac{D^A}{T}\right)\Delta i$$

und

(71) $$EOZ^P = BOZ^P + \left(1 - \frac{D^P}{T}\right)\Delta i$$

Die Differenz der so gewonnenen (ex post-)Werte für die *EOZ* beider Bilanzseiten ergibt unter Benutzung der Bilanzidentität folgenden Term:

(72) $$EOZ^A - EOZ^P = (BOZ^A - BOZ^P) + \frac{1}{T}(D^P - D^A)\Delta i$$

Die Differenz der Entscheidungsgrößen entspricht der Summe der Differenz der Bewertungssätze *BOZ* und einem zweiten Summanden. Dieser bestimmt sich aus dem unterstellten Betrachtungshorizont, der eingetretenen Zinsänderung sowie der Differenz von aktivischen und passivischen Zinssensitivität, die durch die *D* gemessen wird. Während der erste Summand dem statischen strukturellen Beitrag entspricht, mißt der zweite Term dagegen seine Veränderung, den dispositiven Beitrag innerhalb einer Maßperiode $[0,T]$. Durch Einsetzen einer Erwartungsgröße für die Zinsänderung im Zeitraum $[0,T]$ ergibt sich für die Schätzung des dispositiven Beitrags der in t_0 realisierten Geschäftsstruktur:

(73) $$\textit{Erwarteter Dispositiver Beitrag} = \frac{1}{T}(D^P - D^A)E(\Delta i)$$

Die Steuerung struktureller Zinsänderungsrisiken läßt sich folglich bei gegebenen Zinsänderungserwartungen und festgelegtem Zeithorizont als Problem der Beeinflussung der zwischen Aktiv- und Passivseite bestehenden Durationsdifferenz auffassen. Zudem zeigt sich unmittelbar, daß der einer Geschäftsstruktur beigemessene Risikogehalt bei Variation des Zeithorizontes schwankt. Nur aktivisch und passivisch identische Durationswerte führen zu einer Risikovermeidung. Die hierzu führende Geschäftsstruktur ist allerdings nicht eindeutig festgelegt. Es wird lediglich die Synchronität der zinsbedingten Veränderung von Zinsaufwand und -ertrag postuliert.

7.5.3.2. Konkretisierung

Die Plausibilität dieser Schätzung soll wiederum kurz verdeutlicht werden. Hierzu werden analog zum Vorgehen von Bessler (1989) zwei Konventionen getroffen:

1. Für die Duration von Geschäften mit innerhalb des Planungszeitraums auslaufenden Zinsbindungsfristen wird ihre (restliche) Bindungsdauer eingesetzt.
2. Die Auswirkungen auf das außerordentliche Ergebniss durch zinsbedingte Wertänderungen von Geschäften mit über T hinausreichenden Bindungsfristen wird vernachlässigt. Dies entspricht der Annahme, für alle Durationswerte $D > T$ $D = T$ einzusetzen.

Auf der Grundlage dieses Bedingungsrahmens kann anhand von Beispiel 6 des vierten Abschnittes[19] die Wirkung von Immunisierungsmaßnahmen erneut untersucht werden. Unter der (dort nicht explizit aufgeführten) Annahme, daß die Durationswerte der Kontokorrent- und Termingeldpositionen nahe 0 liegen ergab sich aus der Ausgangssituation ohne Immunisierung folgende Konstellation:

$$D^A \approx 0{,}4 * 0 + 0{,}6 * 1 = 0{,}6 \qquad \text{und} \qquad D^P \approx 0{,}7 * 0 + 0{,}3 * 1 = 0{,}3$$

Für einen Horizont von einer Periode und einer Zinserhöhung um 1,5 % ergibt sich eine Schätzung für den dispositiven Beitrag von (0,3 - 0,6) 1,5 = –0,45, was der in Beispiel 6b[20] ermittelten Veränderung der Bruttozinsspanne und dem berechneten dispositiven Beitrag entspricht.

Durch die in Beispiel 8 zwecks Immunisierung abgeschlossenen Eigengeschäfte veränderten sich die durchschnittlichen Durationswerte unter den genannten Voraussetzungen auf rund $D^A = 0{,}54$ und $D^P = 0{,}54$, wodurch sich c. p. auch aus obiger Abschätzung wiederum eine Immunisierung des Zinsergebnisses ergibt.

7.6. Möglichkeiten der Variation des Problembezuges

Auf der Basis des entwickelten Kalküls lassen sich je nach Bedürfnis des Bewerters unterschiedlich komplex ausgebildete Berechnungsverfahren gestalten, die sich schrittweise durch Einengung oder Erweiterung der einbezogenen Erfolgskomponenten und der zeitlichen Normierung entwickeln lassen. So stellt sich die Frage, ob allein Verzinsungsaspekte im Vordergrund stehen oder aber auch zinsbedingte Wertänderungen in die Kalkulation einfließen sollen. Die Berücksichtigung letzterer wird insbesondere dann interessant, wenn die Duration von Geschäften über den Planungshorizont hinausreicht und auch an das bilanzielle Zinsgeschäft Kriterien der Marktwertentwicklung angelegt werden sollen. Dies erscheint vor allem im Rahmen des langfristigen Festzinsgeschäftes sinnvoll.

---

19 Vgl. Abschnitt 4.2. dieser Arbeit.

20 Vgl. Abschnitt 4.2. dieser Arbeit.

Weiterhin erlaubt die explizite formale Berücksichtigung des Zeithorizontes unmittelbar die Überwindung der für andere Verfahren der Messung und Steuerung von Zinsänderungsrisiken festgestellten Defizite einer Nichtberücksichtigung von diskontinuierlichen Anpassungen der jeweiligen Positionszinssätze. Dies wird dadurch erzielt, daß die Dauer der Zinsbindung und die Elastizität der jeweiligen Kondition im Kundengeschäft auf die Planungsperiode relativiert werden. Somit wird es möglich, eine zeitlich stetige Formulierung zu erzielen, ohne auf den insbesondere in den Arbeiten von Rolfes (insbesondere 1985 a und b) erforderlichen „Kunstgriff" einer lediglich indirekten (und somit auf der Ebene des Einzelgeschäftes nicht aussagefähigen) Messung zurückgreifen zu müssen. Da gezeigt werden konnte, daß diese Lösung die Diskontinuitäten der Entwicklung der Positionszinssätze lediglich auf das Ende der Zinsbindungsfrist verlagert, handelte es sich hierbei ohnehin nur um eine Scheinlösung des Problems. Die in den jüngeren Veröffentlichungen dominierende Lösung, auf die hinsichtlich der tatsächlichen Entwicklung aussagefähigere Zinselastizitätsanalyse zurückzugreifen, erfordert dagegen außerhalb des eigentlichen Kalküls anzustellende Nebenrechnungen.[21]

Wie gezeigt wurde, ergibt sich für innerhalb der Planungsperiode endende Zinsvereinbarungen durch Einsetzen von D = (Rest-)Zinsbindungsfrist eine unter der Annahme der Prolongation getroffene Schätzung der Durchschnittsverzinsung von Positionen. Gleichermaßen kann durch Verwendung der ursprünglichen Formulierung der Babcock-Formel auch die Wirkung einer Substitution dieser Positionen durch andere mit beliebigen Wiederanlagezinssätzen generiert werden. Insofern läßt der Ansatz für den größten Teil der im Bankgeschäft denkbaren Problembezüge allen Freiraum.

21 Vgl. z. B. Herzog (1989), Rolfes (1989), Rolfes / Bellmann / Napp (1988).

8. Kalkulation von realisierten Renditen bei veränderlichen Marktzinssätzen

8.1. Positionen ohne zinsbedingte Abschreibungen

Die nutzbringende Verwendung des Ansatzes im Rahmen bankbetrieblicher Kalkulationsüberlegungen wird an Beispielen unmittelbar deutlich. Im ersten Schritt sei ein Geschäft mit einer Zinsbindungsfrist von 3 Monaten betrachtet. Es ist davon auszugehen, daß der Marktwert des Zahlungsstromes zum Zeitpunkt des Auslaufens der Zinsbindung stets den Nominalwert erreicht. Von Bonitätsrisiken sei wiederum abstrahiert. [1]

Planungshorizont sei eine Zeitspanne von 12 Monaten. Es werde eine durchschnittliche Veränderung des Marktzinsniveaus um $\Delta i = 1\ \%$ erwartet. Als unbekannte Größe verbleibt nunmehr die Duration des Geschäftes.

Entsprechen sich „der" Marktzinssatz und der für die Verzinsung variabel verzinslicher Geschäfte relevante Referenzzinssatz, kann statt der Duration D die Zinsbindungsfrist ZBF in den Schätzansatz eingesetzt werden [2]:

(74) $$E(r) = i_0 + \left(1 - \frac{ZBF}{T}\right) E(\Delta i)$$

Dies ist insoweit plausibel als eine Anpassung der Verzinsung an die eingetretene Marktentwicklung dazu führen sollte, daß der Marktwert eines Geschäftes

[1] Zur Erweiterung des Durationskalküls um die Berücksichtigung einer veränderten Bonität des Emittenten vgl. Jess Yawitz / Howard Kaufold / Thomas Macirowski / Michael Smirlock (1987), The pricing and duration of floating rate bonds, in: The Journal of Portfolio Management, 13 (1987) summer, S. 49-56 und Gerald O. Bierwag / George G. Kaufmann (1988), Durations of Non-Default-Free Securities, in: Financial Analyst Journal, 44.(1988).4, S. 39-46.

[2] Andernfalls ergibt sich ein von der relativen Elastizität des Referenz- gegenüber dem für Diskontierungsüberlegungen relevanten Marktzinses bestimmter Wert der Duration. Wird die Verzinsung beispielsweise an den de jure variablen Spareckzins gebunden, so führt die laufende Bewertung des Zahlungsstromes mit den Marktzinssätzen aufgrund der trägen Reaktion des Referenzzinssatzes zu erheblichen Wertschwankungen. Vgl. John D. Finnerty (1989), Measuring the duration of a floating-rate bond, in: The Journal of Portfolio Management, 15.(1989).4, S. 67-72. Das Einsetzen der Zinsbindungsfrist als Duration auch bei einer über diesen Zeitraum hinausreichenden Laufzeit (z. B. rollover Kredite) rechtfertigt sich aus der Verwendung dieses Maßes als Sensitivität des Marktwertes. Theoretisch muß zum Zeitpunkt der Neufestschreibung des Zinssatzes gerade der Nominalwert erreicht werden. Zur Analyse von Zinsänderungsrisiken mit den Zinsbindungsfristen entsprechenden Durations vgl. Bessler (1988), S. 260 ff.

mit über die Zinsbindung hinausreichender Laufzeit (bzw. Kapitalbindung) zum Zeitpunkt der Zinsanpassung dem Nominalwert entspricht. Bei Einsetzen von ZBF = 3 Monaten und T = 12 Monaten und einem für das erste Quartal kontrahierten Satz von 5 % als Ausgangspunkt folgendes Bild:

(75) $$E(r) = 0{,}05 + \left(1 - \frac{3}{12}\right) 0{,}01 = 0{,}0575$$

Es ergibt sich also das — natürlich mit weitaus geringerem analytischen Aufwand erreichbare — Ergebnis, daß sich die Zinsänderung von durchschnittlich einem Prozent aufgrund der vereinbarten Zinsbindung von einem Quartal nur in 75 % des Planungszeitraumes niederschlägt.

Im nächsten Schritt sei ein Geschäft mit einjähriger Laufzeit ohne unterjährige Zins- und Tilgungszahlungen betrachtet. Die Verzinsung ist in diesem Fall von der Marktzinsentwicklung unabhängig, was sich auch in dem Schätzansatz folgerichtig widerspiegelt:

(76) $$E(r) = 0{,}05 + \left(1 - \frac{12}{12}\right) 0{,}01 = 0{,}05$$

Für nicht zinsbedingt zu bewertende Positionen mit über den Planungshorizont hinausreichenden Zinsbindungsfristen ergeben sich ex definitione keine Einflüsse auf den Zinsüberschuß. Da Wertänderungen vernachlässigt werden bzw. nicht auftreten, ist anzunehmen, daß die Zinsbindungsfrist dem Horizont entspricht, also für die Fälle $ZBF > T$ stets $ZBF = T$ gesetzt wird. Dieses den Annahmen der gap-analysis und dem Vorschlag Besslers (1989) entsprechende Vorgehen bei der Rentabilitätssteuerung entspricht unmittelbar einer völligen Vernachlässigung aller Positionen mit nicht innerhalb des Meßzeitraumes auslaufenden Zinsbindungsfristen.

8.2. Positionen mit Risiken zinsbedingter Abschreibung

Für Geschäfte mit über den Planungshorizont hinausreichenden Zinsbindungen ist zu erwarten, daß sich vor dem Hintergrund eingetretener Zinsänderungen eine sowohl vom Marktwert in t_0 als auch zum Endwert bei Fälligkeit abweichende Bewertung ergibt. Eine Nullkuponanleihe mit einer Restlaufzeit von 24 Monaten weist bei einem Zinssatz von 5 % für diese Restlaufzeit einen theoretischen Wert von 90,703 % (= $100/(1{,}05)^2$) auf. Bei einer einprozentigen Steigerung des Zinsniveaus beträgt der Wert nach Ablauf von 12 Monaten 94,34 % (= 100/(1,06)), was einer Rendite von 4,00979 % (= [94,34 – 90,703]*100/90,703) entspricht. Aus der Babcock-Formel ergibt sich dagegen eine *Unter*schätzung der realisierten Rendite um 0,00979 %:

(77) $$E(r) = 0{,}05 + \left(1 - \frac{24}{12}\right) 0{,}01 = 0{,}04$$

Ein ähnliches Bild zeigt sich auch für einen Zerobond mit einer Restlaufzeit von 10 Jahren: Bei einem Marktzinssatz von 5 % beträgt sein Wert 61,39 %. Für eine zum Periodenende eintretende Zinserhöhung um 1 % ergibt sich für die Restlaufzeit von dann 9 Jahren ein rechnerischer Kurs von 59,19 %. Dies entspricht einem Kursverlust 3,586 % auf den Ursprungswert bei 5 % und zehnjähriger Restlaufzeit. Die Abschätzung liefert demgegenüber eine negative Rendite von 4 %:

(78) $$E(r) = 0{,}05 + \left(1 - \frac{120}{12}\right) 0{,}01 = -\,0{,}04$$

Dieser Fehler vergrößert sich mit zunehmender Restlaufzeit, der im Falle dieser Titel die Duration entspricht. Dies zeigt sich bei einer Restlaufzeit von 15 Jahren, für die sich eine Fehleinschätzung um ca. 0,95 % ergäbe, die sicherlich nurdann tolerabel wäre, wenn es sich um einen im Vergleich zum Gesamtvolumen unbedeutenden Bestand handelte. Für eine Kuponanleihe mit einer Laufzeit von 15 Jahren und einem Kupon von 5 % beträgt der Fehler aufgrund der Duration von immerhin noch 10,8986 ungefähr 0,6036 Prozentpunkte, da der Wertverfall relativ groß ist.

Für die auftretenden Fehler können folgende Regeln angegeben werden:

— Der Schätzfehler wächst mit zunehmender Duration des Zahlungsstromes.

— Erhöhend (vermindernd) auf die Duration wirkt sich insbesondere eine negative (positive) Differenz zwischen Nominalzinssatz und Marktrendite aus. Je größer die Differenz wird desto stärker wirkt die „Konvexität", d. h. die Wertveränderung des Zahlungsstromes weist keine lineare sondern eine exponentielle Abhängigkeit vom Marktzinssatz auf.[3]

Der Fehler fällt umso geringer aus, je weniger Wertänderungen ins Gewicht fallen. Dies ist für die überwiegende Zahl der Bilanzpositionen der Fall. Für einige ausgewählte Titel ergeben sich im einzelnen folgende Abweichungen von den in den angegebenen Zeiträumen tatsächlich realisierbaren Renditen. Alle Angaben beziehen sich auf die in Prozentpunkten angegebene (negative) Differenz zwischen geschätzter und tatsächlicher Rendite für die angegebenen Zeiträume und Zinsänderungen.

---

3 Für an den mathematischen Zusammenhängen weitergehend interessierten Leser erscheinen folgende Quellen besonders empfehlenswert: Pier Luigi Gilibert / Jaques Girard (1988), Uses of Duration: A Survey Article, in: Cahiers BEI (Banque européenee d'investissement), No. 5, Februar 1988 und Carlo Vecchi (1989), Duration Defined, in: Risk, 2.(1989).3, S. 30-33. Zur besonderen Bedeutung der Konvexität im Optionsgeschäft vgl. Kenneth Leong (1990), Solving The Mystery, in: Risk, 4.(1990).1, S. 68-71.

	5 % Anleihe, Laufzeit 4 Jahre				
	Zinsänderung Δ i				
Jahr	1 %	2 %	5 %	10 %	15 %
1	0,05024	0,19786	1,18198	4,40023	9,25149
2	0,00893	0,03538	0,21516	0,82370	1,77708
3	0,00233	0,00152	0,00953	0,22012	0,48124
4	0,00038	0,00152	0,00953	0,03824	0,08629

	5 % Anleihe, Laufzeit 15 Jahre				
	Zinsänderung Δ i				
Jahr	1 %	2 %	5 %	10 %	15 %
1	0,60366	2,30635	12,65977	41,74165	79,32111
2	0,17038	0,66366	3,83945	13,60024	27,32166
3	0,08371	0,32876	1,94628	7,12563	14,70709
4	0,05148	0,20323	1,22051	4,56296	9,58192
10	0,01239	0,04949	0,30949	1,22332	2,68920
15	0,00704	0,02831	0,17907	0,72155	1,61069

	Nullkupon-Anleihe, Emissionsrendite 5 %, Laufzeit 25 Jahre				
	Zinsänderung ▲ i				
Jahr	1 %	2 %	5 %	10 %	15 %
1	2,63682	9,76173	13,99690	146,83015	259,25979
2	0,65680	2,51926	6,31723	46,88451	90,10918
3	0,28302	1,09870	3,49755	22,21759	44,43819
4	0,09372	0,59764	2,17198	12,62847	25,83744
10	0,01780	0,07001	0,42302	1,60666	3,44131
15	0,00534	0,02090	0,12700	0,48799	1,05686

Für kleine Änderungen des Marktzinssatzes wie auch für einen längerfristigen Betrachtungshorizont ergeben sich — insbesondere an der Einfachheit des Ansatzes gemessen — relativ genaue Schätzwerte. Dagegen muß für kurzfristige Analysen, insbesondere im Bereich sehr kurssensitiver Titel, eine genaueres Verfahren, z. B. unter Einbeziehung der Konvexität verwendet werden. Bei einer kombinierten Betrachtung aktivischer und passivischer Positionen ergibt sich durch die Kompensation der Fehler dagegen eine über eine bloße Daumenregel hinausgehende Genauigkeit.[4]

8.3. Beispiele zur Prognose realisierter Renditen im langfristigen Geschäft

Der besondere Nutzen des Schätzansatzes zeigt sich besonders bei der Prognose des durchschnittlichen Wertzuwachses bei zwischenzeitlicher Wiederanlage von Zahlungen zu vom ursprünglichen Effektivzins abweichenden Anlagesätzen. Für solche Fragestellungen lassen sich auch über längere Zeiträume Prognosen für die bis zum Ende der Laufzeit insgesamt realisierbaren Renditen treffen. Wird unterstellt, daß die Kuponzahlungen einer zu pari erworbenen Festsatzanleihe mit einem Kupon von 5 % und 15jähriger Laufzeit zu 6 % wiederangelegt werden können, entspricht dies einem Wertzuwachs des ursprünglich investierten Vermögens von durchschnittlich 5,28046334 % über die gesamte Laufzeit. Dagegen führt eine Schätzung zu einer Prognose von 5,27342394 %. (Siehe Seite 164.)

Da die überwiegende Zahl von Bankgeschäften Durations von weit weniger als 10 Jahren aufweist und zudem noch das bilanzielle Zinsgeschäft nur zum geringeren Teil einer zinssensitiven Bewertung unterliegt, hält sich der erwartbare Fehler in relativ engen Grenzen. Dies zeigen Beispielrechnungen für Annuitätendarlehen, für die zur Vergleichbarkeit mit einer Anleihe ein Festzins über die gesamte Laufzeit unterstellt wurde. Die Annuitäten wurden so gewählt, daß sich bis auf geringfügige, z. T. rundungsbedingter Ungenauigkeiten ein Kapitalwert der Zahlungsreihe von 100 % einstellte. (Siehe Seiten 165-167.)

Weil die Duration stets zu einer Überschätzung des zinsbedingten Kursverfalls und zu einer Unterschätzung von Kurssteigerungen führt, bewegt sich die Schätzung im sicheren Bereich. Der „konservative“ Charakter der Einschätzung von Zinsänderungsrisiken mit Durations überträgt sich auch auf die Kalkulation der realisierten Rendite. Somit erlaubt der Ansatz einen Überblick über den einschließlich Wertänderungen erwartbaren Effekt aus Zinsänderungen.

---

[4] Auch Toevs beurteilt den Ansatz als „an risk formulation that is surprisingly accurate in practice ...“. Alden L. Toevs (1986a), Uses of Duration Analysis for the Control of Interest Rate Risk, in: Robert B. Platt (ed.), Controlling Interest Rate Risk, New York u. a. 1986, S. 28-61, S. 50.

Anleihebedingungen:			
Laufzeit: 15 Jahre	Kupon 5 %	endfällig	Kauf zu 100 %

Duration der Zahlungsreihe D = 10,8986	Endwert bei Wiederanlage zu 6 %: 216,380
Wertzuwachs gegenüber Auszahlung: (Baldwin-Zinsfuß) 5,28046334 % p.a.	Schätzwert aus $E(r) = 0{,}05 + (1 - D/15)\ 0{,}01$ 5,27342394 % p.a.

<table>
<tr><td colspan="4">Darlehensbedingungen:</td></tr>
<tr><td>Laufzeit: 15 Jahre</td><td>Zinssatz: 5 % fest</td><td>Auszahlung: 100%</td><td>Annuität: 9,634 %</td></tr>
<tr><td colspan="2">Duration der Zahlungsreihe
D = 7,0973723</td><td colspan="2">Endwert bei Wiederanlage zu 6 %:
DM 224,246</td></tr>
<tr><td colspan="2">Wertzuwachs gegenüber Auszahlung:
(Baldwin-Zinsfuß)
5,531887 % p.a.</td><td colspan="2">Schätzwert aus
$E(r) = 0{,}05 + (1 - D/15)\ 0{,}01$
5,5268475 % p.a.</td></tr>
</table>

Darlehensbedingungen:			
Laufzeit: 25 Jahre	Zinssatz: 5 % fest	Auszahlung: 100%	Annuität: 7,0953 %

Duration der Zahlungsreihe D=10,52377135	Endwert bei Wiederanlage zu 6 %: DM 389,28
Wertzuwachs gegenüber Auszahlung: (Baldwin-Zinsfuß) 5,5870099 % p.a.	Schätzwert aus E(r) = 0,05 + (1 - D/25) 0,01 5,57904915 % p.a.

<table>
<tr><td colspan="4">Darlehensbedingungen:</td></tr>
<tr><td>Laufzeit: 25 Jahre</td><td>Zinssatz: 10 % fest</td><td>Auszahlung: 100%</td><td>Annuität: 11,02 %</td></tr>
<tr><td colspan="2">Duration der Zahlungsreihe
D = 10,66908656</td><td colspan="2">Endwert bei Wiederanlage zu 11 %:
DM 1260,835</td></tr>
<tr><td colspan="2">Wertzuwachs gegenüber Auszahlung:
(Baldwin-Zinsfuß)
10,66908656 % p.a.</td><td colspan="2">Schätzwert aus
E(r) = 0,05 + (1 - D/25) 0,01
10,66168072 % p.a.</td></tr>
</table>

Natürlich ist die Zinsstruktur in der Realität nur selten flach. Zur Berücksichtigung von nicht-flachen Zinsstrukturen im Rahmen von Durationskalkülen liegen eine ganze Reihe von Vorschlägen vor.[5] Die größere Wirklichkeitsnähe dieser Kalküle geht allerdings stets einher mit einer (exponentiell) steigenden mathematischen Komplexität. Insofern erscheint es durchaus erwägenswert, mit einem einfach zu handhabenden Maß zu arbeiten, daß zwar keine hundertprozentige Genauigkeit bietet, jedoch in seinem logischen Aufbau der Problemstruktur gerecht wird. Korrekturen zu einer Erfassung des Phänomens nicht-flacher Zinsstrukturen können schließlich auch ohne explizite Einbeziehung in die Barwertkalküle über eine entsprechende Normierung des als Leitgröße dienenden Zinssatzes eingebracht werden. Damit würde prinzipiell die im Rahmen der Elastizitäts- und Volatilitätsanalyse vorgeschlagene Vorgehensweise übernommen.

Als Referenzzinssatz sollte prinzipiell ein Zinssatz für eine nicht zu kurzfristige Bindungsdauer gewählt werden. Dies entspricht einerseits der öffentlichen Aufmerksamkeit, die „der" Umlaufsrendite gegenüber dem Tagesgeldsatz entgegengebracht wird. Andererseits wird ein solcher Satz der Problemstruktur besser gerecht, da sie auf eine risikolose statt auf eine volatile Alternative hindeutet. So wäre die Wahl des Marktsatzes für eine Laufzeit von vier Jahren vor dem Hintergrund praktisch relevanter Planungszeiträume als plausibel anzusehen.

8.4. Gewinnung der relevanten Daten

8.4.1. Ermittlung der Durations und Separation des ökonomischen Einkommens

Die Duration eines Zahlungsstromes wird grundsätzlich durch die zeitliche Verteilung der Zahlungen und der Zinsbindungsmodalität, die die Anpassung der Zinszahlungen an das Marktgeschehen regelt, bestimmt. Zudem ist zu berücksichtigen, welche Ergebniskomponenten in die Kalkulation einfließen soll. Für die Ermittlung des Einflusses von Zinsänderungen auf das ökonomische Einkommen, also die simultane und nicht differenzierte Messung der Summe von Zinsüberschuß und außerordentlichem Ergebnis, sind grundsätzlich theoretische Durationsmaße zu verwenden. Beide Ergebnisgrößen lassen sich innerhalb des Kalküls isolieren, indem neben der zusammengefaßten Rechnung eine weitere durchgeführt wird, in der der Einfluß der Zinsbindung und somit auch die Veränderung des Zinsüberschusses ermittelt wird. Letztere läßt sich wie gezeigt dadurch bestimmen, daß das Durationsmaß durch den Zeitraum der Zinsbindung (ZBF) ersetzt wird. Da die gesamte Rendite additiv aus der Summe der Beiträge zu Zins- und außerordentlichem Ergebnis resultiert, können beide Komponenten isoliert werden. Die in beiden Komponenten des Jahresüberschusses auftretenden

[5] Für einen Überblick über die Anwendung von Durationsanalysen auf nicht-flache Zinsstrukturen und verschiedene Formen der Strukturänderung vgl. Kempfle (1990), S. 91 ff.

Änderungen (vgl. Abschnitt 6.2.3.) lassen sich aus dem nachfolgenden Ansatz ermitteln.

Zur formalen Herleitung ist eine der Berücksichtigung verschiedener Erfolgsgrößen entsprechende Notation erforderlich. Der Beitrag einer Zahlungsreihe zu den beiden Ergebnisbereichen wird in Prozentanteilen des ursprünglichen Marktwertes $MW_0(i_0)$ gemessen. Es bezeichne $r_{öe}$ den Beitrag zum gesamten ökonomischen Einkommen, r_{ze} den Erfolgsbeitrag zum Zinsergebnis und r_{ao} den Effekt von Wertänderungen auf das außerordentliche Ergebnis. Für das erwartete ökonomische Einkommen aus einem bei Erwerb mit der Marktrendite i_0 verzinsten Titels mit der Duration D gilt wiederum die Grundform der Babcock-Gleichung:

(79) $$E(r_{öe}) = i_0 + \left(1 - \frac{D}{T}\right) E(\Delta i)$$

Der Beitrag zum Zinsüberschuß resultiert aus der ursprünglichen Verzinsung und der Relation zwischen Zinsbindungsfrist und Planungsperiode. Wiederum sei angenommen, daß in den Fällen in denen $ZBF > T$ gilt, $ZBF = T$ gesetzt wird. Für den Beitrag zum Zinsüberschuß gilt nunmehr:

(80) $$E(r_{ze}) = i_0 + \left(1 - \frac{ZBF}{T}\right) E(\Delta i)$$

Aufgrund der additiven Zusammensetzung und der gleichen Normierung beider Größen auf den ursprünglichen Marktwert, läßt sich der Beitrag zum außerordentlichen Ergebnis aus der Differenz des erwarteten ökonomischen Einkommens und des erwarteten Beitrags zum Zinsergebnis ermitteln.

(81) $$E(r_{ao}) = E(r_{öe}) - E(r_{ze})$$

Durch Einsetzen der entsprechenden Ausdrücke für $E(r_{öe})$ und $E(r_{ze})$ sowie der Zusammenfassung der jeweiligen Determinanten ergibt sich für den erwarteten Beitrag zum außerordentlichen Ergebnis folgender Ausdruck:

(82) $$E(r_{ao}) = \frac{1}{T}(ZBF - D) E(\Delta i)$$

Entscheidend dafür, ob und in welchem Ausmaß Wertänderungen auftreten oder nicht, ist also daß Verhältnis der Differenz zwischen Zinsbindungsfrist und Duration zur Länge des Planungszeitraumes. Die Plausibilität läßt sich für verschiedene charakteristische Zinsvereinbarungen leicht prüfen:

— Bei (idealisierten) variabel verzinslichen Titeln fallen Zinsbindungsfrist und Durations zusammen. Bei ihnen treten ex definitione keine Wertänderungen auf.

— Kupontitel weisen eine Zinsbindungsfrist über die gesamte Laufzeit auf. Die auftretenden Wertänderungen werden durch die Differenz zwischen ihrer Laufzeit und ihrem Durationswert bestimmt. Letzterer nimmt mit der Höhe der Kuponzahlungen ab. Je weniger die Differenz von Zinsbindungsfrist und Duration vom zugrundegelegten Zeithorizont abweicht, desto geringere Wertänderungen werden erfolgswirksam.

— Der Ertrag aus Zerobonds wird ausschließlich von Wertänderungen bestimmt. Durch die Annahme von $ZBF = T$ für Titel mit über den Planungshorizont hinausreichender Zinsbindung entspricht die Differenz $(ZBF - D)$ der im Zeitpunkt T ermittelten Restlaufzeit, die wiederum gleich der Duration von Nullkuponanleihen ist. Es tritt somit ausschließlich ein Wertänderungseffekt nach Maßgabe der in T geltenden Marktverhältnisse auf. Ein Beitrag zum Zinsergebnis ergibt sich dagegen nicht. Im Falle eines im Planungshorizont fälligen Titels ergeben sich aufgrund der für diesen Zeitpunkt sicheren Zahlungen keine Wertänderungen. Dies kommt durch Einsetzen von $ZBF = D = T$ auch folgerichtig zum Ausdruck.

Somit zeigt sich, daß die Ergebniswirkungen für Zinstitel durch den Vergleich der Zinsbindungsfrist mit der Durationsziffer konsistent abgebildet werden können. Die Genauigkeit der Abbildung wird wiederum durch das Ausmaß bestimmt, mit dem sich nicht berücksichtigte höhere Ableitungen der Barwertformel (z. B. die Konvexität) auswirken.

Zur Ermittlung der Durations bedarf es nicht der Ableitung jedes einzelnen Zahlungsstromes. Unter Ausnutzung von mathematischen Eigenschaften der Kalküle lassen sich sowohl die Berechnung der Durations als auch die Ermittlung der Marktwerte soweit weiter vereinfachen, daß sie lediglich die Kenntnis von Zahlungsmodalität, Kuponsatz und Marktzins erfordern. Die entsprechenden Verfahren sind in Anhang 3 explizit ausgeführt. Unter weiterer Ausnutzung der linearen Zusammensetzung der Duration eines Bündels von Zahlungen aus den Durations der einzelnen Zahlungen zeigt sich, daß letztendlich neben dem Zahlungszeitpunkt der gewichtete Anteil am gesamten Barwert bekannt sein muß. Der relative Barwertanteil kann wiederum aus der Abzinsung von Zahlungen leicht ermittelt werden.

8.4.2. Gewinnung von Prognosewerten und Elastizitätsschätzungen

Letztendlich entscheidend für Erfolg und Mißerfolg von Steuerungsmaßnahmen ist die Korrektheit der Antizipation zukünftiger Marktverhältnisse. Prognosen sind allerdings stets nur bedingte Aussagen über die zukünftige Entwicklung, so daß sich die Unsicherheit über die tatsächlich werdenden Verhältnisse nicht ausschalten läßt: „Man kann sich eine irrtumsfreie Welt vollkommener Voraussicht nicht einmal vorstellen; sie führt zu logischen Widersprüchen und psychologischen Unmöglichkeiten.“[6]

Modelle zur Prognose der zukünftigen Marktentwicklung stehen bereit und werden laufend fortentwickelt. Trotzdem entheben sie den Benutzer nicht der Notwendigkeit, in einem gewissen Umfang freihändige Schätzungen abzugeben, denen der Charakter eines Werturteils anhaftet.[7] Dies zeigen auch die jüngst vorgestellten Ansätze zur Zinsprognose, die den Entscheidenden in seiner Erwartungsbildung unterstützen sollen: Die endogene Bestimmung zukünftiger Zinssätze aus einem volkswirtschaftlichen Modell erfordert immer noch einen Modellinput in Form binnen- und außenwirtschaftlicher sowie notenbankpolitischer Einflußgrößen.[8] Insofern ergeben sich zur Prognose der Zinsentwicklung wiederum Bedarfe zur Prognose der sie bestimmenden wirtschaftlichen Rahmenbedingungen. Mit den entsprechenden Erwartungsgrößen über die Entwicklung der Marktzinssätze sowie der Bankkonditionen ermöglichen sie die Bildung von Vorstellungen über Zinshöhe, -struktur und die mutmaßlichen Anpassungselastizitäten. Letztere unterliegen Änderungen durch einen möglichen Wandel in den relevanten Kundenmärkten und sind in einem gewissen Ausmaß auch durch die eigene Konditionenpolitik beeinflußbar. Insofern ist es folgerichtig, nicht von historischen Elastizitätswerten auszugehen, sondern sie ebenfalls als unsicher zu betrachten.[9]

Prognoseansätze haben in ihrer praktischen Verwendung den Charakter von Werkzeugen zur Simulation, deren Anwendungsnutzen wesentlich von den fachlichen Voraussetzungen des Anwenders mitbestimmt wird.[10] Es muß im Vorfeld allerdings stets die Frage gestellt werden, inwieweit dem Benutzer quantitativer Modelle nicht mehr Sicherheit über die eigene Unsicherheit suggeriert wird als

---

6 Wilhelm Krelle (1968), Präferenz- und Entscheidungstheorie, Tübingen 1968, S. 116. Krelle verweist auf die Fälle, in denen die Gewißheit des Eintretens negativer Umweltzustände zur Vermeidung von Risiken führen würde. Ohne positive Erfolgswahrscheinlichkeit würde sich niemand einer Prüfung unterziehen oder an einer Lotterie teilnehmen. Der Wert der Entscheidungstheorie besteht nicht in der Prophetie, sondern vielmehr im Ausschluß von Entscheidungen, die bei Unsicherheit über die zukünftige Entwicklung mit hundertprozentiger Wahrscheinlichkeit nicht optimal sind. Das Risiko eines ex post nicht optimalen Entscheides bei verschiedenen Entscheidungsalternativen ist dagegen unabdingbar (vgl. ebenda).

7 Vgl. Krümmel (1989b), S. 45.

8 Zu einem für die praktische Anwendung in der Kreditwirtschaft konzipierten Modell zur Zinsprognose vgl. Rainer Rau (1991), PC-Modelle für Zinssimulationen, in: Betriebswirtschaftliche Blätter, 40.(1991).3, S. 115-119 und Bernd Schaumlöffel (1991), Neue Wege zur Zinsprognose, in: Betriebswirtschaftliche Blätter, 40.(1991).3, S. 111-115. Zu den durch die Anwender zu erbringenden Modellinputs vgl. Schaumlöffel (1991), S. 112.

9 Vgl. z. B. den von Klerx (1989) skizzierten Simulationsansatz.

10 Vgl. die entsprechenden Ausführungen bei Schaumlöffel (1991), S. 114.

sie tatsächlich erzeugen. Dies hat seinen Grund darin, daß bei der Modellbildung in aller Regel ein Großteil der Unsicherheiten über die mutmaßlichen Interdependenzen der zukünftigen wirtschaftlichen Entwicklung schon im Vorfeld absorbiert wird.[11] Wachsende Modellkomplexität verdeckt dies häufig lediglich und beinhaltet nicht zwangsläufig einen Gewinn an Realitätsnähe. Es ist deshalb eigentlich unvermeidbar, dem Modellbenutzer den beschränkten Nutzen quantitativer Modelle einzugestehen und ihm einen Teil der Verantwortung, z. B. in Form von Prognosevorgaben, zu übertragen.[12] Und hierbei werden einfache Kalkülstrukturen mit Raum für Expertenurteile aufgrund ihrer realistischeren Anforderung an die Möglichkeiten der Beschaffung und Verarbeitung von Informationen durch den Modellnutzer um so mehr Bedeutung gewinnen, je stärker sich das allseits behauptete Wachstum an Dynamik der relevanten Umwelt, insbesondere der Finanzmärkte bewahrheitet.[13]

Die Marktdaten und die aus ihnen ableitbaren Zinserwartungen (z. B. in Form von Terminzinssätzen) bilden den Konsensus der Marktteilnehmer über die zukünftige Zinsentwicklung ab. Prognosemodelle sind nicht mehr und nicht weniger als der Versuch, zu besseren Informationen als der durchschnittliche Marktteilnehmer zu gelangen. Also „... for those daring (or foolish) enough to attempt to improve the consensus.“[14]

---

[11] Zur Diskussion der Modellbildung für praktisch relevante Kalküle vgl. Wolf-Rüdiger Bretzke (1988), Risiken in der Unternehmensbewertung, in: Zeitschrift für betriebswirtschaftliche Forschung, 40.(1988).9, S. 813-823, passim.

[12] Dies zeigen auch die Darstellungen eines Prognosemodells bei Rau (1991) und Schaumlöffel (1991).

[13] Die auf die Unternehmensbewertung bezogenen Ausführungen von Bretzke (1988), S. 822, erscheinen unmittelbar auf Fragen der Unternehmenssteuerung übertragbar: Die Bewertung ganzer Unternehmen findet im Vorfeld des Erwerbs von Beteiligungen statt. Gleichgültig, ob lediglich eine Finanzanlage oder aber eine unternehmerische Integration geplant ist, handelt es sich um eine spezielle Form der Investitionsentscheidung.

[14] W. David Woolford (1991), Forecasting Interest Rates, in: The Handbook of Fixed Income Securities, ed. by Frank J. Fabozzi, 3rd ed., Homewood Ill. 1991, S. 1335-1389, S. 1336. Ebenda, passim, findet sich eine aktuelle Übersicht über Ansätze zur Zinsprognose und ihre Grenzen.

9. Schlußbetrachtung

Eine unzweckmäßige Kalkülformulierung birgt erhebliche Fehlerquellen für den betrieblichen Planungs- und Steuerungsprozeß. Dies wird auch anhand der „Lehrbuchversion“ der Marktzinsmethode deutlich. Sie ist weitaus weniger in der Lage, Risikophänomene abzubilden als dies im Schrifttum behauptet wurde. So ergibt sich das intuitiv naheliegende Ergebnis, daß ein eindimensionaler (Ertrags-)Kalkül das unter Berücksichtigung der Unsicherheit tatsächlich zweidimensionale Problem nur unzureichend abbildet.

Mit dem Zeithorizont des Entscheiders muß grundsätzlich noch eine dritte Dimension berücksichtigt werden. Je nach zeitlicher Perspektive unterliegt die Risikobeurteilung finanzieller Vermögensgegenstände einer Relativität. Folglich bedingt die Lösung von Entscheidungsproblemen im Zinsgeschäft die explizite Berücksichtigung des jeweiligen Zeithorizontes als Problembezug. Diesem Umstand hat die Literatur zur Messung und Steuerung von Zinsänderungsrisiken nicht in einem hinreichenden Ausmaße Rechnung getragen.

Die Aufdeckung der Probleme, die sich durch den Zwang zur Berücksichtigung konfligierender Zeitbezüge ergeben, ermöglicht die Verwendung von bestimmten Durationskalkülen. Ihre Benutzung als Instrument der Analyse erfolgte im Rahmen dieser Untersuchung in Anlehnung an Schmidt (1981, S. 275) mit der Begründung, daß sie es erlauben, sich Problemen des Zinsrisikos auf der Grundlage einer abgesicherten gedanklichen Komplexität zu nähern. Auch wenn sich dies als fruchtbar erwiesen hat, darf nicht vernachlässigt werden, daß die aufgemachten Kalküle nur einen der denkbaren Komplexionsgrade repräsentieren. Und dies sollte alle methodischen Erwägungen relativieren.

Ablehnende Stellungnahmen gegenüber Durationskalkülen lassen sich in der Literatur aus praktischer wie theoretischer Perspektive in größerer Zahl finden.[1] Aus dem Gesichtswinkel des Praktikers werden sie vielfach als zu sophistisch empfunden, um sie auf das traditionelle Bankgeschäft anzuwenden. Theoretische Untersuchungen kritisieren häufig die mangelnde Genauigkeit und restriktive Annahmen, wie beispielsweise diejenige einer flachen Zinsstruktur und die Unterstellung einer Zinsänderung unmittelbar nach Durchführung einer Investition.

---

[1] Starke Indizien sprechen dafür, daß dies auch auf Verständnisproblemen beruht. So stellen Hempel et al. (1990) fest: „At present, duration is not well understood; perhaps its greatest drawback is that it is difficult to explain to nonfinancial managers.“ (George H. Hempel / Alan B. Coleman / Donald G. Simonson (1990), Bank Management: Text and Cases, third edition, New York u. a. 1990, S. 615.

Beiden Standpunkten kann nicht gleichzeitig Rechnung getragen werden. Dies ist trivial.

Neben dem Problem einer sachgerechten Kalkülformulierung stellt sich stets auch die Frage nach einer größtmöglichen Effizienz des Einsatzes der betrieblichen Ressourcen und somit unmittelbar auch der Abwägung von Kosten und Nutzen des Einsatzes von Verfahren für das Risikomanagement. Die Frage der Wesentlichkeit (materiality), ob überhaupt und wenn ja wie genau gemessen werden soll, stellt sich stets neu. Und da solche Fragen der Komplexitätsgestaltung logischer Deduktion nicht zugänglich sind, haben sie den Charakter eines Werturteils, dem nicht ausgewichen werden kann.[2] Vielmehr sind Werturteile in nahezu allen Bereichen zu finden, in denen Risiken im weitesten Sinne vermutet werden: Beispiele reichen von der Abwägung demotivierender Wirkungen zu rigider Kontrollsysteme über die Intensität und Kompetenz der Kreditprüfung bis hin zu dem Problem, in welcher Höhe Haftungskapital zur Existenzsicherung bereitzuhalten ist.[3] Und schließlich sind sie auch Grundlage der — sich im Zeitverlauf wandelnden — Vorstellungen darüber, was aus bankaufsichtlicher Sicht an Regeln zur Risikobegrenzung erforderlich, praktikabel und justitiabel ist.[4]

Ein Ansatz zur Klärung der Standpunkte ergibt sich somit erst aus im Vorhof des Methodischen anzustellenden Überlegungen. Auf diese kann der praktische Anwender zwar verwiesen, keinesfalls jedoch von ihnen entlastet werden. Es handelt sich hierbei um Erwägungen zur Zweckmäßigkeit der Komplexitätsgestaltung, wie sie in der Bankpraxis vor allen Dingen in Fragen der Handhabung von Risiken alltäglich getroffen werden;[5] vielfach ohne das konkrete Bewußtsein, daß dies in einer gegebenen Situation der Fall ist. Aufgrund der Subjektivität von Komplexionserwägungen kann sich unter Bemühung der jeweils unterstellten Problemformulierung jeder Standpunkt als wohl begründet erweisen. Selbst die Verankerung eines sachbezogenen Befundes im zeitbedingt nicht erwerbbaren Verständnis erweist sich dann als logisch, weil aus Überlegungen des Einsatzes begrenzt verfügbarer Ressourcen begründet.

Vor dem Hintergrund dieser Überlegungen verbietet sich jedwede Behauptung methodischer Überlegenheit von selbst. Das Controlling eines Kreditinstitutes hat letztlich keine grundsätzlich anderen Aufgabenstellungen als im Planungszy-

---

2 Vgl. Krümmel (1989b), S. 41.

3 Zum letztgenannten Bereich vgl. Dieter Schneider (1987a), Messung des Eigenkapitals als Risikokapital, in: Der Betrieb, 40.(1987).4, S. 185 - 191 und ders. (1987b), Mindestnormen zur Eigenkapitalausstattung als Beispiele unbegründeter Kapitalmarktregulierung, in: Kapitalmarkt und Finanzierung, Schriften des Vereins für Socialpolitik, N. F. Bd. 165, hrsgg. von Dieter Schneider, Berlin 1987, S. 85 - 108.

4 Vgl. Hans J. Krümmel (1989a), Risikopolitik als Führungsaufgabe, in: Die Zukunft gestalten, 50. Lehrgang des Lehrinstituts für das Kommunale Sparkassen- und Kreditwesen, Sommerschule 1988, hrsgg. vom Deutschen Sparkassen- und Giroverband, Stuttgart 1989, S. 153 - 167, S. 156 ff.

5 Vgl. Krümmel (1989b), S. 36 ff.

klus Akte der Unternehmensbewertung aus interner Sichtweise und mit einer größeren Zahl von Handlungsvariablen zu vollziehen und durch gestalterische Tätigkeit eine möglichst positive Wertentwicklung in der Zukunft herbeizuführen. Damit muß auch der Fundus des für Fragen der Bewertung ganzer Unternehmen zum gesicherten Erkenntnisstand Gehörenden bei der Behandlung von Fragestellungen des Controlling berücksichtigt werden. Insbesondere ist hierzu das Dilemma zu rechnen, daß keine Normen dafür gefunden werden können, welche Detailgenauigkeit betriebswirtschaftliche Kalküle aufweisen sollen: „Statt der Komplexitätserhöhung durch die Einbeziehung weiterer denkbarer Interdependenzen in den Kalkül wird die weitere Komplexitätsreduktion zum maßgeblichen Problem, wenn Prognoseunsicherheit und Planungskosten, allgemeiner: wenn Entscheid- und Anwendbarkeit berücksichtigt werden sollen. Durch diese Umkehrung werden die komplizierten Modelle keineswegs sinnlos. Ihre Entwicklung war vielmehr die Voraussetzung der heute zu leistenden Aufgabe.“[6]

---

6 Ballwieser (1990), S. 8 f.

Anhang

Anhang 1

Approximation der Effektivverzinsung mit Hilfe von Durations[1]

Sei $MW(i)$ der investierte Betrag und i der Kalkulationszinssatz, der zur Diskontierung der zukünftigen cash-flow zugrundegelegt wurde. Tritt unmittelbar nach Durchführung einer Investition eine Zinsänderung auf i' ein, so verändert dies den Marktwert der Investition auf $MW(i')$. Ohne weitere Zinsänderungen ergibt sich nach T Perioden ein Endvermögen in Höhe von $(1 + i')^T MW(i')$. Der Effektivzinssatz r aus der Anlage von $MW(i)$ berechnet sich aus einer nichtlinearen Funktion des ursprünglichen Zinssatzes i, des neuen Satzes i', der Länge der Planungsperiode T sowie den Eigenschaften von $MW(i)$ bzw. $MW(i')$.

(1) $$r = \left[\frac{(1 + i')^T MW(i')}{MW(i)}\right]^{\frac{1}{T}} - 1$$

Wegen $i' = i + \mu$ kann der Effektivzins als Funktion der Marktzinsänderung aufgefaßt werden:

(2) $$r = \varphi(\mu)$$

Für infinitesimale Änderungen in der Umgebung von $\mu = 0$ kann (2) durch eine Taylor-Entwicklung dargestellt werden:

(3) $$\varphi(\mu) = \varphi(0) + \mu\varphi'(0) + \frac{\mu^2}{2!}\varphi''(0) + \frac{\mu^3}{3!}\varphi'''(0) + \ldots$$

Die beiden ersten Summanden ergeben als Approximation:

(4) $$r \approx \varphi(0) + \mu\varphi'(0)$$

---

[1] Vgl. Bierwag (1987), S. 126 f. und S. 133 f.

Bei (4) handelt es sich um eine einfache lineare Funktion von $\mu = i' - i$. Im Falle von $\mu = 0$, d. h. $i = i'$, folgt aus (1')

$$\varphi(0) = (1 + i) - 1 = i \tag{5}$$

und

$$\varphi'(\mu) = \frac{1}{T}\left[\frac{(1+i')^T MW(i')}{MW(i)}\right]^{\left(\frac{1}{T}\right)-1}\left[\frac{T(1+i')^{T-1} MW(i')}{MW(i)} + \frac{(1+i')^T MW'(i')}{MW(i)}\right]$$

Wegen $i = i'$ folgt

$$\varphi'(0) = \frac{1}{T}(1+i)^{1-T}[T(1+i)^{T-1} - (1+i)^{T-1} D] \tag{7}$$

mit

$$MW'(i)\frac{(1+i)}{MW(i)} = \frac{\delta MW(i)}{\delta i}\frac{(1+i)}{MW(i)} = -D, \tag{8}$$

der (ursprünglichen) Duration der Zahlungsreihe aus der Investition $MW(i)$.

Ausmultiplizieren und Kürzen von (7) führt zu

$$\varphi'(0) = \left(1 - \frac{D}{T}\right) \tag{7'}$$

Durch Einsetzen von (7') und (5) in (4) folgt nunmehr

$$r = i + \left[1 - \frac{D}{T}\right](i' - i) \tag{9}$$

Durch Einsetzen von $E(i')$ für den erwarteten Marktzinssatz i' und i als sicherer Verzinsung ergibt (9) eine Schätzung für $E(r)$ bzw. die Wertpapiermarktlinie.

Anhang 2

Zusammenhang von Durations- und Elastizitätskalkülen

Bezeichnen *BW* den Barwert, *N* den Nennwert und $Z(i)$ die periodische Zinszahlung[2] eines Finanztitels in Abhängigkeit vom Marktzinsniveau *i*, so gilt das unter der Annahme einer flachen Zinskurve:

$$BW = \sum_{t=1}^{T} z(i)(1+i)^{-t}N + N(1+i)^{-T}$$

Die Duration dieses Zahlungsstroms ergibt sich nach einigen Umformungen aus der partiellen ersten Ableitung des Gegenwartswertes nach dem Marktzinssatz *i*:[3]

$$\frac{\delta BW}{\delta i} = N \sum_{t=1}^{T} \frac{\frac{\delta z(i)}{\delta i}(1+i)^{t} - z(i)t(1+i)^{t-1}}{(1+i)^{2t}} - \frac{NT(1+i)^{T-1}}{(1+i)^{2T}}$$

$$= \sum_{t=1}^{T} \frac{\frac{\delta z(i)}{\delta i}\frac{(1+i)}{z(i)} z(i)(1+i)^{t-1} - z(i)t(1+i)^{t-1}}{(1+i)^{2t}} - \frac{NT}{(1+i)^{T-1}}$$

$$\textit{Für} \qquad \frac{\delta z(i)}{\delta i}\frac{(1+i)}{z(i)} = \varepsilon \qquad \textit{gilt:}$$

$$\frac{\delta BW}{\delta i} z(i)N \sum_{t=1}^{T} \frac{\varepsilon - t}{(1+i)^{t+1}} - \frac{NT}{(1+i)^{T+1}}$$

---

2 Die Funktion $z(i)$ gibt die Modalitäten der Zinsvereinbarungen für Bankgeschäfte wieder. Für Festzinssätze gilt z. B. $Z(i) = \text{const.}$ und für floater mit jederzeitiger Zinsanpassung $z(i) = i + m$, wobei *m* die vereinbarte Marge gegenüber dem Referenzsatz angibt. Von den mit zeitlich verzögerten Konditionenanpassungen verbundenen Problemen der Formulierung einer solchen Funktion sei hier abstrahiert.

3 Die Duration beinhaltet lediglich eine lineare Approximation der exakten Barwertveränderung. Die Gesamtänderung von *PV* ergibt sich aus einer Taylorreihe, von der hier lediglich der erste Summand betrachtet wird. Ableitungen höherer Ordnungen werden nicht berücksichtigt.

$$\Leftrightarrow \frac{\delta BW}{\delta i}\frac{(1+i)}{BW} = \frac{z(i)N\sum_{t=0}^{T}(\varepsilon - t)(1+i)^{-t} - \frac{NT}{(1+i)^{T}}}{BW} = -D$$

In diesem Ausdruck enthalten ist mit ε die Reagibilität der Kondition des zugrundeliegenden Geschäftes hinsichtlich infinitesimaler Marktzinsänderungen. Die Zinselastizität ist somit eine Determinante der Duration des Zahlungsstroms.

Anhang 3

Vereinfachte Verfahren zur Berechnung der Duration

Eine näherungsweise Kalkulation der Durationswerte kann so einfach gestaltet werden, daß sie für praktische Zwecke leicht durchführbar wird. Es bedarf hierzu lediglich der Kenntnis einiger ohnehin leicht verfügbarer Daten und keineswegs anspruchsvoller mathematischer Operationen. Hierzu wird ausgenutzt, daß sich die Duration eines Zahlungsstromes als Linearkombination der Durations der einzelnen Zahlungen darstellen läßt. Die Berechnung läßt sich sowohl für lineare als auch exponentielle Verzinsungsannahmen verwenden.

Wiederum unter der Annahme einer flachen Zinsstrukturkurve ergibt sich die Duration D eines Kupontitels aus[4]

(1) $$D = (T-t) - \frac{c}{MW_t(i_{T-t})\, i_{T-t}} \left[(T-t) - (1+i) RBF_{T-t} \right]$$

mit:

T:	Zeitpunkt der Fälligkeit
t:	Zeitpunkt der Kalkulation
$T-t$:	Restlaufzeit
c:	Kuponzahlung
i_{T-t}:	In t für die Restlaufzeit $T-t$ erzielbare Marktrendite
$MW_t(i_{T-t})$:	Marktwert im Kalkulationszeitpunkt
RBF_{T-t}:	Rentenbarwertfaktor für eine im Zeitraum $[t, T]$ zahlbare Rente in Höhe von i_{T-t}

A.3.1. Näherungslösung für die Duration bei linearer unterjähriger Verzinsung

Sehen die Bedingungen pro Jahr u unterjährige Zahlungen vor, modifiziert sich Berechnung je nach Behandlung unterjähriger Verzinsungseffekte geringfügig.

4 Diese Durationsformel geht zurück auf John Caks / William R. Lane / Robert W. Greenleaf / Reginald G. Joules (1985), A Simple Formula for Duration, in: Journal of Financial Research, 8.(1985).Fall, S. 245-249.

Für die gemäß Preisangabenverordnung vorzunehmende lineare unterjährige Verzinsung gilt:[2]

$$(2) \qquad D' = u(T-t)\frac{\frac{c}{u}}{MW_t(i_{T-t})\,\frac{i_{T-t}}{u}}\left[u(T-t)-\left(1+\frac{i}{u}\right)RBF_{T-t}\right]$$

A.3.2. Berechnung der Duration bei exponentieller unterjähriger Verzinsung (AIBD-Methode[3]):[4]

Ansatz für die Berechnung der Duration:

$$(3) \qquad D'' = u(T-t)\frac{\frac{c}{u}}{MW_t(i_{T-t})\left((1+i_{T-t})^{\frac{1}{u}}-1\right)}\left[u(T-t)-(1+i)^{\frac{1}{u}}RBF_{T-t}\right]$$

A.3.3. Berechnung des Marktwertes aus der Zahlungscharakteristik

Auch der jeweilige Marktpreis läßt sich aus dem Kuponsatz, der Rendite für die Restlaufzeit und der Fälligkeit des Nominalbetrages ableiten. Er bestimmt sich aus dem Rentenbarwert der Kuponzahlungen sowie dem Barwert der Rückzahlung des Nominalbetrages. Im Falle der Kalkulation eines Annuitätendarlehens entfällt der zweite Summand. Für den Fall linearer unterjähriger Verzinsung gilt:

$$(4) \qquad MW^t(i_{T-t}) = \frac{c}{u}\left[\frac{\left(1+\frac{i_{T-t}}{u}\right)^{u(T-t)}-1}{\left(1+\frac{i}{u}\right)^{u(T-t)}\frac{i_{T-t}}{u}}\right]+\left[\frac{Z_T}{\left(1+\frac{i_{T-t}}{u}\right)^{u(T-t)}}\right]$$

Somit ergibt sich eine Möglichkeit der Ermittlung von Durations, die gegenüber der exakten Berechnung eine wesentliche Reduzierung des Rechenaufwandes erlaubt, da sie nicht mehr auf den Quotienten zweier geometrischer Reihen mit — der Anzahl der Zahlungszeitpunkte entsprechend — jeweils $u * k$ Summanden zurückgreifen muß.

---

2 Zu den verschiedenen Methoden der Behandlung unterjähriger Verzinsungseffekte vgl. Schierenbeck (1987), S. 120 ff.

3 AIBD = Association of International Bond Dealers

4 Vgl. James T. Moser / James T. Lindley (1989), A Simple Formula for Duration: An Extension, in: The Financial Review, 24.(1989).4, S. 611-615, S. 613.

A.3.4. Berechnung der Duration für beliebige Zahlungsreihen

Auch für beliebige Zahlungsreihen lassen sich Durationskennziffern leicht bestimmen. Aufgrund der linearen Additivität der Duration ergibt sich der Durationswert einer Zahlungsreihe als gewichtete Summe der Durations der einzelnen Zahlungen:

(5)
$$D = \frac{\sum_{t=1}^{T} t\, Z_t (1+i)^{-t}}{\sum_{t=1}^{T} Z_t (1+i)^{-t}} = \sum_{t=1}^{T} t \frac{Z_t (1+i)^{-t}}{\sum_{t=1}^{T} Z_t (1+i)^{-t}}$$

Die Duration des Zahlungsstromes ergibt sich somit als gewichtete Summe der bis zur Fälligkeit der einzelnen Zahlungen vergehenden Zeitspannen. Als Gewichte dienen die relativen Anteile des Barwertes der in den jeweiligen Zeitpunkten fällig werdenden Zahlungen am Barwert der gesamten Zahlungsreihe.

Aufgrund der Additivitätseigenschaften lassen sich Durationswerte folglich auch für komplexere Zahlungsstrukturen leicht bestimmen. Es genügt, den Zahlungszeitpunkt, den Barwert sowie die Summe aller Barwerte zu kennen.

Literaturverzeichnis

Achenbach, Hermann / *Becker,* Gerhard (1989): Marktzinsmethode, das Steuerungsinstrument im Testeinsatz einer Sparkasse, in: Betriebswirtschaftliche Blätter, 38.(1989).6, S. 296-304

Albach, Horst (1974): Innerbetriebliche Verrechnungspreise als Instrument dezentraler Unternehmensführung, in: Zeitschrift für betriebswirtschaftliche Forschung, 26.(1974), S. 216-242

Arahood, Dale A. (1985): The Art of Asset-Liability Management. Is it Gap or Duration?, in: The Magazine of Bank Administration o. J. (1985).9, S. 54-60

Arnold, Hans (1964): Risikentransformation, Diss. Saarbrücken 1964

Babcock, Guilford C. (1965): Growth to Future Value as a Measure of Investment Worth, doc. diss. (UCLA), Los Angeles 1965

— (1984): Duration as a link between yield and value, in: The Journal of Portfolio Management, 10.(1984).Summer, S. 58-65

Baker, James V. jr. (1978): A Model Asset / Liability Management Policy, in: Banking, 70.(1978).10, S. 82-88

Baldwin, Robert H. (1959): How to Assess Investment Proposals, in: Harvard Business Review, 37.(1959).3, S. 98-104

Ballwieser, Wolfgang (1990): Unternehmensbewertung und Komplexitätsreduktion, 3., überarb. Aufl., Wiesbaden 1990

Bangert, Michael (1987): Zinsrisiko-Management in Banken, Wiesbaden 1987

Banken, Robert (1987): Die Marktzinsmethode als Instrument der pretialen Lenkung in Kreditinstituten, Frankfurt / M. 1987

Baxmann, Ulf G. (1987): Opportunitätskosten zur Erfolgsspaltung im Bankbetrieb, in: WiSt — Wirtschaftswissenschaftliches Studium, 16.(1987).4, S. 209-212

Bellmann, Klaus (1990): Steuerung von Zinsänderungsrisiken in Kreditgenossenschaften, in: Bankinformation 17.(1990).1, S. 36-39

Bellmann, Klaus / Brinkmann, Jürgen / Napp, Udo / Rolfes, Bernd (1988): Zinsänderungsrisiken, — Messung und Bewertung —, in: Bankinformation, 15.(1988).11, S. 58-61

Bender, Dieter (1977): Arbitrage, in: Handwörterbuch der Wirtschaftswissenschaften, Bd. 1, Stuttgart 1977, S. 325-333

Benke, Holger (1991): Effektivzins und Marge im Passivgeschäft, in: Die Bank, o. J. (1991).2, S. 98-104

Benke, Holger / *Flesch,* Hans-Rudolf / *Piaskowski,* Friedrich (1989): Steuerung des Zinsänderungsrisikos, in: Die Bank, o. J. (1989), S. 431-438

Bessler, Wolfgang (1989): Zinsrisikomanagement in Kreditinstituten, Wiesbaden 1989

Biehl, Werner / *Reuter*, Arnold (1984): Darstellung, Begrenzung und Steuerung von Zinsänderungsrisiken bei Sparkassen, in: Betriebswirtschaftliche Blätter, 33.(1984).7, S. 266-277

Bierwag, Gerald O. (1987): Duration Analysis, Cambridge (Mass.) 1987

Bierwag, Gerald O. / *Kaufmann*, George G. (1988): Durations of Non-Default-Free Securities, in: Financial Analyst Journal, 44.(1988).4, S. 39-46

Binder, Barret F. (1980): Asset / Liability Management, in: The Magazine of Bank Administration, (1): 56.(1980).11, S. 42-48, (2): 56.(1980).12, S. 31-35

— (1981): Asset / Liability Management, in: The Magazine of Bank Administration, (3): 57.(1981).1, S. 42-50, (4): 57.(1981).6, S. 56-64

Bitz, Michael (1977): Strukturierung ökonomischer Entscheidungsmodelle, Wiesbaden 1977

BIZ (1988): Ausschuß für Bankenbestimmungen und -überwachung, Unterausschuß für das Zinsänderungsrisiko: Analytisches Papier über das Zinsänderungsrisiko der Banken, Basel, 12. September 1988

— (1989): Ausschuß für Bankenbestimmungen und -überwachung, Unterausschuß für das Zinsänderungsrisiko: Das Zinsänderungsrisiko der Banken. Praktische Meßmethoden, Basel, 22. Februar 1989

Blattmann, Jörg (1987): Stand der Theoriediskussion zur „Marktzinsmethode", in: Die Bank, o. J. (1987).11, S. 621-627

Bretzke, Wolf-Rüdiger (1980): Der Problembezug von Entscheidungsmodellen, Tübingen 1980

— (1988): Risiken in der Unternehmensbewertung, in: Zeitschrift für betriebswirtschaftliche Forschung, 40.(1988).9, S. 813-823

Burrau, Carl (1924): Die Grundlagen der Versicherungs-Statistik, in: Wirtschaft und Recht der Versicherung, N. F., 13.(1924).2

Büschgen, Hans E. (1989): Bankbetriebslehre, 2. Aufl., Wiesbaden 1989

Busse von Colbe, Walther / *Laßmann*, Gert (1989): Betriebswirtschaftstheorie, Band 3, Investitionstheorie, 3. Aufl., Berlin u. a. 1989

Bußmann, Johannes (1988): Das Management von Zinsänderungsrisiken, Franfurt u. a. 1988

Caks, John / *Lane*, William R. / *Greenleaf*, Robert W. / *Joules*, Reginald G. (1985): A Simple Formula for Duration, in: Journal of Financial Research, 8.(1985).Fall, S. 245-249

Clifford, John T. (1975): A Perspective on Asset-Liability Management, in: The Magazine of Bank Administration 51.(1975).3, S. 16-21 und 51.(1975).4, S. 32-36

Decken, Christoph von der (1971): Dispositionsgrundlagen für das langfristige Geschäft, in: Zeitschrift für das gesamte Kreditwesen, 24.(1971).15, S. 14-20

Degenhart, Heinrich (1986): Zweck und Zweckmäßigkeit bankaufsichtlicher Eigenkapitalnormen, Berlin 1986

Diekhöner, Bruno (1984): Rentabilitätsrisiken aus dem Hypothekargeschäft von Kreditinstituten in Zeiten der Geldentwertung, Wiesbaden 1984

Djebbar, Jan F. (1990): Zur Kritik an der Marktzinsmethode, in: ÖBA, 38.(1990).11, S. 920-931

Dolff, Peter (1974): Die Konditionenverhandlungen im Kreditgeschäft der Banken, Wiesbaden 1974

Droste, Klaus D. / *Faßbender*, Heino / *Pauluhn*, Burkhardt / *Schlenzka*, Peter F. / *von Löhneysen*, Eberhard (1983): Falsche Ergebnisinformation — Häufige Ursache für Fehlentwicklungen in Banken, in: Die Bank, o. J. (1983).7, S. 313-323

Drukarczyk, Jochen (1975): Probleme individueller Entscheidungsrechnung, Wiesbaden 1975

— (1980): Finanzierungstheorie, München 1980

Durand, David (1957): Growth Stocks and the Petersburg Paradox, in: Journal of Finance, 12 (1957), S. 348-363

Ebertz, Thomas (1989): Optionspreistheoretische Bewertung von Aktienindexanleihen, Mitteilungen aus dem Institut für das Spar-, Giro- und Kreditwesen, Nr. 33, Bonn 1989

Engels, Wolfram (1962): Betriebswirtschaftliche Bewertungslehre im Licht der Entscheidungstheorie, Köln / Opladen 1962

Fabozzi, Frank J. (1986): Floating Rate Instruments, Chicago Ill. 1986

Farny, Dieter (1989): Versicherungsbetriebslehre, Karlsruhe 1989

Finnerty, John D. (1989): Measuring the duration of a floating-rate bond, in: The Journal of Portfolio Management, 15.(1989).4, S. 67-72

Flechsig, Rolf / *Flesch*, Hans-Rudolf (1982): Die Wertsteuerung — ein Ansatz des operativen Controlling im Wertbereich, in: Die Bank, o. J. (1982).10, S. 454-465

Flesch, Hans-Rudolf / *Piaskowski*, Friedrich / *Sievi*, Christian R. (1984): Erfolgsquellensteuerung durch Effektivzinsen im Konzept der Wertsteuerung, in: Die Bank o. J. (1984).8, S. 357-366

—/—/— (1987a): Effektivzinsrechnung und Marktzinsmethode, in: Die Bank, o. J. (1987).4, S. 190-193

—/—/— / Seegers, Jürgen (1987b): Marktzinsmethode bzw. Wertsteuerung — Neue Thesen und Erkenntnisse aus der Realisierung, in: Die Bank, o. J. (1987).9, S. 485-494

Franke, Günter / *Hax*, Herbert (1988): Finanzwirtschaft des Unternehmens und Kapitalmarkt, Berlin u. a. 1988

Frese, Erich (1988): Grundlagen der Organisation, 4. Aufl., Wiesbaden 1988

Gerber, Robert I. / *Carron*, Andrew S.: The Option Feature in Mortgages (1990), in: S. Figlewski / W. Silber / M. G. Subrahmanyam, Financial Options: From Theory to Practice, Homewood III. 1990, S. 415-453

Gilibert, Pier Luigi / *Girard*, Jaques (1988): Uses of Duration: A Survey Article, in: Cahiers BEI (Banque européene d'investissement), No. 5, Februar 1988

Gladen, Werner (1985): Gebührenpolitik der Kreditinstitute, Berlin 1985

Göppl, Hermann (1981): Banken und Versicherungen als Finanzmittler, in: Hermann Göppl / Rudolf Henn (Hrsg.), Geld, Banken und Versicherungen, Königstein / Ts. 1981, S. 655 - 671

— (1983): Finanzintermediation und Bankaktienbewertung — Konzept und empirische Überprüfung —, in: Zeitschrift für Betriebswirtschaft, 53.(1983).7, S. 610 - 631

Gottschalk, Heinz Dieter / *Weissenberger,* Edgar (1988): Management von Swap-Portfolios, in: Die Bank, o. J. (1988).10, S. 542 - 548

Grabiak, Stephan / *Kotissek,* Norbert / *Küsters,* Hein / *Marusev,* Alfred W. (1988): Die moderne Marktzinsmethode im Tagesgeschäft der Banken, in: Zeitschrift für das gesamte Kreditwesen, 41.(1988).17, S. 787 - 790

Grochla, Erwin (1973): Der Beitrag Schmalenbachs zur betriebswirtschaftlichen Organisationslehre, in: Zeitschrift für betriebswirtschaftliche Forschung, 25 (1973), S. 555 - 578

Gurley, J. G. / *Shaw,* E. S. (1964): Money in a Theory of Finance, 3. Aufl., Connecticut 1964

Guttentag, Jack M. / *Herring,* Richard J. (1986): Disaster Myopia in International Banking, Essays in International Finance No. 164, Princeton, September 1986

Harwalik, Peter (1988): Preispolitik und Nachfragerverhalten im standardisierten Geschäft der Banken mit den privaten Kunden, Diss. Nürnberg 1988

Hax, Herbert (1989): Investitionsrechnung und Periodenerfolgsmessung, in: Der Integrationsgedanke in der Betriebswirtschaftslehre, hrsgg. von Werner Delfmann, Wiesbaden 1989, S. 153 - 170

Hax, Herbert / *Hartmann-Wendels,* Thomas / *von Hinten,* Peter (1988): Moderne Entwicklungen der Finanzierungstheorie, in: F. Wilhelm Christians (Hrsg.), Finanzierungshandbuch, 2., erweiterte Auflage, Wiesbaden 1988, S. 689 - 713

*Hempel,*George H. / *Coleman,* Alan B. / *Simonson,* Donald G. (1990): Bank Management: Text and Cases, third edition, New York u. a. 1990

Herzog, Walter (1989): Elastizitätsbilanz und Marktzinsmethode, in: Die Bank, o. J. (1989).12, S. 684 - 688

— (1990a): Zinsänderungsrisiken in Kreditinstituten, Wiesbaden 1990

Herzog, Walter (1990b): Bilanzstrukturmanagement und Risikosteuerung mit Zinselastizitäten in Banken und Sparkassen, unveröffentlichte Seminarunterlage des ifb — Institut für betriebswirtschaftliche Beratung der Kreditwirtschaft, Köln 1990

Heyns, Manuela (1988): Passiv-Management, Frankfurt / M. u. a. 1988

Hicks, John R. (1939): Value and Capital, Oxford 1939

Hitzig, Rudolf (1977): Formen und Wirkungen des risikopolitischen Instruments der Selbstversicherung, Berlin 1977

Hölscher, Reinhold (1987): Risikokosten-Management in Kreditinstituten, Frankfurt / M. 1987

Ippisch, Wolfgang (1984): Bankbetriebliches Zinsspannenmanagement, Wien 1984

Jurgeit, Ludwig (1989): Bewertung von Optionen und bonitätsrisikobehafteten Finanztiteln, Wiesbaden 1989

Kanders, Georg (1991): Bewertung von Genußscheinen, Berlin 1991

Karten, Walter (1972): Die Unsicherheit des Risikobegriffes. Zur Terminologie der Versicherungsbetriebslehre, in: P. Braess / D. Farny / R. Schmidt (Hrsg.), Praxis und Theorie der Versicherungsbetriebslehre, Karlsruhe 1972, S. 147 - 169

Keine, Friedrich-Michael (1986): Die Risikoposition eines Kreditinstituts, Wiesbaden 1986

Kempfle, Winfried (1990): Duration, Wiesbaden 1990

Klerx, Karl (1989): Von der Zinsbindungsbilanz zur Zinselastizitätsbilanz, in: bank und markt, 18.(1989).9, S. 28 - 29

Koch, Timothy W. (1988): Bank Management, Chicago u. a. 1988

Krelle, Wilhelm (1968), Präferenz- und Entscheidungstheorie, Tübingen 1968

Krüger, Uwe (1987): Der Einfluß des Kapitalmarktzinses auf die Zinsspanne der Kreditinstitute, in: Betriebswirtschaftliche Blätter, 104.(1987).7, S. 298 - 301

Krümmel, Hans J. (1964a): Bankzinsen, Köln u. a. 1964

— (1964b): Kursdisparitäten im Bezugsrechtshandel, in: Betriebswirtschaftliche Forschung und Praxis, 16 (1964), S. 485 - 498

— (1966): Finanzierungsrisiken und Kreditspielraum, in: Zeitschrift für Betriebswirtschaft, 36 (1966), Ergänzungsheft 1, S. 134 - 157

— (1968): Liquiditätssicherung im Bankwesen, Teil I, in: Kredit und Kapital, 1.(1968).3, S. 247 - 307

— (1969): Liquiditätssicherung im Bankwesen, Teil II, in: Kredit und Kapital, 2.(1969).1, S. 60 - 110

— (1976): Finanzierungsrisiken und Kreditspielraum, in: Handwörterbuch der Finanzierung, hrsgg. von Hans E. Büschgen, Stuttgart 1976

— (1980): Liquidität, in: Handwörterbuch der Wirtschaftswissenschaft, Band 5, Stuttgart u. a., S. 47 - 54

— (1989a): Risikopolitik als Führungsaufgabe, in: Die Zukunft gestalten, 50. Lehrgang des Lehrinstituts für das Kommunale Sparkassen- und Kreditwesen, Sommerschule 1988, hrsgg. vom Deutschen Sparkassen- und Giroverband, Stuttgart 1989, S. 153 - 167

— (1989b): Unternehmenspolitische Vorgaben für die Risikosteuerung der Bank, in: Hans J. Krümmel / Bernd Rudolph, Finanzintermediation und Risikomanagement, Frankfurt / M. 1989, S. 32 - 56

— (1990): Liquiditätspolitik in Kreditinstituten, in: Bank- und Versicherungslexikon, hrsgg. von Henner Schierenbeck, München / Wien 1990, S. 441 - 448

Kruschwitz, Lutz (1990): Investitionsrechnung, 4. Aufl., Berlin / New York 1990

Kruschwitz, Lutz / *Schöbel*, Rainer (1986): Duration — Grundlagen und Anwendungen eines einfachen Risikomaßes zur Beurteilung festverzinslicher Wertpapiere, in: Das Wirtschaftsstudium (WISU), Teil I: 15.(1986).11, S. 550 - 554, Teil II: 15.(1986).12, S. 603 - 608

—/— (1987): Die Beurteilung riskanter Investitionen und das Capital Asset Pricing Model (CAPM), in: WiSt Wirtschaftswissenschaftliches Studium, 16.(1987).2, S. 67-72

Kugler, Albert (1985): Konzeptionelle Ansätze zur Analyse und Gestaltung von Zinsänderungsrisiken in Kreditinstituten, Frankfurt / M. u. a. 1985

Laux, Helmut / *Liermann*, Felix (1990): Grundlagen der Organisation, 2., durchges. Aufl., Berlin u. a. 1990

Lee, David R. (1981): Interest Rate Sensitivity Analysis (IRSA): A Planning Approach to the Interest Rate Cycle, in: Managerial Planning, 29.(1981).5, S. 16-22 und 37

Leong, Kenneth (1990): Solving The Mystery, in: Risk, 4.(1990).1, S. 68-71

Lohmann, Karl (1979): Finanzmathematische Wertpapieranalyse, 1. Aufl., Göttingen 1979

Macaulay, Frederick R. (1938): The Movement of Interest Rates, Bond Yields and Stock Prices in the United States since 1865, National Bureau of Economic Research, New York 1938

Mair, Walter (1971): Die reale Effektivverzinsung, in: Österreichisches Bankarchiv 19.(1971).10, S. 334-348

— (1979): Die Wirtschaftlichkeitsrechnung im Aktiv- und Passivgeschäft der Geldinstitute, in: Zeitschrift für betriebswirtschaftliche Forschung 31.(1979).5, S. 352-379

Marusev, Alfred W. (1990): Das Marktzinsmodell in der bankbetrieblichen Einzelgeschäftskalkulation, Frankfurt / M. 1990

Moser, James T. / *Lindley*, James T. (1989): A Simple Formula for Duration: An Extension, in: The Financial Review, 24.(1989).4, S. 611-615

Napp, Udo / *Hoffmann*, Sören / *Herzog*, Walter (1989): Die Steuerung des Zinsänderungsrisikos von Kreditinstituten auf der Grundlage des Elastizitätskonzeptes, in: bank und markt, 18.(1989).11, S. 18

Olson,Ronald L. / *Simonson*, Donald G. / *Reber*, Stanley R. / *Hempel*, George H. (1980): Management of Interest Margins in the 1980's, in: The Magazine of Bank Administration, (1): 56.(1980).3, S. 30-33, (2): 56.(1980).4, S. 38-46, (3): 56.(1980).5, S. 49-58, (4): 56.(1980).6, S. 32-37

o. V.: Stadtsparkasse Köln als Wertpapiermittler, in: Börsenzeitung vom 1.2.1991, S. 4

o. V.: Why market value accounting isn't for banks, in: ABA Banking Journal, LXXXII (1990) 10, S. 136 / 136b

Paul, Stephan (1987): Lenkungssysteme in Filialbanken: Steuerung durch Komponenten oder Verrechnungszinsen?, Wiesbaden 1987

Pfingsten, Andreas (1989): Zinsänderungsrisiken bei variablen Zinselastizitäten, in: bank und markt, 18.(1989).6, S. 33-34

Plinke, Wulff (1975): Kapitalsteuerung in Filialbanken, Wiesbaden 1975

Poensgen, Otto H. (1973): Geschäftsbereichsorganisation, Opladen 1973

Rau, Rainer (1991): PC-Modelle für Zinssimulationen, in: Betriebswirtschaftliche Blätter, 40.(1991).3, S. 115-119

Redington, F. M. (1952): Review of the Principles of Life Office Valuations, in: Journal of the Institute of Actuaries, 78 (1952), S. 286-340

Renk, Rüdiger (1990): Kreditgeschäfte international tätiger Kreditinstitute, Heidelberg 1990

Ridley, W. P. (1988): Forecasting interest rates, in: Management of Interest Rate Risk, edited by Boris Antl, London 1988, S. 23-30

Robinson, Joan (1964): The Economics of Imperfect Competition, London 1964

Rolfes, Bernd (1985a): Die Steuerung von Zinsänderungsrisiken in Kreditinstituten, Frankfurt / M. 1985

— (1985b): Ansätze zur Steuerung von Zinsänderungsrisiken, in: Kredit und Kapital, 18.(1985).4, S. 529-552

— (1989): Risikosteuerung mit Zinselastizitäten, in: Zeitschrift für das gesamte Kreditwesen, 42.(1989).5, S. 196-201

Rolfes, Bernd / *Bellmann*, Klaus / *Napp*, Udo (1988): Darstellung und Beurteilung von Zinsänderungsrisiken, in: bank und markt, 17.(1988).12, S. 12-16

Rolfes, Bernd / *Villiez*, Christian von (1989): Steuerung des Transformationsergebnisses, in: Die Bank o. J. (1989).9, S. 502-506

Rudolph, Bernd (1979): Zinsänderungsrisiken und die Strategie der durchschnittlichen Restselbstliquidationsperiode, in: Kredit und Kapital 12.(1979).2, S. 181-206

— (1981): Duration: Eine Kennzahl zur Beurteilung der Zinsempfindlichkeit von Vermögensanlagen, in: Zeitschrift für das gesamte Kreditwesen, 34.(1981).19, S. 137-140

— (1988): Grundlagen einer kapitalmarktbezogenen Ermittlung bankgeschäftlicher Perioden- und Spartenergebnisse, in: Bankpolitik, finanzielle Unternehmensführung und die Theorie der Finanzmärkte, hrsgg. von Bernd Rudolph und Jochen Wilhelm, Berlin 1988, S. 177-196

Samuelson, Paul A. (1945): The Effects of Interest Rate Increases on the Banking System, in: American Economic Review, 35 (1945), S. 15-27

Schaumlöffel, Bernd (1991): Neue Wege zur Zinsprognose, in: Betriebswirtschaftliche Blätter, 40.(1991).3, S. 111-115

Schielke, Hugo J. H. (1979): Wertpapieranlage in der Weltbank, in: Die Bank, o. J. (1979).11, S. 520-524

Schierenbeck, Henner (1983): Strategische Finanzplanung in Kreditinstituten, in: Hans J. Krümmel / Bernd Rudolph (Hrsg.), Strategische Bankplanung, Frankfurt / M. 1983, S. 224-239

— (1987): Ertragsorientiertes Bankmanagement, 2. Aufl., Wiesbaden 1987

— (1990): Geleitwort zu: Alfred W. Marusev (1990), Das Marktzinsmodell in der bankbetrieblichen Einzelgeschäftskalkulation, Frankfurt / M. 1990

Schierenbeck, Henner / *Rolfes*, Bernd (1987a): Effektivzinsrechnung und Marktzinsmethode, in: Die Bank o. J. (1987).1, S. 25-33

—/— (1987b): Zur Diskussion um das opportunitätsgerechte Effektivzinskonzept, in: Die Bank, o. J. (1987).6, S. 328-335

—/— (1988): Entscheidungsorientierte Margenkalkulation, Frankfurt / M. 1988

Schierenbeck, Henner / *Villiez*, Christian von (1989): Zur Systematisierung bankbetrieblicher Ergebnisbereiche, in: Die Bank o. J. (1989).6, S. 310-313

Schimmelmann, Wulf von / *Hille*, Werner (1984): Banksteuerung über ein System von Verrechnungszinsen, in: Bilanzstrukturmanagement in Kreditinstituten, hrsgg. von Henner Schierenbeck und Hans Wielens, S. 47-65

Schmalenbach, Eugen (1919): Selbstkostenrechnung I, in: Zeitschrift für handelswissenschaftliche Forschung, 13.(1919).IX / X, S. 257-299

— (1948): Pretiale Wirtschaftslenkung, Bd. 1: Die optimale Geltungszahl, Bd. 2: Pretiale Lenkung des Betriebes, Bremen-Horn 1948

Schmidt, Hartmut (1979): Liquidität von Finanztiteln als integrierendes Konzept der Bankbetriebslehre, in: Zeitschrift für Betriebswirtschaftslehre, 49.(1979).8, S. 710-722

— (1981): Wege zur Ermittlung von Marktzinsrisiken von Banken, in: Kredit und Kapital, 14.(1981).3, S. 249-286

Schneider, Dieter (1963): Bilanzgewinn und ökonomische Theorie, in: Zeitschrift für handelswissenschaftliche Forschung, N. F., 15 (1963), S. 457-474

— (1967): Die Theorie der Verrechnungspreise heute, in: Liiketaloudellinnen Aikakauskirja, 16 (1967), S. 106-124

— (1987a): Allgemeine Betriebswirtschaftslehre, 3. Aufl., München / Wien 1987

— (1987b): Messung des Eigenkapitals als Risikokapital, in: Der Betrieb, 40.(1987).4, S. 185-191

— (1987c): Mindestnormen zur Eigenkapitalausstattung als Beispiele unbegründeter Kapitalmarktregulierung, in: Kapitalmarkt und Finanzierung, Schriften des Vereins für Socialpolitik, N. F. Bd. 165, hrsgg. von Dieter Schneider, Berlin 1987

Scholz, Walter (1979): Zinsänderungsrisiken im Jahresabschluß der Kreditinstitute, in: Kredit und Kapital, 12.(1979).4, S. 517-544

Schubert, Renate (1990): Das Fehlen von Versicherungsnachfrage — Eine entscheidungstheoretische Anomalie?, in: Jahrbücher für Nationalökonomie und Statistik, 207.(1990).5, S. 496-509

Segerstrom, John / *Meadows*, Greg D. (1990): Why gap doesn't work, in: ABA Banking Journal, LXXXII (1990) 10, S. 44-50

Serfling, Klaus / *Marx*, Marita (1990): Capital Asset Pricing-Modell, Kapitalkosten und Investitionsentscheidungen, in: wisu das wirtschaftsstudium 19.(1990).6 / 7, Teil I: S. 364-369, Teil II: S. 425-429

Seum, Andreas Michael (1988): Das Anlageverhalten der Sparer, Frankfurt / M. 1988

Sinkey, Joseph F. jr. (1986): Commercial Bank Financial Management in the Financial Services Industry, second edition, New York 1986

Slevogt, Horst (1987), Entscheidungsorientierte Kundenkalkulation auf der Grundlage von Strukturnormen, Opportunitätszinsen und Standardkosten, Manuskripte aus dem Institut für Betriebswirtschaftslehre der Universität Kiel Nr. 192, Kiel, Mai 1987

— (1988): Wider die falschen Opportunitätszinsen, in: Zeitschrift für das gesamte Kreditwesen, 41.(1988).3., S. 104-106

Spillmann, Martin (1990): Führungsinstrumente im Zinsengeschäft der Banken, Stuttgart / Bern 1990

Spremann, Klaus (1986): The simple Analytics of Arbitrage, in: Günter Bamberg / Klaus Spremann (Hrsg.), Capital Market Equilibria, Berlin 1986

Stratmann, Werner (1984): Strukturveränderungen auf der Passivseite — Gegensteuern durch s-Vermögenssparen, in: Betriebswirtschaftliche Blätter, 33 (1984), S. 385-388

Strobl, Johann (1990): Die Steuerung des Zinsänderungsrisikos von Banken mittels eines Simulationsmodells, in: Österreichisches Forschungsinstitut für Sparkassenwesen (Hrsg.), Schriftenreihe Heft 4 / 1990, Zinsänderungsrisiko in Kreditinstituten, Wien 1990, S. 7-42

Stubbe, Karl-Heinz (1984): Konditionenpolitik als Instrument im Wettbewerb mit den Genossenschaften, in: Betriebswirtschaftliche Blätter, 33 (1984), S. 382-384

Stützel, Wolfgang (1962): Diskussionsbeitrag, in: Das Frankfurter Publizitätsgespräch (Vorträge und Diskussionen der gleichnamigen Tagung in Königstein / Ts. am 13. und 14. April 1962), hrsgg. v. Carl Hans Barz u. a., Frankfurt / M. 1962, S. 244-252

— (1964): Bankpolitik — heute und morgen, Frankfurt / M. 1964

— (1970): Die Relativität der Risikobeurteilung von Vermögensgegenständen, in: Herbert Hax (Hrsg.), Entscheidung bei unsicheren Erwartungen, Köln / Opladen 1970, S. 9-26

Süchting, Joachim (1967): Zur Kontroverse um die Bankkalkulation, in: Zeitschrift für das gesamte Kreditwesen, 20.(1967).9, S. 15-20

— (1987): Bankmanagement, 2. Aufl., Wiesbaden 1987

— (1989): Finanzmanagement, 5. Aufl., Wiesbaden 1989

Tirole, Jean (1988): The Theory of Industrial Organization, Cambridge Mass. 1988

Toevs, Alden L. (1986a): Uses of Duration Analysis for the Control of Interest Rate Risk, in: Robert B. Platt (ed.), Controlling Interest Rate Risk, New York u. a. 1986, S. 28-61

— (1986b): Hedging Interest Rate Risk of Fixed-Income Securities with uncertain Lives, in: Robert B. Platt (ed.), Controlling Interest Rate Risk, New York u. a. 1986, S. 176-221

Toevs, Alden L. / *Haney,* William C. (1986): Measuring and Managing Interest Rate Risk: A Guide to Asset / Liability Models used in Banks and Thrifts, in: Robert B. Platt (ed.), Controlling Interest Rate Risk, New York u. a. 1986, S. 256-350

Uhlir, Helmut / *Steiner,* Peter (1983): Analyse anleihespezifischer Risiken, in: Zeitschrift für Betriebswirtschaft, 53.(1983).7, S. 632-657

Varian, Hal R. (1985): Price Discrimination and Social Welfare, in: The American Economic Review, 1985, S. 870-875

— (1987): The Arbitrage Principle in Financial Economics, in: Economic Perspectives, 1.(1987).2, S. 55-72

Vecchi, Carlo (1989): Duration Defined, in: Risk, 2.(1989).3, S. 30-33

Villiez, Christian v. (1989): Budgetkontrolle und Abweichungsanalyse in Kreditinstituten, Frankfurt / M. 1989

Weber, Martin (1990): Risikoentscheidungskalküle in der Finanzierungstheorie, Stuttgart 1990

Wild, Klaus-Dieter (1987a): Dynamische Optimierung der Zinsbindungsstruktur von Bankbilanzen mittels Simulation, Franfurt / M. u. a. 1987

— (1987b): Dynamische Optimierung der Zinsbindungsstruktur, in: Die Bank, o. J. (1987).9, S. 494-500

Wilhelm, Jochen (1981): Zum Verhältnis von Capital Asset Pricing Model, Arbitrage Pricing Theory und Bedingungen der Arbitragefreiheit von Finanzmärkten, in: Zeitschrift für betriebswirtschaftliche Forschung, 33.(1981).10, S. 891-905

— (1983): Finanztitelmärkte und Unternehmensfinanzierung, Berlin u. a. 1983

Wondrak, Bernhard (1986): Management von Zinsänderungschancen und -risiken, Heidelberg / Wien 1986

Woolford, W. David (1991), Forecasting Interest Rates, in: The Handbook of Fixed Income Securities, ed. by Frank J. Fabozzi, 3rd ed., Homewood Ill. 1991, S. 1335-1389

Yawitz, Jess / *Kaufold,* Howard / *Macirowski,* Thomas / *Smirlock,* Michael (1987): The pricing and duration of floating rate bonds, in: The Journal of Portfolio Management, 13 (1987) summer, S. 49-56

FSC
www.fsc.org
MIX
Papier | Fördert gute Waldnutzung
FSC® C083411

Kolibri 360 GmbH
Ferdinand-Jühlke-Straße 7
99095 Erfurt, Deutschland
produktsicherheit@kolibri360.de

Druck:
CPI Druckdienstleistungen GmbH
im Auftrag der
Kolibri 360 GmbH
Ferdinand-Jühlke-Str. 7
99095 Erfurt